CHAMPION-VARIA
Collection dirigée par Jean Bessière
36

Séminaire de Littérature comparée
de l'Université de la Sorbonne Nouvelle

LITTÉRATURES POSTCOLONIALES ET REPRÉSENTATIONS DE L'AILLEURS

AFRIQUE, CARAÏBE, CANADA

Dans la même collection:

1. LE HAN, Marie-Josette. *Patrice de la Tour du Pin: La quête d'une théopoésie.*
2. *Nouvelles approches de l'épistolaire. Lettres d'artistes, archives et correspondances.* Actes du colloque international tenu en Sorbonne les 3 et 4 décembre 1993. Textes réunis par Madeleine Ambrière et Loïc Chotard.
3. MAKOUTA-MBOUKOU, Jean-Pierre. *Enfers et paradis des littératures antiques aux littératures nègres. Illustration comparée de deux mondes surnaturels.*
4. *La Lettre et le politique.* Actes du Colloque de Calais (17-19 septembre 1993). Textes rassemblés et présentés par Pierrette Lebrun-Pézerat et Danièle Poublan.
5. COLLOMB, Michel (éd.). *Voix, esthétique, littérature.*
6. LANLY, André. *Deux problèmes de linguistique française et romane.*
7. *La rupture amoureuse et son traitement littéraire.* Actes du colloque de Nantes, 16-18 mai 1994. Textes rassemblés par Régis Antoine et Wolfgang Geiger.
8. *La fée et la guivre: Le Bel Inconnu de Renaut de Beaujeu.* Approche littéraire et concordancier par Christine Ferlampin-Acher et Monique Léonard.
9. BESSIÈRE, Jean (éd.). *Littérature et théorie. Intentionnalité, décontextualisation, communication.*
10. *Valéry: le partage de midi.* Actes du Colloque international du Collège de France (18 novembre 1995). Textes réunis et présentés par Jean Hainaut.
11. *Psychomécanique du langage. Problèmes et perspectives.* Actes du 7ᵉ Colloque international de Psychomécanique du langage (Cadoue 2-4 juin 1994). Publiés sous la direction de P. de Carvalho et O. Soutet.
12. RIEGER, Dietmar. *Chanter et dire.* Etudes sur la littérature du Moyen Age.
13. *L'égalité au tournant du siècle. Péguy et ses contemporains.* Actes réunis par Françoise Gerbod et Françoise Mélonio.
14. RUNNALLS, Graham A. *Etudes sur les mystères.* Recueil de 22 études sur les mystères français, suivi d'un répertoire du théâtre religieux français du Moyen Age et d'une bibliographie.

(Suite en fin de volume)

LITTÉRATURES POSTCOLONIALES
ET
REPRÉSENTATIONS DE L'AILLEURS

AFRIQUE, CARAÏBE, CANADA

Conférences du séminaire de Littérature comparée
de l'Université de la Sorbonne Nouvelle

Textes réunis
par Jean Bessière et Jean-Marc Moura

PARIS
HONORÉ CHAMPION ÉDITEUR
7, QUAI MALAQUAIS (VIᵉ)
1999

Diffusion hors France: Editions Slatkine, Genève

*Ouvrage publié avec le concours
du Centre d'Etudes et de Recherches comparatistes
de l'Université de la Sorbonne Nouvelle-Paris III.*

ISBN 2-7453-0035-0   ISSN 1169-2979

OUVERTURE

La critique de la littérature postcoloniale a ses propres fables. Ainsi le postcolonial, du moins en littérature, n'irait pas sans l'affirmation de la douleur du passé (colonial) et de l'affrontement, donné pour actuel, des discours, des représentations, proprement indigènes, proprement coloniales. On ne sort pas de l'héritage; on ne sort pas de l'ombre portée de l'aliénation; on ne sort pas d'une question qui peut se formuler: là, dans ces littératures postcoloniales, dans la représentation de ces temps postcoloniaux, reste comme irrésolue une souffrance: ce discours qui se fait entendre est-il comme le mien – moi qui suis cet indigène de cette terre d'un temps postcolonial?

Si l'on se tient à cette question, si l'on conclut qu'il est vrai que, dans ces littératures postcoloniales, chacun parle avec la voix qu'il n'a pas, alors, ce langage, ce discours, qui sont écrits là, sont lettres mortes. Cette vulgate de la critique postcoloniale est étrange, qui fait conclure à une manière d'aphonie essentielle de la littérature postcoloniale, bien que cette critique ait rarement le courage de dire explicitement les présupposés de son entreprise et leurs conséquences, qui viennent précisément d'être dits – ce discours, ce langage sont lettres mortes. Edouard Glissant sait exactement jouer, dans *Tout-monde*, du rappel et de la récusation de ces supposés: la lettre morte se figure par l'évocation des espaces archéologiques, qui sont cependant un héritage, non parce qu'ils seraient une autre figure de la lettre morte, mais, parce que la lettre morte est, comme d'autres lettres et d'autres choses, de notre espace. Il n'importe plus tant de rechercher, comme le fait Homi K. Bhabha, dans *The Location of Culture* (Londres, 1994), les moyens d'une nouveauté dans l'histoire, ou les moyens de la représentation d'une telle nouveauté. Ce n'est là que reporter, sur le dessin de l'histoire, l'incertitude du possible et marquer que notre histoire ne peut être notre histoire. Il importe de reconnaître et d'entendre la diversité des mouvements, des voix que donne à percevoir la littérature postcoloniale. Mouvements, voix de rencontre, avec lesquels on poursuit toujours – il faut encore répéter *Tout-monde*.

Poursuivre avec cette reconnaissance et cette entente est précisément notre voix, ou la voix de ces littératures postcoloniales. La voix qu'elles posssèdent donc, qui est une voix éthique puisqu'elle exclut la voix de la pensée accomplie, la voix de l'épopée, conclurait Glissant, ces voix qui sont celles de l'espace clos, de l'identité sans doute multiple, mais comme ramenée à elle-même. Dans cet espace et selon cette voix, il n'y a jamais de venue heureuse en sa terre.

Certes, il ne convient pas de venir aux facilités de l'idéalisme et de se satisfaire de ce constat positif. Il y a bien encore un héritage colonial. Le postcolonial peut être lu encore comme un affrontement. Mais le postcolonial suppose aussi une venue à la terre, à cette terre qui est désormais propre. Aussi la représentation des espaces de la littérature postcoloniale, des espaces coloniaux et postcoloniaux, importe-t-elle dans l'exacte mesure où elle reprend cette question de la possibilité d'une parole, de façon spécifique: la géographie romanesque ne dessine pas ici nécessairement un abîme du monde, celui de ces lettres mortes, mais ce monde qui est toujours plus grand que le pouvoir et le discours qui le représentent. La réalité déloyale ne peut être une avec ce monde. Le monde nous regarde toujours depuis le futur.

Telle serait donc la fable des essais qui sont ici réunis, s'ils doivent avoir une fable. L'ailleurs, qui donne son titre à cet ouvrage, n'est que la figure spatiale de ce futur. Il n'est donc pas un ailleurs de fuite ou de consolation, mais ce lieu qui est comme l'avenir du présent. Qu'un tel ailleurs ait été une figure proprement coloniale, on le sait. Qu'un tel ailleurs soit le moyen même que se donne la littérature africaine pour dessiner son propre monde comme plus grand que la réalité déloyale, cela se lit dans le roman africain contemporain, lors même que ce roman a partie liée aux savoirs et à l'exotisme coloniaux (Bernard Mouralis). Cela se lit également de manière archéologique dans le récit de Léopold Panet sur son voyage de Saint-Louis du Sénégal à Mogador (Maroc), fait en 1850, et qu'analyse János Riesz. L'ambiguïté est ici manifeste: un métis tient un discours colonial, mais ce discours colonial n'est que la désignation du grand monde suivant la parole d'un métis. L'emblématique de ce grand monde est à lire précisément dans les récits oraux d'Afrique noire, anté-coloniaux, et, par conséquent, encore emblématiques du passage contemporain à une représentation de l'espace qui soit un futur (Lilyan Kesteloot). L'emblématique subsiste, de manière paradoxale, même lorsqu'il est dit l'espace contemporain du roman africain – souvent espace de déréliction: Florence Paravy suggère que la représentation de cet espace est indissociable d'une symbolique, celle du grand espace, précisément cet espace quasi éthique qui ouvre l'avenir.

C'est pourquoi il peut être dit explicitement des histoires de maîtrise symbolique de l'espace – particulièrement s'agissant des romans antillais. Françoise Simasotchi-Brones et Romuald Fonkoua rapportent la représentation de l'espace à la question identitaire; ils notent, de plus, qu'un tel rapport suppose moins le constat, la reconnaissance de l'espace propre, que l'expérience du grand espace, qui peut être l'espace autre – celui de l'Europe –, expérience de la seconde histoire, celle qui vient après l'histoire coloniale. Cette seconde histoire, à laquelle s'attache, à travers le roman maghrébin, Charles Bonn, dessine un espace de déterritorialisation, où peut se lire le dessin d'un grand espace, qui n'est pas confondable avec un espace de référence spécifique, celui de l'Algérie, par exemple. Que l'espace soit un futur, Daniel-Henri Pageaux le résume exactement à propos d'Antonine Maillet: «Par la langue et aussi par la fiction, Antonine Maillet s'assigne pour but de faire coïncider une langue avec un espace qui, comme on l'a vu, est brouillé, impécis et toujours à définir.»

Il faut revenir à ce que peut être la fable de ces essais. Jean-Marc Moura note qu'il est vain d'identifier les littératures postcoloniales à des littératures qui viendraient après les empires. Il est plus pertinent de marquer qu'aujourd'hui, ces littérature se lisent suivant deux modalités: «... selon que l'espace narratif est celui d'une identité donnée *a priori*, antérieure au texte mais constitutive du sujet, ou qu'il appartient à un récit recréant et réfutant par son mouvement partages et identités rigides, s'instituant donc par un questionnement de toutes les géographies traditionnelles.» Où il y a bien une manière de redire le grand espace, espace du futur. À lire Jean Rhys, Mohamed Dib, Edouard Glissant et André Brink, comme le fait Jean Bessière, on peut identifier ce grand espace à la représentation d'un désir de société. Ce désir de société fait du roman une écriture du droit; cette écriture du droit fait de la littérature ce qui étend les limites de la cité, renforce la société civile, son langage et ses possibilités.

Jean BESSIÈRE
Jean-Marc MOURA

LE MÊME ET L'AUTRE
RÉFLEXIONS SUR LA REPRÉSENTATION DU VOYAGE
DANS QUELQUES ŒUVRES AFRICAINES

UNE PRÉROGATIVE EUROPÉENNE

De nombreux écrivains européens ont retracé, sur le mode du récit de voyage, plus ou moins scientifique, ou sur celui de la fiction romanesque, leur expérience, directe ou livresque, du voyage en Afrique. Cette immense production qui commence à apparaître dès le XVIᵉ siècle et qui reste encore vivante aujourd'hui (Rouanet, 1995) est évidemment multiforme et répond à des motivations fort diverses.

On peut cependant retenir parmi celles-ci quelques lignes de forces. Certains auteurs vont évoquer l'Afrique dans le cadre d'une problématique de l'exotisme, comme Loti, dans *Le Roman d'un spahi*, ou Psichari, dans *Terres de soleil et de sommeil*, ou de l'aventure, comme Jules Verne dans *Cinq semaines en ballon*. D'autres s'efforceront au contraire de donner de l'Afrique une image réaliste, opposant nettement les noirs et les blancs, dans une perspective visant à faire apparaître le bien-fondé de l'œuvre coloniale; c'est le cas en particulier des auteurs qui relèvent de la littérature coloniale telle que devait la définir Roland Lebel, lorsqu'il précise que celle-ci doit répondre au «besoin de la connaissance intime du pays et de ses habitants, utile à l'œuvre d'enseignement qu'il importe de poursuivre auprès du public.» (Lebel, 1925: 225).

Certains écrivains, qui en règle générale séjournent plus brièvement en Afrique, se proposeront en revanche de dénoncer certains aspects du système colonial, comme on le constate dans *Voyage au Congo* et *Retour du Tchad* de Gide ou *Terre d'ébène* d'Albert Londres.

À ces quelques catégories de textes, vient s'ajouter enfin l'immense production anthropologique traitant de l'Afrique. Celle-ci prend appui dans un premier temps sur les récits des voyageurs et trouve un encouragement dans la volonté que manifeste le pouvoir politique pour mieux connaître les territoires coloniaux. Mais assez vite, dès le début du siècle, l'anthropologie africaniste acquiert un statut scientifique qui fait d'elle une discipline au total autonome, comme le montrent les travaux de Delafosse, de Griaule ou de Mauss.

Mais, si divers qu'ils soient, tous ces textes ont en commun d'être une parole européenne qui tend à se présenter en définitive comme le seul discours que l'on peut légitimement tenir sur l'Afrique. La remarque vaut, bien sûr, pour les textes étroitement liés à l'entreprise coloniale. Ainsi, Brazza mêle constamment les remarques concernant «le point de vue géographique», l'entreprise de «conquête» et le «point de vue humanitaire»: «En route nous avions prouvé qu'il est possible de servir les intérêts de sa patrie tout en combattant pour la science et la civilisation» (Brazza, 1984: 184 et 187). Elle vaut aussi pour la production anthropologique qui pendant longtemps établit un partage entre le rôle de l'Africain chargé de livrer des informations et celui du savant européen qui interprète les données recueillies et élabore une théorie des sociétés africaines.

Le voyage apparaît ainsi comme une prérogative européenne, dans le cadre d'une problématique de la «découverte» à laquelle n'est pas associé l'Africain et qui n'est par ailleurs pas toujours distinguée de celle de «l'invention»:

> La découverte est le pain de la science mais elle pose en même temps la question de l'invention: on ne peut découvrir que ce qui existe déjà, et qui était voilé; ce peut être des informations, des faits; ce peut être des relations entre ces faits. En revanche on ne *découvre* pas une théorie, un concept, une définition, un modèle: on l'invente, il n'existait pas avant. [...] L'invention entretient des rapports ambigus avec la découverte: celle-ci laisse supposer que l'on dévoile quelque chose qui existait (les grandes découvertes des explorateurs), celle-là que l'on crée quelque chose qui n'existait pas: le pneu gonflable par exemple, ou le moteur à explosion, aux conséquences géographiques si considérables. [...] dans l'analyse des territoires, on a plutôt des découvertes (lieux, éléments et relations préexistent à la recherche); dans la théorie scientifique et dans l'utopie, on a plutôt des inventions (des créations de l'esprit humain). (Brunet, Ferras, Théry, 1992: 134 et 260)

LE VOYAGE DES AFRICAINS ET LE CONFLIT DES DISCOURS

Mais les Africains voyagent eux aussi et ils ont de leur côté, depuis longtemps, produit de nombreux textes dans lesquels ils font part, sous des formes diverses, de leur propre expérience de l'Afrique et du processus de découverte ou d'invention inhérent à tout voyage. La littérature orale a toujours accordé au thème du voyage une grande importance. Sans doute s'agit-il souvent d'un voyage métaphorique dans lequel le parcours accompli par un héros correspond, à travers un certain nombre d'étapes significatives, à un itinéraire initiatique. C'est le cas, par exemple, dans *L'Héritage* de Birago Diop (Diop, 1969) ou le *Kaïdara* d'Amadou Hampâté Bâ (Hampâté Bâ, 1968).

Mais beaucoup de textes oraux traitent ce thème dans une perspective réaliste qui fait apparaître tout un jeu de similitudes et d'oppositions entre les différents secteurs de l'espace parcouru par un voyageur. On en trouve déjà des exemples dans certains des contes recueillis par Equilbecq qui pourtant est assez peu enclin à considérer l'Africain comme un voyageur, insistant plutôt sur son «patriotisme de clocher» (Equilbecq, 1992: 93 et 339-345). Les contes réunis par Birago Diop témoignent de façon significative de la place qui est accordée à l'espace et on sera sensible à la façon dont Birago Diop trace une véritable géographie de l'Afrique occidentale dans ses trois recueils (Mouralis, 1991).

La littérature orale fait état d'un savoir fondé sur l'expérience du voyage au sein des sociétés africaines. Mais, en règle générale, ce savoir se développe de façon autonome et la vision diversifiée qu'il propose des paysages et des sociétés n'entre pas en concurrence avec celle qu'élaborent parallèlement, sous les formes évoquées précédemment, les voyageurs européens.

En revanche, la littérature écrite se trouve, dès ses premières manifestations, confrontée avec cette problématique du voyage en Afrique en raison de la prérogative que les Européens se sont attribuée dans ce domaine. On se souviendra en effet que l'un des mobiles essentiels dans le développement de la littérature est constitué par la volonté manifestée par les écrivains africains de produire un discours exprimant le point de vue et l'expérience historique des Africains. Si l'on tient compte en outre de la prégnance qu'a exercée pendant longtemps sur cette littérature une esthétique du réalisme et du dévoilement, on comprendra que l'écriture africaine a correspondu d'emblée à un enjeu qui portait sur l'interprétation que l'on pouvait donner de l'Afrique.

Cet enjeu est, très tôt, clairement défini dans le livre de l'abbé Boilat, *Esquisses sénégalaises*, publié en 1853. Cet ouvrage trace un tableau géographique, politique, économique et social du Sénégal dans la première moitié du XIXe siècle et propose, dans une perspective que l'on peut qualifier de nationaliste, un plan de développement. Boilat, qui a dirigé pendant une dizaine d'années un établissement d'enseignement secondaire à Saint-Louis, insiste sur la nécessité de former, dans tous les secteurs, des cadres dirigeants issus de la population. Dans le domaine scientifique, il formule la même exigence et n'accepte pas que l'Europe conserve le monopole qui a été jusqu'alors le sien dans l'exploration et la connaissance du continent africain. Pour montrer le bien-fondé de sa thèse, il organise un voyage de découverte du Sénégal oriental qui sera réalisé par trois de ses élèves et qui donnera lieu à un récit circonstancié reproduit dans l'ouvrage (Boilat, 1984: 243 sq.).

C'est sur la prise en compte de cet enjeu que Mongo Beti, cent ans plus tard, fonde son entreprise romanesque. Le début de roman qu'il imagine pour ouvrir l'article traitant des «Problèmes de l'étudiant noir» (Mongo Beti, 1953) ainsi que l'analyse qu'il consacre à *L'Enfant noir* de Camara Laye (Mongo Beti, 1954) mettent en cause le savoir européen constitué à propos de l'Afrique et invitent les romanciers à substituer à une vision ethnologique et essentialiste de l'Afrique une vision sociologique, faisant apparaître les tensions et conflits dont le continent est le théâtre.

Le célèbre chapitre II de *Ville cruelle*, dans lequel l'auteur, s'écartant un moment de la vision de son héros Banda, trace une description générale de la ville de Tanga, peut apparaître comme une application des principes formulés peu avant par le critique. Le recours à un mode de narration fondé sur la focalisation zéro est l'occasion pour l'écrivain de poser la question du savoir du romancier. Ce savoir, pour Mongo Beti, prend sa source dans la conscience que les Africains ont de l'expérience historique et sociale qu'ils vivent. Aussi, s'oppose-t-il radicalement à celui que pourraient élaborer «les géographes», «les journalistes» et «les explorateurs» (Mongo Beti, 1971: 26). La perspective suivie ici par Mongo Beti implique une théorie de la connaissance dans le contexte de la situation coloniale, qui rappelle le principe formulé par Durkheim et Mauss: «C'est parce que les hommes étaient groupés et se pensaient sous forme de groupes qu'ils ont groupé idéalement les autres êtres». (Durkheim et Mauss, 1969: 83).

En invitant les romanciers à s'interroger sur la source et la validité de leur savoir sur l'Afrique, Mongo Beti fait ainsi de *Ville cruelle* une sorte de manifeste du roman africain et esquisse même une véritable théorie du roman en suggérant que le roman doit prendre le contre-pied du récit de voyage écrit par les Européens.

VOYAGE ET RÉÉCRITURE

Les textes africains développant une thématique du voyage se trouvent ainsi confrontés aux textes européens proposant une description de l'espace africain. Des uns aux autres, il n'y a pas nécessairement rupture dans la mesure où les écrivains africains ont pu trouver ou continuent de trouver dans les catégories et le lexique utilisés par les auteurs européens des moyens pour exprimer à leur tour leur propre vision. Le primitivisme qui caractérise tout un aspect du courant de la négritude, la valorisation de la «tradition» africaine, «l'ethnophilosophie» et l'utilisation qui est faite de la notion d'ethnie ne sont pas des inventions purement africaines (Amselle/M'Bokolo, 1986).

Ceci dit, on peut cependant relever dans les textes africains un certain nombre de procédures correspondant à la façon dont les écrivains sont susceptibles de réagir aux textes des voyageurs européens. Parmi celles-ci, on notera d'abord le travail visant à substituer à la catégorie de l'exotisme ou de l'étrange celle du familier. Sur ce plan, *L'Enfant noir* pourrait apparaître comme un des exemples les plus caractéristiques en raison de l'effort que déploie le romancier pour montrer que tout ce qu'il décrit s'inscrit dans le normal et le quotidien: songeons aux épisodes relatant le travail du père à la forge ou le lien qu'il entretient avec le serpent.

D'autres écrivains s'attacheront de leur côté à l'évocation des modifications que la mise en place du système colonial ou l'accession à l'indépendance ont introduites dans l'espace socio-politique. C'est le cas, parmi bien d'autres, de Mongo Beti qui, dans *Ville cruelle*, trace, à partir du point de vue d'un jeune paysan, le tableau contrasté d'une ville coloniale et qui, dans *Mission terminée*, inversant la vision si souvent développée, montre le caractère insupportable de l'espace rural, qui, au demeurant, n'a rien de traditionnel puisqu'il est largement pénétré par le système colonial. Cette attention aux changements est également très présente dans le roman d'Ousmane Socé, *Karim, roman sénégalais* (Socé, 1948). On y sera d'autant plus sensible que *Karim* peut apparaître à juste titre comme une récriture du

Roman d'un spahi de Pierre Loti. De son devancier, Ousmane Socé conserve toute la thématique de la mélancolie qui correspond à une volonté de conférer au roman le statut d'une œuvre littéraire à part entière, en tournant le dos à cette esthétique du pittoresque ou du régionalisme qui, dans l'esprit du colonisateur, devrait marquer la littérature produite par les Africains. Mais il s'écarte de Loti sur deux points essentiels: d'une part, dans la description minutieuse qu'il trace de la société sénégalaise, en en soulignant le métissage culturel et en insistant sur la complexité des aventures sentimentales de son héros dans le cadre de la «courtoisie sénégalaise»; d'autre part, dans l'importance qu'il accorde à la description de l'espace politique sénégalais et aux discussions de ses personnages sur l'avenir de leur pays.

Le processus de réécriture peut porter également sur les motivations du voyage et les préparatifs que celui-ci nécessite. Le roman de Kourouma, *Les Soleils des indépendances*, laisse entendre à plusieurs reprises qu'il y a une conception du voyage propre aux civilisations africaines. Le trajet qu'effectue Fama entre la capitale de la Côte des Ebènes et Togobala ne repose pas uniquement sur des motivations familiales ou professionnelles. Il correspond également à une tentative opérée par le héros pour se réapproprier le statut qui était le sien à Togobala en reprenant contact avec un espace géographique et social dans lequel il occupait une position dominante qui contraste avec la situation d'exilé et de déclassé qu'il vit dans la capitale et qui le contraint à exercer les fonctions de griot pour survivre.

Mais cette tentative de réappropriation a un caractère essentiellement symbolique: Fama veut retrouver une reconnaissance par les siens du rang lié à la caste dans laquelle il est né plus que la richesse ou le pouvoir. D'où la nécessité de préparer convenablement un tel voyage:

> Un voyage s'étudie: on consulte le sorcier, le marabout, on cherche le sort du voyage qui se dégage favorable ou maléfique. Favorable, on jette le sacrifice de deux colas blancs aux mânes et aux génies pour les remercier. Maléfique, on renonce, mais si renoncer est infaisable (et il se présente de pareils voyages), on patiente, on court chez le marabout, le sorcier; des sacrifices adoucissent le mauvais sort et même le détournent. Mais le clair, le droit, le sans reste, le sans ennui, c'est arrêter un voyage marqué par le mauvais sort. Un sacrifice, qui dira s'il sera oui ou non accepté? (Kourouma, 1970: 151)

Cet exemple montre ainsi un autre type de rapport à l'espace que celui qu'entretient habituellement le «découvreur». Il serait cependant hasardeux d'en tirer une conclusion opposant sur ce point Européens et Africains. On se souviendra en effet que Fama n'est pas nécessairement le porte-parole de Kourouma et que le romancier le fait agir en fonction du déclassement social dont il estime avoir été la victime au moment de l'indépendance. C'est pourquoi, le voyage qu'entreprend Fama ne peut être à ses yeux que le contraire d'un processus de dépaysement.

VOYAGE ET VÉHICULE

On n'oubliera pas enfin qu'il n'y a pas de voyage sans mode de transport et qu'il arrive parfois que celui-ci se révèle plus important que celui-là. C'est ce qu'on peut observer en particulier dans l'usage littéraire que certains écrivains font des véhicules introduits par le colonisateur et qui étaient ignorés des sociétés africaines: bicyclette, moto, automobile, chemin de fer, avion, cargo ou paquebot.

Bien évidemment, il n'est pas question de tracer un tableau complet des fonctions qui peuvent être assignées à ces différents types de véhicules dans la littérature. On se contentera d'en repérer quelques-unes.

On notera tout d'abord une tendance assez générale à considérer dans ces véhicules moins le mode de transport que la machine révélant l'ingéniosité (bicyclette) ou la force de l'Européen construisant des engins monstrueux. On en trouve un exemple significatif dans *Le Pauvre Christ de Bomba*, lorsque Zacharie reproche au missionnaire d'avoir écarté les Africains de la seule «révélation» qu'ils attendaient: «La révélation de votre secret, le secret de votre force, la force de vos avions, de vos chemins de fer» (Mongo Beti, 1976: 54) et prévoit l'époque où les Africains pourront acquérir avec de l'argent ces machines.

Cette prophétie est à mettre en relation avec deux images récurrentes dans le roman: celle de la route que l'on s'apprête à construire en recourant au travail forcé qui va plonger le pays dans le malheur et celle de l'administrateur Vidal, toujours associé au side-car qui lui permet d'effectuer ses tournées. En la formulant, Zacharie met ainsi en lumière une première étape dans la voie qui peut conduire les Africains à se libérer de la tutelle coloniale. Ceux-ci vont d'abord s'approprier ces objets qui sont pour l'instant l'attribut des Européens et, dans un deuxième temps qui, lui, n'est pas annoncé, les Africains fabriqueront peut-être eux-mêmes ces objets. On se souviendra d'autre part que cette question de l'appropriation du véhicule donnera lieu à un important développement, dans *Remember Ruben* (Mongo Beti, 1974: 161) lorsque le romancier évoque à l'occasion de la campagne du cacao les relations entre le chauffeur titulaire et le «motor boy».

Comme on pouvait s'y attendre, le chemin de fer dont les premières lignes sont construites à la fin du XIXe siècle devait particulièrement retenir l'attention d'un certain nombre d'écrivains africains. La vision qui en est donnée varie sensiblement d'un auteur à l'autre. Mais ils est néanmoins possible de repérer quelques attitudes spécifique dans l'usage littéraire qui est fait de ce motif.

Ainsi, Emmanuel Dongala, dans *Le Feu des origines*, roman qui retrace l'itinéraire de son héros, Mandala Mankunku, mécanicien du chemin de fer sur la ligne Brazzaville-Pointe Noire, entrecroise deux fils: d'une part, il évoque la construction et le fonctionnement de la ligne comme un des éléments essentiels de l'histoire du Congo dans la période coloniale; d'autre part, il cherche à cerner le rapport que Mankunku entretient avec la machine:

> C'était pour lui un véritable plaisir physique que d'actionner le tiroir distributeur de vapeur qui mettait en mouvement l'énorme machine; il contemplait ensuite le nuage de fumée que crachaient les cheminées, il actionnait les avertisseurs, il accélérait et, au bout d'un moment, appuyait sur les commandes des freins, écoutait le grincement des sabots qui coinçaient les roues. Il apprit à graisser convenablement les essieux des bogies, à répartir correctement les charges dans le tender... Pourtant, malgré ce décorticage, ce démontage pièce à pièce du mécanisme qui faisait mouvoir la machine, il n'arrivait pas à se laisser convaincre totalement que la machine n'était que cela et rien de plus. N'y avait-il pas une autre force plus secrète comme la force qui fait se mouvoir le buffle?
> (Dongala, 1987: 141)

Mais, dans la perspective suivie par Dongala, le chemin de fer reste un élément qui ne s'intègre pas complètement à l'univers de la fable inventée par le romancier. Les dernières pages du roman sont à cet égard significatives: le héros aspire à quitter définitivement «ce monde pour lui devenu vieux» en se promettant «de ré-inventer la création du monde» (Dongala, 1987: 255), pour «retrouver, comme au premier matin du monde, l'éclat primitif du feu des origines» (Dongala, 1987: 256), comme s'il s'agissait pour lui d'abolir définitivement le temps historique de la période coloniale.

À l'inverse, Sembène Ousmane, dans *Les Bouts de bois de Dieu*, ce roman qui pourrait être considéré comme le récit de la naissance d'une nation, souligne la nécessité d'intégrer et de contrôler l'apport technologique de l'Occident. Dans un premier temps, le romancier rappelle que l'industrialisation perturbe l'équilibre de l'ancienne société et crée une nouvelle forme d'exploitation:

> Lorsque la fumée s'arrêta de flotter sur la savane, ils comprirent qu'un temps était révolu, le temps dont leur parlaient les anciens, le temps où l'Afrique était un potager. C'était la machine qui maintenant régnait sur leur pays. En arrêtant sa marche sur plus de quinze cents kilomètres, ils prirent conscience de leur force, mais aussi conscience de leur dépendance. En vérité, la machine était en train de faire d'eux des hommes nouveaux. Elle ne leur appartenait pas, c'était eux qui lui appartenaient. En s'arrêtant, elle leur donna cette leçon. (Sembène Ousmane, 1971: 63)

L'auteur évoque ensuite l'évolution qui s'opère dans l'esprit des grévistes. L'«orgueil» éprouvé dans les premiers jours en réalisant qu'ils ont «tué la "Fumée de la savane"» fait place progressivement à un sentiment d'inquiétude et de «frustration» devant «l'absence de la machine»:

> Tout cela avait été leur vie. [...] Ils sentaient confusément que la machine était leur bien commun et que la frustration qu'ils éprouvaient tous en ces jours sombres leur était également commune. (Sembène Ousmane, 1971: 126-127)

Puis, sous l'influence de Bakayoko, ils sont conduits à voir sous un autre jour leur rapport à la machine et une véritable métamorphose s'opère en eux:

> Quelque chose de nouveau germait en eux, comme si le passé et l'avenir étaient en train de s'étreindre pour féconder un nouveau type d'homme, et il leur semblait que le vent leur chuchotait une phrase de Bakayoko souvent entendue: «L'homme que nous étions est mort et notre seul salut pour une nouvelle vie est dans la machine, la machine qui, elle, n'a ni langage, ni race». [...] Leur communion avec la machine était profonde et forte, plus forte que les barrières qui les

> séparaient de leurs employeurs, plus forte que cet obstacle
> jusqu'alors infranchissable: la couleur de leur peau. (Sembène
> Ousmane, 1971: 127-128)

Le motif du chemin de fer est ainsi pour Sembène Ousmane l'occasion de dépasser l'opposition classique entre l'Afrique et l'Europe, dans une perspective qui invite les Africains, et parmi eux notamment le prolétariat, à devenir acteurs de l'Histoire, selon un schéma qui pourrait être qualifié de prométhéen, dans la mesure où la finalité de la révolte présente vise à mettre fin à l'exploitation des travailleurs en les faisant accéder à la maîtrise de l'outil qui a contribué à la modernisation de leur pays.

L'épisode de la construction du chemin de fer dans le roman de Kourouma, *Monnè, outrages et défis*, s'inscrit également dans une réflexion sur l'histoire. L'administration a promis à Djigui de construire une ligne, de la côte jusqu'au nord du pays, mais les travaux n'avancent que très lentement en raison de la difficulté à requérir la main d'œuvre car les travailleurs forcés ne cessent de déserter.

Mais Kourouma ne se contente pas d'évoquer un fait qui a marqué la période coloniale dans un certain nombre de pays et qui a été souvent décrit (Maestri, 1987 et 1988) ou dénoncé (Londres, 1994). Il se sert du chemin de fer pour amorcer une réflexion sur le développement des pays africains, à l'époque coloniale comme après les indépendances. Le projet de construire un chemin de fer flatte la vanité de Djigui, qui vient en outre d'être nommé «chef principal»:

> Le gouverneur, lui explique l'interprète, a ajouté à cet honneur
> celui, incommensurable, de tirer le rail jusqu'à Soba pour vous
> offrir la plus gigantesque des choses qui se déplacent sur terre:
> un train à vous et à votre peuple. (Kourouma, 1990: 74)

De plus, bien que le gouverneur l'en avertisse, Djigui n'attache guère d'importance au coût humain que représentera l'opération:

> Pour faire arriver le train, on pouvait compter sur moi, Djigui.
> Je connaissais mon pays, je savais où récolter le vert quand
> tout a jauni et séché sous l'harmattan et saurais l'obtenir quand
> même le désert parviendrait à occuper toutes nos plaines. [...]
> Je jurais qu'on pouvait extraire du pays des hommes et des
> femmes pour les prestations et les travaux forcés, des recrues
> pour l'armée coloniale, des filles pour les hommes au pouvoir,
> des enfants pour les écoles, des agonisants pour les

dispensaires et y puiser ensuite d'autres hommes et femmes pour tirer le rail. (Kourouma, 1990: 75)

Mais le chemin de fer que se propose de construire le colonisateur présente toutes les caractéristiques d'un chemin de fer colonial (infrastructure légère, trajet reposant sur des objectifs à courte vue, pas d'interconnexion avec d'autres réseaux, etc.) et Djigui en prend conscience lors du voyage qu'il effectue en France à l'occasion de l'Exposition coloniale en découvrant le rôle que le chemin de fer a joué dans le développement de l'Europe:

> Nous prîmes le train pour en rencontrer d'autres ou nous faire dépasser par d'autres trains. Nous admirâmes les tunnels, les ponts, les palais construits pour le train. À Paris, les trains circulaient sous et sur la terre ainsi que dans le ciel. Il y avait aussi de nombreuses automobiles; mais elles allaient à la gare ou en revenaient. Des foules sortaient des gares ou y entraient. Nous visitâmes de vastes *lougan* dont les moissons étaient évacuées par des trains, des fabriques qui transformaient des trains entiers de matières premières en marchandises qui étaient réexpédiées par des trains. (Kourouma, 1990: 103)

Djigui, pourtant, ne tire pas de cette observation les conséquences qui devraient s'imposer à lui. Il refuse en particulier un nouveau projet proposé par la France et qui doit «attribuer aux Keita un train aux dimensions françaises» (Kourouma, 1990: 104). Sans doute, son refus est-il motivé par le coût humain encore plus considérable que doit entraîner à ses yeux une telle entreprise: «Qu'aurait coûté le train de France?» (Kourouma, 1990: 104). Mais, en adoptant cette attitude, il oublie que le changement d'échelle était susceptible de conduire l'administration à envisager d'autres méthodes et d'autres moyens que le travail forcé pour la réalisation de ce projet.

SORTIR DE LA «CASE NATALE»

Sembène Ousmane et Kourouma s'attachaient à dégager la signification historique et sociale du chemin de fer. C'est dans une toute autre perspective, en revanche, que s'engage Camara Laye, dans *L'Enfant noir*, lorsqu'il traite à son tour ce motif. Celui-ci fait l'objet d'un long développement au cours duquel le narrateur retrace le premier grand voyage qu'il effectue, alors qu'il est âgé de quinze ans, et qui le conduit de Kouroussa à Conakry où il va continuer ses études dans un établissement technique.

Cet épisode très riche présente tout au long une particularité qui vaut d'être relevée, surtout si l'on tient compte de l'âge du héros et de l'expérience qu'il a déjà du monde européen à travers l'école: le narrateur écarte pratiquemment de son récit toute information concernant le véhicule (si l'on excepte quelques mots comme: «train», «quai», «compartiment») pour ne parler que du voyage. Celui-ci commence à vrai dire avant même que le voyageur ne quitte Kouroussa, dans le rituel social qui doit marquer ce moment et que le narrateur décrit en évoquant tous ceux qui l'accompagnent, avec leurs gestes, leurs paroles, leurs cadeaux: ses parents, ses frères et sœurs, ses amis, les «hyperboles des griots» (Camara Laye, 1976: 164). Ainsi, dans cette description minutieuse, l'accent est mis avant tout sur la dimension culturelle du voyage et sur la permanence d'un fonctionnement social indifférent à l'évolution des techniques.

Les pages qui suivent évoquent les différents paysages que découvre successivement le narrateur et l'aspect géographique est nettement souligné: Dabola, «à l'entrée du pays peul», sur «les premières pentes du Fouta-Djallon» (Camara Laye, 1976: 166); Mamou que le train doit gagner en escaladant «les hautes falaises du massif» et où le voyageur va faire étape en éprouvant «les nuits froides et l'air sec du Fouta-Djallon» (Camara Laye, 1976: 166 et 167); Kindia où l'on parle le soussou et non le peul; la presqu'île de Conakry enfin que la narrateur atteint au début de la nuit.

La diversité des paysages qui se succèdent au long des six cents kilomètres séparant Kouroussa de Konakry va provoquer chez le voyageur deux effets antagonistes. D'une part, un sentiment d'étrangeté par rapport à Kouroussa et qui confine presque au malaise, comme c'est le cas dans la région de Mamou: «Ce pays nouveau pour moi, trop tourmenté, me déconcertait plus qu'il ne m'enchantait; sa beauté m'échappait.» (Camara Laye, 1976: 166). D'autre part, un sentiment de familiarité et d'euphorie comme si le paysage découvert répondait à une attente inconsciente:

> Le lendemain, je repris le train, et un revirement se fit en moi: était-ce l'accoutumance déjà? Je ne sais; mais mon opinion sur la montagne se modifia brusquement et à telle enseigne que, de Mamou à Kindia, je ne quittai pas la fenêtre une seconde. Je regardais, et cette fois avec ravissement, se succéder cimes et précipices, torrents et chutes d'eau, pentes boisées et vallées

> profondes. L'eau jaillissait partout, donnait vie à tout. Le
> spectacle était admirable, un peu terrifiant quand le train
> s'approchait par trop des précipices. Et parce que l'air était
> d'une extraordinaire pureté, tout se voyait dans le moindre
> détail. C'était une terre heureuse ou qui paraissait heureuse.
> D'innombrables troupeaux paissaient, et les bergers nous
> saluaient au passage. (Camara Laye, 1976: 167)

Le spectacle des différents paysages remet ainsi en cause la frontière qui est censée séparer le familier et l'étrange. Le processus se trouve d'autre part accentué sur le plan humain. En effet, lors de l'étape de Mamou, comme au moment de l'arrivée et du séjour à Conakry, le narrateur découvre le caractère fragile de la frontière qu'il avait établie entre Kouroussa et le monde extérieur (et étranger). À Mamou, le narrateur est accueilli par un «ancien apprenti de [son] père, averti de [son] passage» et qui lui donne «l'hospitalité» (Camara Laye, 1976: 166); et, à Conakry, il est accueilli par son oncle:

> Un homme de haute taille et qui imposait, vint au devant de
> moi. Je ne l'avais jamais vu – ou, si je l'avais vu, c'était dans
> un âge trop tendre pour m'en souvenir –, mais à la manière
> dont il me dévisageait, je devinai qu'il était le frère de mon
> père. (Camara Laye, 1976: 168)

Ainsi, contrairement à ce qu'il pouvait penser au départ, l'itinéraire que parcourt le voyageur et qui le mène, à travers une Guinée qu'il découvre, de Kouroussa à Conakry, ne le conduit pas en réalité d'un monde familier à un monde inconnu et étrange, sinon hostile. Il le fait le passer d'un espace familier et familial à un espace social qui se manifeste à travers le réseau des liens qui unissent les hommes et créent entre eux une solidarité différente de celle que l'enfant connaît dans la relation avec ses parents.

Dès lors les frontières familières ne peuvent que se brouiller. Et doivent l'être. Quelle différence y a-t-il désormais entre Kouroussa et Conakry, puisque le narrateur dit qu'il y est «accueilli comme un fils pourrait l'être», ajoutant:

> Il n'empêche: je regrettais Kouroussa, je regrettais ma case!
> Ma pensée demeurait toute tournée vers Kouroussa: je revoyais
> ma mère, mon père, je revoyais mes frères et mes sœurs, je
> revoyais mes amis. J'étais à Conakry et je n'étais pas tout à fait
> à Conakry: j'étais toujours à Kouroussa; et je n'étais plus à

Kouroussa! J'étais ici et j'étais là; j'étais déchiré. (Camara
Laye, 1976: 169)

Or, c'est justement ce «déchirement» qu'éprouve alors le héros qui
permet de cerner la fonction que le romancier assigne au voyage dans
L'Enfant noir. Voyager, c'est d'abord prendre conscience du rapport
dialectique existant entre le familier et l'étrange, comme l'a montré
Freud dans son célèbre essai, *L'Inquiétante Étrangeté* (Freud, 1987).
C'est ensuite, parce qu'on a dépassé une vision différentialiste du
monde, accéder à cet universel qu'est l'Humanité. En ce sens, le
voyage est donc bien l'initiation par excellence puisqu'il conduit le
narrateur à s'arracher à la douceur trop sécurisante de «cette dernière
chaleur qui était celle de la case natale» (Camara Laye, 1976: 165) et
à le faire passer ainsi du monde de l'enfance à celui de l'adulte.

L'USAGE DU VOYAGE

Le recours au motif du voyage représente ainsi dans la littérature
africaine un enjeu essentiel, dans la mesure où il s'agit, pour les écrivains, de substituer leur propre discours à celui que l'Europe a tenu
ou continue de tenir sur l'Afrique. La prérogative exercée jusqu'alors
par l'Européen qui se voulait «découvreur» exclusif de l'Afrique se
trouve désormais contestée par le développement d'une littérature
africaine.

À une vision qui tendait à présenter l'Afrique sous une forme globale et à partir d'un regard extérieur, les écrivains africains vont opposer une vision diversifiée, fondée très souvent sur le point de vue
d'un témoin particulier qui adoptera volontiers un mode de narration
autobiographique.

L'analyse du motif du voyage fait apparaître de la sorte, en mettant en évidence la question de la concurrence des discours, la dimension intertextuelle de la littérature africaine. On le constate en particulier dans le souci que manifestent les écrivains africains pour
apporter un témoignage sur leur expérience de la situation coloniale.
Ceci dit, l'opposition entre les deux types de discours n'est pas absolue. En effet, il ne faut pas sous-estimer, tout d'abord, la prégnance
des catégories et du lexique utilisés par les écrivains européens dans
leurs récits de voyage en Afrique. Par ailleurs, il convient de noter
que la tendance à présenter l'Afrique comme l'espace même de
l'altérité conduit les écrivains africains à hésiter entre deux attitudes
antinomiques: souligner et valoriser la différence que constitue

l'Afrique, d'un côté; montrer la dimension universelle des civilisations africaines, de l'autre.

Ainsi, par-delà la question de la concurrence des discours, le motif du voyage révèle une interrogation sur l'identité de l'Afrique. La volonté de dénoncer la situation coloniale ou de souligner les spécificités de la culture africaine, tout simplement parce qu'elle s'inscrit dans une perspective de communication littéraire, s'accompagne aussi d'une volonté évidente d'atteindre des lecteurs ou des auteurs européens. De la sorte, le motif du voyage implique nécessairement une dialectique du même et de l'autre, qui va donner son dynamisme aux textes. On l'aura constaté en particulier dans la façon dont les écrivains traitent du chemin de fer. On peut, en effet, opposer, d'un côté, *Le Feu des origines* et *L'Enfant noir*, de l'autre, *Les Bouts de bois de Dieu* et *Monnè, outrages et défis*, dans la mesure où les deux premiers romans écartent la machine tandis que les deux autres l'acceptent. Mais, en même temps, on voit bien que la stratégie adoptée par chacun des romanciers va au-delà d'une simple opposition entre l'Afrique et l'Europe, puisque ce qui est affirmé en définitive, c'est la relation susceptible d'exister entre le devenir d'un individu ou d'un groupe et le progrès technique.

Bernard MOURALIS
Université de Cergy-Pontoise

RÉFÉRENCES

J.-L. Amselle et E. M'Bokolo (ed.), *Au Cœur de l'ethnie*, Paris, La Découverte, 1986.

Amadou Hampâté Bâ, *Kaïdara, récit initiatique peul*, rapporté par Amadou Hampâté Bâ, édité par Amadou-Hampâté Bâ et Lilyan Kesteloot, Paris, Julliard, 1968.

Mongo Beti (sous la signature A. B.), «Problèmes de l'étudiant noir», in *Présence Africaine*, n° 14, 1953.

Mongo Beti (sous la signature A. B.), «*L'Enfant noir*», in *Présence Africaine*, n° 16, 1954.

Mongo Beti (sous le pseudonyme d'Eza Boto), *Ville cruelle*, Paris, Présence Africaine, 1971. (1ère édition, Paris, Présence Africaine, 1954).

Mongo Beti, *Le Pauvre Christ de Bomba*, Paris, Présence Africaine, 1976. (1ère édition, Paris, R. Laffont, 1956).

Mongo Beti, *Remember Ruben*, Paris, UGE, col. 10-18, 1974.

Abbé David Boilat, *Esquisses sénégalaises*, préface de A.-B. Diop, Paris, Karthala, 1984. (1ère édition, Paris, Bertrand, 1853).

Pierre Savorgnan de Brazza (texte publié et coordonné par Napoléon Ney), *Conférences et lettres sur ses trois explorations dans l'Ouest africain de 1875 à 1886*, introduction de C. Goma-Foutou, Brazzaville/Heidelberg, Editions Bantoues/P. Kivouvou Verlag, 1984. (1ère édition, Paris, Maurice Dreyfous, 1887).

Roger Brunet, Robert Ferras et Hervé Théry, *Les Mots de la géographie, dictionnaire critique*, Paris, Reclus/La Documentation Française, 1992.

Camara Laye, *L'Enfant noir*, Paris, Presses Pocket, 1976. (1ère édition, Paris, Plon, 1953).

Birago Diop *Les Contes d'Amadou Koumba*, Paris, Présence Africaine, 1969 (1ère édition, Paris, Fasquelle, 1947).

Emmanuel Dongala, *Le Feu des origines*, Paris, Albin Michel, 1987.

François-Victor Equilbec, *Contes populaires d'Afrique occidentale*, précédés d'un *Essai sur la littérature merveilleuse des noirs*, avant-propos de R. Cornevin, Paris, Maisonneuve et Larose, 1972. (1ère édition, Paris, Leroux, 1913-1916).

Sigmund Freud, *L'Inquiétante Étrangeté*, traduction de Marie Bonaparte et E. Marty, introduction et commentaires de François Stirn, Paris, Hatier, 1987. (1ère édition, *Das Unheimliche, Imago*, 1919). [Les éditeurs français ont généralement conservé la formule adoptée par Marie Bonaparte pour la traduction du titre. Littéralement il signifie: «le non familier»; et on pourrait le traduire par une formule comme «L'inquiétante familiarité» (Roger Dadoun) ou «Les démons familiers» (François Stirn)].

André Gide, *Voyage au Congo*, Paris, Gallimard, 1927.

André Gide, *Le Retour du Tchad*, Paris, Gallimard, 1928.

Ahmadou Kourouma, *Les Soleils des indépendances*, Paris, Seuil, 1970. (1ère édition, Montréal, Presses de l'Université de Montréal, 1968).

Ahmadou Kourouma, *Monnè, outrages et défis*, Paris, Seuil, 1990.

Roland Lebel, *L'Afrique occidentale dans la littérature française (depuis 1870)*, Paris, Larose, 1925.

Albert Londres, *Terre d'ébène (La traite des noirs)*, Paris, Le Serpent à Plumes, 1994. (1ère édition, Paris, Albin Michel, 1929).

Pierre Loti, *Le Roman d'un spahi*, préface de Bruno Vercier, Paris, Gallimard, col. Folio, 1992. (1ère édition, Paris, Calmann-Lévy, 1881).

Edmond Maestri, «Vie, travail, état de santé des manœuvres sur les chantiers du rail en Côte d'Ivoire dans les années 1920», in Collectif, *Pratiques du corps*, Paris, Didier, 1987.

Edmond Maestri, «Exotisme et mythe ferroviaire colonial: le cas de l'Afrique française de la fin du XIXe aux années trente», in A. Buisine. et N. Dodille (éd.), *L'Exotisme*, Paris, Didier, 1988.

Marcel Mauss et Emile Durkheim, «De quelques formes primitives de classification, contribution à l'étude des représentations collectives», in Marcel Mauss, *Œuvres*, tome II, Paris, Minuit, 1969. (1ère édition, *L'Année Sociologique*, n° 6,1903).

Bernard Mouralis, *Les* Contes d'Amadou Koumba *de Birago Diop*, Paris, Bertrand Lacoste, 1991.

Ernest Psichari, *Terres de soleil et de sommeil*, préface de Mgr A. Le Roy, Paris, Louis Conard, 1946. (1ère édition, Paris, L. Conard, 1908).

Betty Rouanet-Capelle, *L'Image de l'Afrique dans le roman français contemporain*, thèse, Université de Cergy-Pontoise, 1995.

Sembène Ousmane, *Les Bouts de bois de Dieu*, Paris, Presses Pocket, 1971 (1ère édition, Paris, Le Livre Contemporain, 1960).

Ousmane Socé, *Karim, roman sénégalais*, préface de Robert Delavignette, Paris, Nouvelles Editions Latines, 1948. (1ère édition, Paris, NEL, 1935).

«DES CARNETS IMPRÉGNÉS DE SANG»

LE RÉCIT DE LÉOPOLD PANET SUR SON VOYAGE DE SAINT-LOUIS DU SÉNÉGAL À MOGADOR (MAROC) DU 5 JANVIER AU 25 MAI 1850

Le récit de voyage *Relation d'un voyage du Sénégal à Soueira (Mogador)* qui parut pour la première fois dans la *Revue Coloniale* est signé: «Par Léopold Panet, Indigène Sénégalais». L'«indigène» Léopold Panet appartient au groupe de métis franco-sénégalais qui, depuis le XVIIIe siècle, pèsent sur l'histoire de la colonie – notamment à Saint-Louis et à Gorée. À partir de 1840, ils se font les porte-parole d'une nouvelle politique coloniale plus musclée au Sénégal, ils sont également partisans d'une extension territoriale du Nord au Sud. À ce groupe de métis appartiennent: Durand Valantin, maire de Saint-Louis et premier député à l'Assemblée Nationale de Paris après 1848; l'Abbé Boilat qui fut pendant un certain temps le directeur de l'éducation au Sénégal; Paul Holle, qui, depuis 1840, dirigea plusieurs postes militaires et devint célèbre en tant que commandant en chef du Fort Médina (situé sur le Haut-Sénégal) qu'il défendit avec succès contre les troupes toucouleur de el-Hadj Omar en 1857.

À côté de ces noms relativement célèbres pour leur importance dans l'histoire de la colonie et depuis longtemps attestés dans l'historiographie, Léopold Panet demeura oublié pendant de longues années. Ce n'est qu'avec la réédition sous forme de livre de sa *Relation* par Robert Cornevin en 1968 et la consécration de l'ouvrage par un avant-propos de Léopold Senghor que ce pionnier de l'expédition coloniale française en Afrique de l'Ouest sort de l'oubli. Pour Cornevin, Léopold Panet «est le premier des écrivains sénégalais»; pour Léopold Senghor, Panet appartient, en tant que «vrai sénégalais»au «Panthéon imaginaire» de la Nation. Ce qui nous rend Léopold Panet aussi intéressant, c'est précisément son statut de métis (biologique et culturel). Il se définit à la fois comme Sénégalais et adepte de la civilisation franco-européenne. Son récit de voyage traduit clairement (et de manière douloureuse) cette ambivalence, cette bipolarité.

Malgré les recherches intensives de Cornevin, nous savons peu de choses sur la vie de Léopold Panet, excepté ce qu'il dit de lui-même dans sa *Relation* qui, à sa façon, est aussi une autobiographie. Une famille Panet est installée à Gorée depuis le XVIIIe siècle. Léopold Panet est né sur l'île en 1819 ou en 1820, on ignore la date exacte de sa naissance. Il devint très tôt orphelin, comme nous le savons d'une minute notariale de 1831. Dans une lettre adressée au Ministère des Colonies en 1850, il décrit sa situation économique pendant sa jeunesse en ces termes: «Né sans fortune, je vis dans une aisance bien médiocre et qui, amassée à force de privations, suffit tout juste pour mon entretien et celui de mes deux sœurs, jeunes orphelines qui n'ont d'autre appui que moi» (Cornevin, 1968: 8).

Panet a vraisemblablement fréquenté l'école française de Gorée ou de Saint-Louis. Son récit de voyage trahit une bonne culture générale. En 1838, l'administration coloniale l'emploie comme «écrivain temporaire», mais il abandonne ce poste seulement sept mois plus tard et s'établit comme commerçant à Saint-Louis d'où, on le suppose, il remonte le fleuve Sénégal pour pratiquer son commerce. C'est sûrement de ce temps que proviennent sa grande familiarité avec le pays et ses hommes, attestée par ses connaissances linguistiques, sa profonde connaissance des conditions et des difficultés du commerce colonial avec les «indigènes» et les Maures sur l'autre rive du fleuve. En 1846, nous retrouvons Léopold Panet en compagnie du commissaire à la marine Anne Raffenel, qui, déjà entre 1843 et 1844, avait entrepris un voyage dans la région des mines d'or de Kéniéba en remontant le fleuve. Ce voyage était une mission exécutée sur ordre du gouverneur de l'époque, Edouard Bouët-Willaumez. Il s'agit d'une expédition qu'il faut situer dans le contexte de la politique conséquente prévue à long terme que Bouët-Willaumez fut le premier à défendre. Elle avait pour but de relier par voie terrestre les comptoirs situés sur la côte ouest-atlantique à l'Algérie et à l'ensemble du Maghreb.

C'est également dans ce sens qu'il faut comprendre la deuxième mission d'exploration confiée à Raffenel (1846-1848). Cette expédition qui devait mener jusqu'au Niger était dotée d'un programme ambitieux et d'un catalogue de missions à l'image du programme (Y.-J. Saint-Martin, 1989: 168 sq.) Mais cette expédition généreusement équipée échoua. Le roi du Kaarta, un des souverains rivalisant avec le royaume bambara de Ségou, arrêta la troupe pendant plusieurs mois avant de la piller et de la laisser retourner bredouille au Sénégal. Cet échec servira de leçon à Panet pour ses entreprises futures. Mais, aux yeux de Raffenel, Panet a fait ses preuves pendant ce voyage et s'est qualifié pour des missions à venir. C'est en termes élogieux qu'il mentionne Panet dans le récit de voyage publié dans la *Revue Coloniale* en 1849. Par ailleurs, il plaide pour son compagnon de voyage dans plusieurs lettres adressées au Ministère de la Marine.

En ce qui nous concerne, une lettre datée du 16 octobre 1848 est particulièrement éloquente. Dans cette lettre qui est adressée au Directeur des Colonies, Raffenel loue à plusieurs endroits le courage et le dévouement du jeune métis Panet; il propose que lui soit décernée la croix de la Légion d'honneur en récompense de ses actions. Par ailleurs, un poste assez rémunérateur devrait lui être offert dans l'administration coloniale. La justification de cette entremise est d'autant plus intéressante qu'elle montre à quel degré les membres des expéditions et des explorations croyaient avoir droit à une reconnaissance officielle et à une récompense de la part de l'Etat. En effet, ils ont besoin de légitimation et aimeraient voir leurs actions mises sur le même plan que les autres missions et actions jouissant depuis toujours d'une reconnaissance officielle: actions militaires, scientifiques, médicales et autres entreprises «philanthropiques» (Cornevin, 1968: 9 sq.).

> M. Panet s'est trouvé pendant quinze mois exposé tour à tour au poignard des nègres et aux atteintes de la fièvre, de la dysenterie et des mille affections [...]; il a subi courageusement la faim, la soif, les privations les plus dures et par-dessus tout une captivité de huit mois, éloigné de tout secours chez un peuple dont la perfidie a mis maintes fois sa vie en péril (Cornevin 1968:10).

Pour ce qui est de la proposition de décoration de Panet, Raffenel obtiendra gain de cause: sa lettre porte une mention manuscrite apposée par une autre main: «nommé le 11 novembre 1848» (11). Ainsi Léopold Panet est-il le premier Sénégalais à obtenir la Légion d'honneur. Quant à l'obtention d'un poste dans l'administration coloniale pour son protégé, les efforts de Raffenel resteront sans suite, malgré les nombreuses lettres et requêtes – également de Panet lui-même qui, après sa traversée du Sahara, séjourne pendant un an à Paris à partir du 4 juillet 1850. Est-on pour autant en droit de parler de «racisme de l'administration coloniale», comme le fait Cornevin

(21)? De l'avis de Panet lui-même, son engagement en tant qu'explorateur devrait témoigner de la totale loyauté de la classe des métis locaux et, par conséquent, forcer à reconnaître les métis comme des partenaires égaux des Français, en droit et en valeur.

Le projet d'une mission d'exploration allant de Saint-Louis du Sénégal à la ville portuaire marocaine de Soueira (Mogador) sur la côte atlantique, en passant par le Sahara, trouve la vive approbation dans les milieux parisiens du lobby colonial. Le baron Roger, qui fut gouverneur du Sénégal entre 1822 et 1825 et qui, depuis la révolution de 1848, s'appelle Roger de Loiret, écrit une lettre au Directeur des Colonies, l'Amiral Verminhac (Cornevin, 12 sq.). Il rédige cette lettre datée du 27 novembre 1848 en sa qualité de président du «comité de l'Algérie et des colonies» pour: 1) expliquer les fins politiques de l'exploration – l'établissement d'une voie de communication terrestre entre le Sénégal et l'Algérie; 2) justifier et expliquer le choix de Léopold Panet pour cette mission difficile; 3) décrire les mesures à prendre en vue de la réussite de l'entreprise; 4) justifier le choix de l'itinéraire approprié et la mise en place d'un dispositif logistique; 5) assurer tous les participants de l'expédition du soutien du Ministère de la Guerre. Non seulement le Ministre de la Guerre accorde la plus grande importance à l'entreprise – comme assuré lors d'entretiens – mais également il «manifest[e] le désir d'en seconder l'exécution par tous les moyens dont il pouvait disposer» (13).

La réponse du Directeur des Colonies au Ministère de la Marine en date du 10 février 1849 approuve tous les points de la lettre de Roger. Par ailleurs, elle mentionne (outre les arguments de politique coloniale) un autre argument en faveur de l'entreprise: celui de la prospection des possibilités d'intensifier les relations commerciales avec les pays à visiter. Pour ce qui nous concerne, retenons qu'une leçon fut tirée des échecs et des insuccès des premières expéditions. Surtout, les expériences, les croquis et les notes prises lors des voyages précédents viendront augmenter les chances de succès de la prochaine mission.

On croit avoir reconnu les causes de l'échec de l'expédition de Raffenel (1846-1848): d'une part, la méfiance et l'agressivité des autochtones à l'égard des Européens (chrétiens, ajouterions-nous); d'autre part, l'abondance de l'équipement et la richesse de l'expédition ne pouvaient que raviver l'appétit des autochtones et les tenter au vol et au pillage. Pour éviter ces dangers à l'avenir, il semblait opportun de confier la mission à un autochtone qui voyagerait le plus modestement possible sans attirer l'attention sur sa personne.

Afin que ceci réussisse encore mieux, un noviciat de préparation fut imposé à Léopold Panet. Pendant ce temps, il devait parfaire ses connaissances de l'arabe véhiculaire et adapter son apparence et son comportement à ceux des populations indigènes.

Comme tant d'autres «explorateurs» du XIXe siècle, Léopold Panet également va voyager sous un faux nom, sous une fausse identité. Par ailleurs, il va devoir s'inventer un nouveau passé qui rende plausible pourquoi lui, en tant qu'Africain (certes métis) assimilé ayant joui d'une éducation chrétienne, s'était reconverti à l'Islam. Par ailleurs, il devrait justifier le but de son voyage. Vu que pendant la conquête coloniale cette identité feinte se trouve au cœur de la problématique des métis tant chez Léopold Panet que chez ses congénères, nous citerons *in extenso* le passage de la plume de notre voyageur qui en donne la narration:

> Je suis né à Dzaïr (Alger), d'une famille musulmane, à laquelle j'ai été enlevé par les Français dans les premières hostilités avec Abd-el-Kader. Conduit en France par un nommé Etienne, non seulement il eut soin de moi, mais encore, dominé par une pensée généreuse, il ne songeait qu'à me rendre à ma famille. Cependant les hostilités avec Dzaïr étant devenues plus graves, et toutes communications entre les parties adverses n'ayant plus lieu que par le fer et le feu, il fut impossible à mon bienfaiteur d'accomplir son généreux dessein. Quinze ans s'étaient écoulés depuis que j'étais au pouvoir de ce bienveillant chrétien, lorsque la mort vint l'enlever à sa famille désolée et à mon attachement, qui en sera éternellement veuf. En voyant le progrès rapide que faisait la maladie grave dont il était atteint, cet homme savait qu'il ne s'en relèverait pas et, à ses derniers moments, il regrettait plus que jamais de n'avoir pu me rendre à ma famille. Un jour il me fit appeler en présence de son fils, et après lui avoir recommandé, comme sa dernière volonté, de donner suite à la pensée généreuse qui l'animait à mon égard, il demanda une petite boîte de laquelle il retira un papier sur lequel étaient écrits les noms de mon père, de ma mère et de leur tribu. Ces renseignements lui avaient été fournis par un Arabe âgé pris en même temps que moi. Cet homme aurait été très heureux d'exécuter les volontés de son père; mais, faute d'occasion favorable, il ne put le faire, et mourut lui-même au Sénégal, où je l'avais accompagné. Depuis, je m'occupais seul à trouver les moyens de retourner dans mon pays, lorsque je rencontrai Abd-el-Selâm qui, d'après les indications que j'étais à même de lui fournir,

reconnut très bien ma famille, et, m'assurant qu'elle vivait encore et que je la trouverais à Fez, il m'a remis, à cet effet, un billet de recommandation pour le marabout de Noun, H'âdj-Hamédan. (Cornevin, 1968: 39-40)

Pour son histoire de vie inventée, Léopold Panet a pu s'inspirer de l'exemple du *Voyage à Tombouctou* de René Caillé, dont la biographie, écrite vingt ans plus tôt, comporte des parallèles: tous deux sont très tôt orphelins de père, c'est après avoir participé à une première expédition qui a échoué qu'ils préparent la prochaine consciencieusement et avec méthode. Vu l'autre contexte historique qui était celui de René Caillé, ce sont des soldats de Napoléon qui l'enlèvent d'Egypte. Après la mort de son tuteur français, il tente de partir du Sénégal pour son pays, l'Egypte...

Les deux histoires de vie (de Caillé et de Panet) provoquent en plusieurs endroits quelque scepticisme qu'ils dissipent par leurs réponses aux questions qui leur sont toujours posées. Ils enjolivent la narration, l'adaptent à l'auditoire toujours changeant, ils se prennent dans des contradictions. Mais surtout, Caillé et Panet s'ingénient à mettre en scène et à jouer leur conversion à l'Islam d'une manière convaincante. Les contradictions dans cette auto-représentation – voire dans la conscience de soi: jusqu'où va le jeu? Où commence le sérieux? – transparaissent déjà dans le passage cité plus haut qui est pourtant une forme idéale de l'histoire racontée non seulement à des Maures sceptiques, mais aussi aux lecteurs de la *Revue Coloniale*. Pour un public africain, le père adoptif français paraît trop positivement présenté: ce bienfaiteur, plein de générosité est d'une grandeur d'âme telle qu'il ne «songe qu'à rendre l'enfant volé (?) à sa famille».

La première tentative de se mettre en route pour le voyage échoue, entre autres choses, parce que les différents éléments ne concordaient pas assez bien pour donner une histoire soigneusement construite. Après avoir quitté Saint-Louis le 17 octobre 1849 pour se rendre à Boutelimit, chez Cheikh Sidia qui avait la réputation d'un saint et qui devait le convertir à l'islam, Léopold Panet apprend en cours de route que le célèbre marabout est en voyage de plusieurs mois. Panet revient sur ses pas et repart, une deuxième fois, après deux mois d'attente impatiente. Le 6 janvier 1850 à 3 heures du matin, il entreprend son voyage en compagnie d'une petite caravane qui atteint Chinguêti, dans l'Adrâr, le 28 janvier. Après un séjour d'un mois à Chinguêti, le voyage reprend le 28 février; il s'effectue avec un petit groupe qui remonte vers le nord. Le 21 mars, Panet est attaqué et pillé, on l'abandonne à demi-mort. Par bonheur, ses notes et croquis lui restent. Panet atteint Noun le 20 avril; il y reste un mois avant de se rendre à Soueira par des étapes rapides. Le 25 mai, il entre à Soueira, y rencontre le consul de France à qui il fait un compte rendu de son voyage. Une semaine plus tard, Léopold Panet s'embarque à bord d'un bateau en partance pour la France; il débarque à Marseille le 22 juin 1850. Durant l'année qui suit son arrivée en France, il rédige son récit de voyage et tente – vainement, comme nous l'avons vu – d'obtenir un poste dans l'administration coloniale. Revenu de France, Panet quitte le Sénégal pour s'installer comme commerçant à Bathurst, en Gambie (colonie anglaise). Là, il se marie, a cinq ou six enfants. Gravement malade, Panet retourne à Gorée au début de l'année 1859. Selon un registre de la mission de Gorée, Léopold Panet y a été enterré le 5 février 1859.

Le récit de voyage de Léopold Panet se prête à trois niveaux de lecture; on peut le lire comme:

I. une mission qui a pour but de collecter tout ce qui est digne d'être su sur la région visitée, ainsi que de rassembler des informations d'ordre politique;

II. un texte autobiographique marqué par la problématique du métis qui se trouve entre les cultures;

III. un témoignage historique sur la politique coloniale de la France en Afrique de l'Ouest, politique qui tente de se sortir d'une situation «bloquée» et peu satisfaisante en ouvrant de nouvelles perspectives et en esquissant une nouvelle vision des devoirs coloniaux de la «mère-patrie» et de ses colonies autour des années 1850.

I

D'après sa forme extérieure, le récit de voyage de Léopold Panet se présente comme un journal encadré par une «introduction» (31-37) et un mémorandum de politique coloniale (181-190). Le journal est tenu au jour le jour, il renferme des informations et la relation d'événements vécus remarquables. Par endroit, on a de longues insertions qui tentent d'éclairer le journal en précisant le contexte des faits relatés.

Le déroulement du voyage même est marqué par des confrontations presque quotidiennes avec les deux «serviteurs» que lui a confiés le Gouverneur comme compagnons de voyage: le juif maure Yaouda et l'interprète Mouloud. Ces deux hommes se disputaient en

permanence. Par ailleurs, le voyage est marqué par l'indiscrétion,
l'importunité et la cupidité de voleurs, de bandits de grand chemin, et
de solliciteurs en tout genre qui ne cessaient d'assaillir la petite caravane.

Les difficultés avec Yaouda proviennent du fait que Panet ne doit
pas dévoiler son rapport avec ce compagnon de voyage car il risque-
rait de trahir le vrai but de son voyage. Aussi Panet devient-il l'objet
d'un chantage; plus d'une fois, il a des raisons de croire que Yaouda
pourrait révéler son secret, voire le trahir. Il se pourrait même que
Yaouda soit de connivence avec les voleurs qui l'attaquent et le tuent
presque (125 sq.). Quant à son interprète Mouloud, c'est un jugement
sans appel que Panet porte sur lui:

> Homme sans cœur, sans sentiment, c'est une de ces créatures
> que l'homme honnête foule à ses pieds pour venger son espèce
> outragée. C'était lui qui me rendait la vie dure et pénible; c'est
> de lui que venaient toutes mes tribulations; c'était enfin lui qui
> empoisonnait mon existence, et me faisait mesurer à chaque
> pas que je faisais la distance que j'avais encore à parcourir.
> (81)

Comme on pouvait le faire chanter à cause de son «secret», Panet
n'avait aucune possibilité de se débarrasser de ce serviteur; il devait
assister, impuissant, aux vols et aux tracasseries de Mouloud.

Par rapport aux ennuis provenant de son propre entourage, les en-
nemis extérieurs et les trouble-fêtes de la caravane paraissent être de
moindre importance car ceux-ci font partie du quotidien, prévisible et
maîtrisable, de la vie de caravane. Cependant, ces ennuis extérieurs
étaient également source d'énervement permanent et maintenaient le
groupe de marchands et de voyageurs dans un climat d'angoisse et de
nervosité.

Tous les moyens imaginables sont bons pour obtenir des voyageurs «cadeaux», «droits de route», «dédommagement», «taxes», etc.
Ces moyens vont de la simple menace à la flatterie en passant par
l'importunité qui peut mener jusqu'à la violence. Grâce à leur longue
expérience, les marchands et les voyageurs ont appris à affronter ces
exigences, à les refuser, les éviter ou à ne se plier qu'à la pure violence. Il transparaît du commentaire de Panet un appel à la «pacifica-
tion» et au rétablissement de l'ordre: «Dans un pays mal régi comme
l'est, en général, le centre de l'Afrique, dans un pays aussi où la mau-

vaise foi et la fourberie se rencontrent à chaque pas, on comprend que
[…]»(59).

Les grandes caravanes semblent mieux prémunies contre de telles
tracasseries, en revanche, elles ont le grand désavantage d'être plus
lentes. À cela s'ajoute le fait qu'elles doivent vivre dans la hantise
d'une attaque que précisément leur importance provoque, même si
paradoxalement, le grand nombre et le meilleur armement se vou-
laient dissuasifs (cf. Spittler 1996). Panet essaie de dépasser ses propres ennuis pour tenter de découvrir et de comprendre le système et
les règles qui sous-tendent le harcèlement des solliciteurs, pilleurs,
voleurs et assassins. Sur plusieurs pages (56 sq.), il nous décrit les
«négociations» avec un jeune «prince» de l'Adrâr qui, en compagnie
de quelques guerriers, avait rejoint la caravane un soir et s'était fait
inviter à dîner. Après le repas:

> Le prince fit connaître, sans autre préambule, le but de sa
> visite. Il était venu, selon ses propres paroles, pour avoir un
> cadeau de la part de ceux qui, uniquement occupés de leur
> commerce, à feuilleter le Koran, ou à rouler entre leurs doigts
> les grains de leurs chapelets, ne prenaient jamais les armes
> pour défendre les droits de la tribu, et devaient par conséquent,
> payer de leur fortune, ne payant pas de leur personne. (56)

Non sans ironie, Panet commente les propos du prince: «C'était
assez logique» (56). Et il décrit de manière détaillée la discussion qui
suivit les propos du prince, rapportant arguments et contre-arguments.
Cette discussion se prolongea jusqu'au lendemain; elle prit fin quand
le jeune guerrier décida de prendre par la force une partie des marchandises. À peine eut-il disparu que surgirent sur le chemin cinq
Arabes armés de fusils... (59 sq.)

C'est presque un miracle qu'en dépit de tous les dérangements et
de toutes les interruptions du voyage, Panet ait pu trouver du temps
pour ses observations, pour faire des enquêtes et pour porter sur le
papier tout ce qui était digne d'intérêt. Ses notes n'obéissent pas à un
plan homogène, elles sont plutôt variables et multiformes. Elles vont
de la description de la nature ou du paysage à une monographie détaillée des villes où il est obligé de séjourner assez longtemps, en
passant par des notes ethnographiques sur les mœurs et coutumes des
autochtones, leurs croyances ou plutôt superstitions, leurs techniques
agricoles et pastorales.

Très souvent, Léopold Panet décrit l'état de la route qui est d'une aussi grande utilité pour les futurs voyageurs que les informations relatives aux points d'eau et aux possibilités de pâturage pour les animaux de la caravane. Dans ce contexte, la description de la traversée de l'Adrâr en direction de Chinguêti est représentative:

> *24 janvier.* – Notre route traversait également de petites montagnes isolées et des chaînes de collines; l'arbre appelé *hegnîn* y était très abondant. Le soir nous fîmes notre halte à côté de quelques dunes de sable, où nous envoyâmes faire boire nos chameaux et prendre de l'eau aux puits d'Ikhref, qui en étaient éloignés de près de trois kilomètres. Ikhref est une montagne entourée de vallées parées d'une belle végétation et où la pâture est très abondante, ce qui fait qu'on y trouve des camps, à peu près pendant toute l'année. (55)

Souvent, de telles informations sur l'état des routes et les possibilités de campement sont complétées par des données très précises sur la constitution du sol, la présence de minerais, de plantes utilitaires et – dans des lieux comme Chinguêti où un long séjour permet des observations et des mesures plus exactes – les données portent sur la température aux différents moments de la journée, sur les rapports atmosphériques, les précipitations, la direction des vents et la forme des nuages (63 sq.).

Les données relatives aux distances sont si précises que l'on peut s'imaginer leur utilité lors d'une campagne militaire. Sur Chinguêti on peut lire:

> Chinguêti fait partie de l'oasis d'Adrâr dont la capitale est Ouadân. Il est situé à 150 kilomètres O. de Ouadân, au Nord à 72 kilomètres d'Atar, 92 de El-Modokh et 110 d'Osouft, autres villages d'Adrâr.

D'utilité militaire ou pas, l'état des routes mériterait, selon Panet, d'être amélioré. Lorsque, partie de Chinguêti le 28 février, la caravane atteint la chaîne de collines d'El-Ak'sâbi dont «la terrasse coupe la route en ligne horizontale» et dont la montée et la descente sont dangereuses pour les chameaux – comme en témoignent les ossements d'animaux qui balisent le chemin de part et d'autre, Léopold Panet ne peut cacher son agacement quant à l'indolence de ces «indigènes» qui auraient pu, sans beaucoup d'effort, rendre la route plus praticable autant pour les voyageurs que pour les animaux (101 sq.).

La perception de l'explorateur anticipe déjà sur les devoirs qui attendent le colonisateur.

Les observations scientifiques et de la nature ne sont pas gratuites. Les notes «ethnographiques» le sont encore moins. Ce qui intéresse Panet chez les autochtones, ce sont ou leur caractère pacifique ou au contraire, leur agressivité guerrière, la source de leur richesse ou la cause de leur pauvreté, leur sens de l'hospitalité ou leur xénophobie, leur degré de tolérance ou leur fanatisme religieux, leur ouverture ou leur avarice à donner des renseignements. À propos des Bârek-Allah, Léopold Panet dit qu'ils «forment une tribu paisible, riche en troupeaux. Dans ma route depuis le Sénégal jusqu'à Soueira, c'est uniquement chez eux que j'ai vu des buffles beaux dans toute l'acception du mot, et, généralement, d'un noir d'ébène» (48). Il ne fait aucun doute que les noms et la valeur des monnaies en circulation sont d'une grande utilité pour les voyageurs futurs. Dans l'atmosphère détendue qui règne après qu'on ait joui de l'hospitalité, ou pendant qu'on se trouve autour du feu après un bon repas du soir, c'est alors que Panet trouve le temps et l'occasion de se livrer à une observation minutieuse sur la physionomie et l'apparence physique des Cherguïin:

> Au lieu de cette figure ovale, allongée, très commune chez les Arabes, ceux-ci avaient la figure courte et ronde, le nez petit, les oreilles redressées, le front très développé, peu de barbe, mais les moustaches bien fournies. Au lieu aussi de ce port majestueux, ils étaient, en général, petits, leur regard intelligent et leur manière recueillie: attentifs à la conversation, ils écoutaient sans interrompre, et leur approbation se manifestait par un léger mouvement de tête. (131)

À la ville de Noun où Panet séjourne du 20 avril au 20 mai est consacré un véritable traité de douze pages, traité qui procède systématiquement et vise visiblement à n'omettre aucun aspect pertinent: situation géographique – des maisons et des équipements de celles-ci; les rues et les différents quartiers de la ville; culture des céréales, leur prix, les légumes, les arbres fruitiers; les animaux (chevaux, ânes, bœufs, moutons, chameaux); les mœurs et coutumes (rapport homme-femme, coutumes relatives au mariage, la dot, jeunes et vieux, guerriers, marabouts, musique et chants); habillement; administration de la ville; travail, marchandises vendues, commerce, relations commerciales. À partir de ce dernier point mentionné, Panet aboutit «automatiquement» au cœur de la finalité politique de son voyage: l'amélioration des relations commerciales entre le Sénégal et les villes du Sahara occidental et du Maroc; la création de bases stratégiques entre la colonie du Sénégal et l'Algérie. Une note de la page 158 stipule que, à vol d'oiseau, Noun se trouve à peu près à égale distance de Saint-Louis (1528 km) et d'Alger (1465 km). Rétrospectivement, on peut lire la description détaillée et précise de la ville comme une préparation (rhétorique) à l'argument principal.

Outre les informations et les notes «utiles» – par rapport au projet colonial futur –, on trouve également dans le récit de Panet plusieurs passages qui, à l'instar de la description physique des Cherguïin, ne sauraient être purement et simplement réduits à leur valeur utilitaire dans le cadre d'une conquête coloniale. Ainsi en est-il des accents «poétiques» lors de la description de la nature et des paysages, qui rappellent Chateaubriand; il en va de même des anecdotes plus ou moins courtes, des histoires plus ou moins longues qui s'éloignent du chemin (dans tous les sens du mot) pour se perdre dans le lointain. Bref, ces digressions, diverses en nature et en origine, contribuent à consolider le caractère «littéraire» (au sens étroit du mot) du récit de voyage, qui, en principe, est un genre pragmatique. Digressions et anecdotes lui ajoutent cependant une valeur distrayante, qui, de concert avec la biographie feinte de l'auteur ainsi que la mise en scène répétée et commentée de l'altérité (des autochtones), confère à la *Relation* sa marque unique.

La répartition des longues insertions sur l'ensemble du texte laisse supposer, par ailleurs, que le changement entre la description objective et les unités rapportées dans un style plein de suspens – unités plutôt digressives quant à leur fonctionnalité – obéisse à un plan (peut-être inconscient), à une alternance de structure qui passe du *delectare* au *prodesse*. Ce qui, pour le lecteur naïf, peut se lire comme une richesse de variations et parfois donner une impression de confusion.

Les insertions les plus longues et qui sont indiquées en tant que telles sont:
1. «[L'] histoire du bombardement de Mogador [1844], racontée par Moh'Ammed-sidi-Moh'Ammed» (73 sq.) que l'auteur présente comme un exemple de la manière arabe de «faire les histoires» (75). L'histoire selon les Arabes consisterait à défendre le combat héroïque des soldats marocains contre les infidèles («Kafêr») qui ne doivent leur victoire provisoire qu'à leur refus d'accepter la confrontation directe; au lieu de cela, c'est à partir de leurs ba-

teaux qu'ils détruisirent la ville: «Anathème, malédiction sur leur têtes...» (74);

2. L'histoire d'une «femme jeune et belle» qui consulte Panet pendant son séjour à Chinguêti afin que celui-ci l'aide, grâce à un «gri-gri» (talisman), à rompre le mariage de son mari d'avec une autre femme (76 sq.);

3. L'histoire d'une autre jeune femme qui, après sept mariages en cinq années, n'avait pas encore d'enfants. Panet éprouve de la pitié pour la jeune femme, mais il ne peut l'aider à résoudre son problème de stérilité (89);

4. L'épisode du chef de Gandiol qui, chaque année, va remettre les primes d'exploitations des salines au Damel du Cayor. La qualité de la réception du chef du Gandiol est directement proportionnelle à la somme des primes qu'il rapporte au Damel (96 sq.);

5. La «chronique sur l'origine des Oulad-Bou-S'ba» que Panet recueille dans leur camp. C'est l'insertion la plus longue (six pages); par ailleurs, elle comporte des éléments merveilleux et épiques (112 sq.);

6. Une légende sur la mort d'un chérif considéré comme un saint homme; sa mort aurait plongé toute la nature dans un deuil profond (140 sq.);

7. La rencontre à Noun avec un «renégat» espagnol qui raconte à Panet son histoire de vie. Panet recommande au renégat de s'enfuir et de retourner à la vraie foi, à la religion chrétienne (165 sq.);

8. La description d'une «fête magnifique» qui eut lieu le 12 mai à Noun, à la veille du retour d'une grande caravane en provenance de Tombouctou. (176 sq.)

Sans aucun doute, il serait intéressant d'analyser chacune de ces insertions par rapport à l'ensemble du récit pour pouvoir en dégager son importance ou sa pertinence dans son contexte. Prises isolément, ces huit histoires qui ressemblent à des morceaux d'anthologie indépendants du reste du récit de voyage, confèrent à l'ensemble plus de couleur et un style plus varié.

Le dénominateur commun entre les notes informatives précises et «utiles» d'une part, et, d'autre part les digressions poétiques quant à la description ou à la narration, c'est que dans les deux cas, l'auteur a dû les transcrire. Peu importe qu'il s'agisse d'observation, de mesure ou de récits provenant d'autres personnes. Chaque jour, Léopold Panet devait trouver et le temps et l'occasion de porter secrètement sur papier ce qu'il avait vécu. Il a certes eu le temps de retravailler ses notes à Paris pendant l'été 1850 afin de leur donner leur forme définitive pour la publication dans la *Revue Coloniale*. En témoignent les renvois et les anticipations du texte publié. Néanmoins, il ne fait aucun doute que la précision et la richesse des informations sont dues à des notes prises sur le vif.

Comme René Caillé et bien d'autres voyageurs du XIXe siècle, Léopold Panet s'expose à plusieurs dangers, notamment à celui de passer pour un espion. Il doit à tout moment être en mesure de donner des justifications et des prétextes qui le laveraient de tout soupçon. Une question obsessionnelle revient comme un *leitmotiv*: «comment prendre mes notes avec plus de détails, sans éveiller les soupçons des Arabes...» (51); quelle cachette choisir pour la rédaction des notes (53); comment retenir les événements et les observations, «les grav[er] dans [sa] mémoire pour les retenir plus tard» (54)? On est en droit de parler de véritables méthodes mnémotechniques, d'enregistrement à court terme, ce qui demande beaucoup d'exercice.

À Chinguêti, c'est debout dans sa chambre que Léopold Panet rédige ses notes. Ainsi a-t-il une vue sur la cour, ce qui lui permet d'éviter de se faire surprendre par d'éventuels trouble-fête. Des visiteurs viennent-ils, Panet doit dissimuler rapidement papier et crayon. Le journal de voyage demeure le seul signe extérieur, la matérialisation de la vraie identité de ce voyageur pourvu d'une fausse identité. C'est la quintessence de son travail, c'est aussi son bien le plus précieux.

On comprend qu'au moment le plus dramatique du voyage, à cette «journée fatale» du 21 mars, quand Panet est attaqué, pillé, dépouillé de tout et abandonné en mourant, il ne doive son salut qu'à sa seule chemise de flanelle imprégnée de sang. Cette chemise que les voleurs lui abandonnent parce qu'ensanglantée, sauve et la vie de l'auteur et sa mission: elle est pourvue de poches intérieures qui contiennent les carnets de route; sous sa chemise, Panet porte une ceinture contenant de l'or. Les autres papiers et notes seront retrouvés de façon non moins spectaculaire: quand ceux qui poursuivent les voleurs s'arrêtent pour une petite pause, un des chameaux se couche précisément à un endroit, où, «en se relevant, [il] fit un trou d'où sortit un morceau de papier» (124). Il s'agissait des papiers de Panet, ce que l'auteur commente en ces termes: «c'était vraiment providentiel, car rien ne leur avait empêché d'en faire un feu de joie» (124-125). Est-ce un hasard que cet épisode soit rapporté exactement au milieu du récit – tant sur le plan spatial que chronologique?

II

Du point de vue de sa conception narrative, le récit de voyage révèle une certaine homologie structurelle entre le déroulement du voyage et la «dramaturgie» de la mission. Dans ce qui suit, je tenterai de montrer que l'identité problématique de notre voyageur travesti n'est pas sans influence sur sa perception et la présentation discursive des choses vécues et des événements. Tel est le cas surtout par rapport aux spécificités culturelles de «l'autre» face à l'affirmation de la supériorité de sa propre civilisation, et aussi par rapport à l'ambivalence, aux contradictions de l'«indigène» sénégalais et de l'«assimilé» français qu'est Panet lui-même.

Léopold Panet, qui répondra désormais au nom de Abd-Allah («esclave de Dieu»), devra adapter son histoire de vie fictive telle qu'il l'a racontée dans la première partie de ce chapitre à ses auditeurs et aux circonstances changeantes, l'embellir et l'enrichir de détails, la défendre face aux sceptiques. Le «travestissement» de Panet provoque trois sortes de réaction de la part des «indigènes»:

1.   d'une part, un chrétien reconverti à l'Islam est objet de fierté et de satisfaction car il est la preuve vivante de la supériorité de leur religion;

2.   d'autre part, le récit de Panet éveille chez ses interlocuteurs la curiosité d'en savoir plus sur la vie des Chrétiens européens;

3.   enfin, les scepticismes répétés dus aux incohérences obligent Panet à une plus grande rigueur, à plus d'éloquence et même à un plus grand talent de comédien.

Littéralement et au sens premier du terme, il s'agit d'une «histoire de cou»: comme Schéhérazade dans les *Mille et une nuits*, la vie du voyageur Panet aussi dépend plus d'une fois de son talent rhétorique de l'*inventio* et de la *persuasio*, bref: de toutes les ressources expressives d'une «linguistique du mensonge» (H. Weinrich).

Dès le premier jour de voyage, Panet se retrouve dans la situation désagréable qu'il appréhendait: un chef de village qui exige de la caravane une taxe, l'identifie comme «nazaréen». À la suite de cette découverte, lorsque le serviteur maure juif décharge ses bagages du dos du chameau et que cet animal prend la fuite, Panet est hanté par la peur d'être exclu du groupe des voyageurs. Mais il ne se décourage pas, il suit la caravane qui s'arrête pour une pause après deux heures de marche. S'offre à Panet l'occasion de jouer le rôle qu'il s'est assigné dans ce théâtre. Ici, tout comme dans plusieurs passages ultérieurs, Panet adopte une stratégie qu'on pourrait appeler «fuite en avant». Elle consiste en ce que Panet ne se contente pas seulement de raconter son histoire – qui ne manque pas l'effet escompté –, mais en plus, il menace de la colère divine, du malheur qui s'abattrait sur la caravane si on l'en excluait. Il dissipe les scepticismes quant à son histoire en l'ornant de détails (40) ou en déclarant péremptoirement: «jamais je n'ai été autre chose que musulman» (40). Le hasard vient au secours de Panet: quand son chameau qui s'était enfui, rejoint la caravane deux jours plus tard, ses compagnons de voyage y voient une preuve divine: «Allah n'a de pareille attention que pour quelqu'un dont la voix s'élève pour adresser des louanges à Mahomet». (41)

Comme le montre cet exemple, la simple reproduction du récit de vie fictif ne suffit pas; celui-ci doit être toujours contextualisé, certifié et pour ainsi dire rejoué comme une vraie comédie. C'est vers la fin du voyage qu'apparaît de manière patente le caractère comique du travestissement, quand, une fois de plus, l'identité de Panet est sérieusement remise en question lors de son séjour à Noun (168 sq.). Sa «découverte» est le fait de l'Arabe Bou-S'ba que, dans un premier temps, Panet avait choisi à Saint-Louis comme compagnon de voyage. Quand les membres de sa tribu (les mêmes qui avaient volé Panet et qui l'avaient battu presque à mort) apprennent ses révélations, ils se lancent à la poursuite de «l'infidèle […] qui venait espionner leur pays pour y conduire après les démons ses confrères» (167). Comme on le voit, cette envie meurtrière des Arabes abusés n'est pas uniquement due à leur «fanatisme», mais aussi à des craintes bien réelles (que nous savons justifiées): le voyage de Panet pourrait s'avérer utile pour la conquête future du pays.

Panet, qui, cette nuit, a vu un orage se préparer au-dessus de sa tête, prend le danger qui le menace très au sérieux; il commence sa journée du 28 avril par une imploration à Dieu, priant celui-ci de «[l'] inspirer pour [se] défendre avec succès contre cette nouvelle accusation d'être chrétien» (169). Psychologiquement, le cache-cache identitaire paraît être poussé à son plus haut degré: le chrétien Panet demande assistance à son Dieu chrétien pour renier ce dernier même. Si nous poussons la logique jusqu'au bout, cela veut dire que le but final du voyage – arriver sain et sauf avec les informations recueillies – est d'une priorité supérieure à la foi (confession ou abjuration) religieuse individuelle.

La question de savoir si l'étranger est un commerçant musulman ou un espion chrétien tient toute la ville en haleine. Les uns accordent du crédit à son histoire, les autres se disent: «ils n'ont pas assez d'Alger [...] et ils veulent essayer de Noun. Cela se comprend, ils sont fatigués de vivre entourés par les mers, et ils veulent se porter maintenant sur le continent pour s'emparer du monde» (169). À Panet de faire suivre ce passage d'une digression portant sur les images qu'on se fait des Blancs dans bien des régions d'Afrique.

Quand dans la matinée du 28 avril ses deux protecteurs et partenaires commerciaux El-Bachir et Fdil lui rendent visite, Léopold Panet leur joue le rôle du musulman pieu à la perfection:

> Je roulais gravement entre mes doigts les 101 grains du chapelet musulman. Aussitôt qu'ils entrèrent, je le ramassai dans ma main et me le frottai sur la figure comme font ordinairement les grands marabouts, et je fis cela avec un sérieux qui les étonna. Il ne conviendra pas, dit El-Bachir à Fdil, qu'il est chrétien. Si ce n'est que cela qui t'amène ici, tu peux te retirer, lui répondis-je, car ton contact est pour moi un péché, toi qui oses appeler chrétien un serviteur de Mahomet; et je fis suivre cette observation de la phrase sacrementelle des Arabes *La ila*, etc. Je vis avec plaisir que ce nouvel acte de persuasion avait gagné mes deux visiteurs qui restèrent interdits. (170)

Panet savoure son triomphe jusqu'à l'extrême à travers un long discours; il finit par réussir à faire tourner en sa faveur l'atmosphère qui règne dans la ville en envoyant des invités et des amis de son hôte annoncer partout le crédit de son identité de musulman. Il n'en demeure pas moins qu'aux yeux du lecteur d'aujourd'hui, cette identité même reste entièrement problématique. Autrement dit: où s'arrête le rôle (joué) et à partir de quand un changement d'identité a-t-il effectivement eu lieu? Ou alors, doit-on parler peut-être d'une «identité temporaire», lorsque Panet alias Abd-Allah déclare aux deux visiteurs:

> [...] ce qui ne vous sera pas pardonné, c'est d'avoir appelé *kafer* (infidèle), un musulman; car vous ne pouvez ignorer, vous qui vous dites être un chérif, que le chrétien, le juif, l'idolâtre, etc., qui a dit une fois: que Mahomet est le prophète de Dieu, personne n'a plus le droit de l'appeler kafer, à moins de se rendre coupable d'un grand péché. (171)

Alors, est-on en droit de se demander, pourquoi celui qui déclare que Mohamed est le prophète de Dieu ne commet-il pas de péché quand il veut tout de même être tenu pour un Chrétien? Vraisemblablement, l'explication se trouve dans la distance culturelle qui sépare chrétiens et musulman, Panet se croyant du côté des supérieurs. Quand Fdil l'invite à retourner dans la maison de El-Bachir, il est «outragé [...] par la prétention d'un Arabe sauvage qui pensait pouvoir [l'] influencer dans [son] raisonnement» (171-172).

Cette mise en scène de soi comme chrétien «civilisé» et Européen dans un environnement africain maure, arabe et musulman se déroule à deux niveaux: la nécessité de se conformer au rôle choisi et les clins d'œil explicatifs, en direction des lecteurs européens, portant sur son propre comportement et sur celui des autres. Ces deux niveaux forment la trame idéelle et le cadre idéologique du récit de voyage. Le tout n'a d'autre fin que la légitimation du projet colonial qui se cache. La mise en scène balance sans cesse entre la fascination et la répulsion, entre l'admiration et le mépris affiché, entre l'ironie et le respect.

Au début du voyage, Léopold Panet s'efforce de maintenir une certaine distance. Le rituel élaboré de salutation est dédaigneusement appelé «ennuyeux préliminaire dans les moindres conférences en Afrique» (34); les chefs africains auraient la fâcheuse habitude de tout exagérer pour, par la suite, avoir recours aux paroles qui apaisent (35). Dans leur essence, ces remarques qui indiquent une prise de distance, révèlent que nous avons affaire à deux conceptions différentes du temps; non seulement cela devient évident quand deux caravanes se rencontrent, mais c'est aussi à cette occasion qu'on en trouve l'explication:

> Habitués à ne pas trouver leurs tribus aux lieux où ils les laissent, lorsque les Arabes nomades voyagent, aussitôt qu'ils s'aperçoivent, quelle que soit la distance, ils courent l'un à l'autre pour demander réciproquement où sont campés, soit leurs tribus respectives, soit d'autres; ensuite viennent les détails sur la route que chacun d'eux a parcourue. Comme ces renseignements qui, souvent, demandent un temps infini, parce que chacun d'eux entre dans les détails les plus minutieux, et qu'ensuite il leur faut fumer ensemble la pipe nationale et recommencer de mieux encore les questions, retardent considérablement. C'est ainsi que l'Arabe estime à une journée de voyage ce qui n'en est réellement qu'à une demi-journée. (43)

Dans leurs récits, les Arabes, tout comme les autres peuples africains, accordent peu d'importance à l'exactitude (51). Se trouvent-ils dans une situation difficile, alors ils se retranchent derrière une prière fervente (53). La plus grande marque de distance par rapport à la «mentalité» arabe se retrouve dans le compte rendu d'un entretien «typique» avec un Arabe, occupation occasionnelle de notre voyageur, surtout lorsqu'il veut échapper à l'ennui. À travers les moyens rhétoriques de l'amplification et de l'intensification, il est évident qu'il ne s'agit d'une opposition entre l'Islam et le christianisme, mais bel et bien de celle entre le «fanatisme» et la superstition musulmans, d'une part, et la religion des Lumières qui s'appelle «civilisation» ou «progrès», d'autre part. Le passage suivant pourra nous aider à comprendre que cet aspect de la question représente l'essentiel du message incarné par Panet, et est au cœur de l'idéologie coloniale qui justifie son entreprise:

> Mais quelle conversation bizarre! Quel mélange confus de sujets! Quel entassement de ridicules! Pendant que je lui parlais d'industrie, des progrès qu'obtenaient journellement les Européens par un travail éclairé et soutenu, ou que je voulais avoir quelques détails sur la vie nouvelle que j'allais embrasser au sein d'une population dont j'étais sorti très jeune, lui me coupait incessamment la parole pour me peindre avec extase la sublimité de Mahomet, sa haute puissance, ses vertus inimitables, les merveilles qui ont signalé son passage sur la terre: tels que l'agitation de la terre au son de sa voix; le tonnerre grondant sourdement comme signe de l'approbation divine à toutes ses paroles; la santé rendue à des infirmes; des morts ressuscités; [...] Dieu avait choisi [Mahomet] pour venir tirer les hommes de leurs erreurs et les instruire d'une religion qui seule donne des droits à ses grâces. [...] Et moi, pauvre voyageur travesti, je ne pouvais lui dire un mot du Christ; ma position m'obligeait même d'applaudir à l'énumération sans fin qu'il me faisait des miracles accomplis par son saint prophète, son idole et son Dieu, et d'entendre sans réplique ses paroles de mépris pour le chrétien qui, selon lui est un corps sans âme, un fils du démon qui a mutilé la religion pour n'en prendre que ce qui était conforme à ses goûts, et qui, ainsi, s'est creusé un abîme dans l'éternité pour y expier son crime de n'avoir pas pratiqué la religion enseignée par Mahomet, et qui est la seule qui soit digne de Dieu. (54-55)

Par rapport au dispositif idéologique mis en place par Panet, il est remarquable que l'auteur ne mentionne encore presque pas le fondement de ses propres positions. Par rapport aux lecteurs européens, il y a comme un accord tacite; c'est pourquoi il se contente, ici, de l'énumération de points qui feront l'objet d'un discours plus élaboré dans le mémorandum en annexe: industrie, progrès, travail, Lumières (et évidemment la question du Christ, comme il se doit). Le déroulement du voyage lui-même sert tout d'abord à dé(cons)truire les positions de l'adversaire, à présenter le comportement de celui-ci comme étant primitif, rétrograde ou ridicule. On comprend que l'adversaire soit tourné en ridicule: il souffre de «dépravation» (65), il manque «d'humanité» (70), ses habitudes culturelles sont «burlesques» (110) ou «grotesques (153, 180). Enfin, d'autres phrases sentencieuses résument l'expérience de Panet avec l'adversaire: «Avec les Arabes, on n'est jamais sûr de rien» (86).

Faut-il voir les rares remarques amicales et autres jugements positifs de Panet à l'endroit des Arabes comme une stratégie visant à rendre plausible l'ensemble du récit? En effet, une critique de bout en bout paraîtrait trop partiale, et par conséquent non digne de crédit. Ou doit-on penser tout simplement que Panet, résolument, subordonne sa perception au but politique de sa mission? Toutefois, on relève des mots d'estime et de reconnaissance se rapportant à divers domaines:
– malgré les hostilités entre les différentes factions tribales, «les marchands sont respectés de part et d'autre» (45);
– les Arabes sont des «voyageurs intrépides rompus aux fatigues dès leur plus jeune âge» (53);
– leur ferveur religieuse est plus grande et plus vraie que celle des pays «civilisés» (88);
– certains Arabes allient noblesse d'âme, courage et amabilité (109);
– leur religion leur prescrit d'aider et de protéger les faibles (112);
– ils sont hospitaliers, généreux et d'une grande courtoisie (130 sq.);
– Panet rapporte que la ville de Noun est bien gouvernée (154).

Si l'on compare ces jugements positifs, non négligeables, aux autres aspects négatifs précédemment mentionnés, on pourrait dire alors que la différence principale entre l'Europe et ce pays consiste en une sorte de «décalage civilisationnel» auquel une intervention «réformatrice» et coloniale remédierait – comme Panet l'exige en plusieurs endroits de son récit.

La présentation explicite du projet colonial, sous forme succincte, parsème tout le texte; ce projet est repris d'une manière détaillée dans les dix pages du mémorandum conclusif: «Observations sur le com-

merce du Sénégal – Avantages d'un établissement à Ségo» (181-190).
Dans la *Relation*, la nécessité de réformes (comme nous l'avons vu
sur l'exemple de l'état des routes) est préparée et justifiée par la description préalable des conditions insatisfaisantes qui règnent dans le
pays. L'état des rues et des maisons dans la ville de Chinguêti, vanté
dans les mots les plus élogieux par les compagnons maures de Panet
s'avère être une catastrophe:

> Chinguêti [...] ne représentait qu'un ramassis de maisons
> construites sans art, sans solidité et même sans espace. Les
> constructions les plus neuves, celles qui étaient en cours
> d'exécution, étaient déjà en ruines, et malheur au passant de la
> rue qui s'arrêterait contre un mur, car le seul mouvement d'un
> enfant, d'une chèvre et même d'un rat, lui enverrait du haut des
> murailles une jetée de pierres. (62)

Comme pour consoler le visiteur de l'état branlant des maisons
vues de l'extérieur et de leur intérieur encore moins accueillant, le site
de la ville se trouve dans un paysage verdoyant. Les champs irrigués
sont entretenus dans un état impeccable. Mais, pour inventer la nécessité d'une réforme et pour ne pas donner l'impression que les «indigènes» cultivent la nature africaine de manière parfaitement adéquate,
Panet a recours à un subterfuge littéraire qui lui permet de constater
ici aussi un manque et de demander des «réformes». À la vue des
beaux champs, ses pensées s'envolent vers la France, son imagination
lui livre une image idéale qui contraste avec celle des personnages
qu'il a devant lui:

> Déjà même, dans l'élan de mon enthousiasme, je croyais voir
> les campagnes et les prairies d'Europe dans leur plus belle
> époque de floraison. Ses jardins de plaisance même se
> dressaient à mes yeux et j'y voyais se promener des figures
> plus souriantes, des hommes autrement habillés que ceux qui
> m'entouraient, et comme d'ailleurs je l'étais moi-même. De
> même pendant qu'ici, sous mes yeux, les femmes travaillaient
> avec ardeur pour racheter la paresse de leurs maris assis à terre
> avec indifférence, il me semblait que les hommes que je
> croyais voir se promenaient avec leurs épouses ou leurs filles,
> en leur prodiguant leurs caresses; *triste contraste qui venait me
> rappeler combien l'Afrique avait besoin de réforme dans ses
> mœurs.* (63) [C'est moi qui souligne, JR].

Cette description, qui ressemble à l'expression verbale d'un tableau de Boucher ou de Fragonard – avec ses promeneurs galants dans les jardins de Versailles – représente dans son essence un renversement de l'image du bon sauvage heureux, image que nous connaissons de Rousseau et de Bougainville-Diderot. L'inactivité, la «paresse» des hommes n'est plus perçue comme l'expression décontractée d'une joie de vivre, mais plutôt comme une arriération culturelle, un reste de mœurs barbares. Cette barbarie des mœurs est amplifiée par la possibilité qu'ont les hommes de répudier leurs femmes pour la moindre peccadille (63).

Le projet colonial de Panet, tel qu'on peut le dégager de son voyage, de ses observations et de ses réflexions, est à double composante – matérielle et morale. D'une part, les habitations et les routes ont besoin d'être améliorées, les marchands et les voyageurs doivent jouir d'une meilleure protection, les possibilités d'échanges commerciaux et le commerce à grande distance seraient facilités par l'établissement de comptoirs et la suppression d'entraves politiques. D'autre part, les mœurs des hommes ont besoin de réforme, ce qui pourrait être compris au sens d'Elias qui, dans sa *Civilisation des mœurs* parle de processus de civilisation et entend par là: la répression de la violence individuelle, la protection des faibles, l'humanisation des rapports entre hommes et femmes, le raffinement des manières de table, l'expression linguistique élaborée quant à la sociabilité, etc. Les concepts-clés autour desquels le discours *colonialiste* de Panet se cristallise pour s'exprimer de diverses façons, s'appellent tantôt civilisation – humanité – commerce, tantôt progrès – bien-être – commerce ou encore raison – réformes – progrès.

Lors du premier développement discursif du projet colonial (92 sq.), on remarque que Panet ne maîtrise pas encore très bien son arsenal terminologique et qu'il se garde de conclusions. C'est comme s'il fallait d'abord mettre en place le dispositif idéologico-colonial pour pouvoir ensuite procéder à son déploiement. Au terme de son séjour d'un mois à Chinguêti, Panet réfléchit sur les possibilités de développer le commerce entre la ville, son vaste arrière-pays, et Saint-Louis du Sénégal. Il aboutit à certaines réflexions conclusives. L'idée d'une conquête coloniale du pays compris entre le Sénégal et le Maroc apparaît d'abord sous le mode de la défense: en vue d'un développement des relations commerciales, il faut «vaincre les idées des indigènes toujours disposés à croire que nous voulons leur enlever leur pays» (92). Panet de poursuivre que «rien n'empêche à des nègres musulmans du Sénégal de se transporter à Chinguêti [...], et de s'y établir même» (92). Des marchandises de toutes sortes feraient fleurir les établissements coloniaux qui s'y seraient installés: l'or de Tichit, du caoutchouc, du cuir, de la laine, des plumes d'autruche, etc. Le rêve de Panet est très concret: il vise à de meilleurs rapports commerciaux et à l'intensification des rapports commerciaux avec l'intérieur de l'Afrique (au Nord jusqu'au Maroc, à l'Est jusqu'au Niger). Notons comment il part de ce rêve pour développer un discours colonial qui n'est rien d'autre que la mise en pratique du concept-clé de «civilisation» que nous avons mentionné plus haut:

> Il y a dans cette question [intensification des relations commerciales, JR], que nous regrettons de ne pouvoir traiter avec développement, deux intérêts positifs qui se prêtent volontiers à l'intelligence. Assurer, d'une part, au commerce languissant du Sénégal non seulement les produits du Soudan, et ils sont nombreux, mais encore celui du centre de l'Afrique; de l'autre, faire germer, peu à peu, dans l'intérieur de ce continent par le contact de nos marchands sénégalais, la civilisation, nous n'osons pas le dire, car eux-mêmes sont encore peu avancés; mais quelques principes qui, suivis plus tard par d'autres, et d'un contact plus étroit, en assureront la conquête à l'industrie, au commerce et bientôt à la civilisation. (93)

Par analogie à «la construction progressive des idées par la parole» de Heinrich Kleist, on pourrait parler d'une «naissance progressive du discours colonialiste à partir de l'idée du commerce». Il s'agit certes d'un discours dont les termes et les composantes sont connus depuis déjà longtemps, mais il fallait certains catalyseurs – tels le voyage, l'exécution de la mission, l'expérience des défaites et des échecs partiels – pour que nous ayons affaire à un discours qui se fait «événement» (M. Foucault).

Tout comme la conquête coloniale elle-même, sa corrélation, le discours utopique légitimateur qui l'accompagne apparaît, lui aussi, tout d'abord sur le mode de la négation et de la défense. La suite de la citation précédente se lit:

> Et ce n'est pas ici une utopie, comme on pourrait le penser, comme on le pense souvent, lorsqu'on parle de la civilisation de l'Afrique. Chez les populations où le fanatisme musulman combat et repousse sans examen toute innovation bienfaisante et aveugle la raison, le succès de telles espérances peut être

douteux; mais à Ségo, où la population, qui se compose de
Bambaras, est dégagée de cette religion qui soumet tout aux
doctrines de Mahomet, contre-marche de la civilisation, la
crainte peut être, à juste titre, appelée une timidité coupable.
Ceux-là, nous pourrions, avec la persévérance, l'attrait de nos
moyens d'instruction, le travail intelligent et matériel, la
persuasion et, avec tout cela, le temps, gardien fidèle des
principes et de la vérité, vaincre le fétichisme et l'apathie qui
les ont soustraits, jusqu'à ce jour, au mouvement de progrès
social auquel les convie le monde civilisé. (93)

Léopold Panet est parvenu au sommet de sa rhétorique coloniale;
il ne lui reste plus qu'à trouver une phrase récapitulative appropriée:
«Le commerce, la civilisation, l'humanité même le réclament» (94).
Suivent quelques aspects pratiques et des difficultés quant à
l'exécution du plan d'extension des rapports commerciaux: la concurrence anglaise, la non-navigabilité des chutes de Félou, l'exploitation
des mines d'or de Bambouk, d'autres marchandises. Cependant, le
récit de voyage a atteint son but à la fin de cette première partie qui
fut publiée dans le numéro de novembre de la *Revue coloniale* (1850):
la mise en rapport plausible de l'établissement de comptoirs avec
l'espoir d'essaimer la «civilisation», ce qui, à son tour, est propice au
commerce...

À la fin de la deuxième partie, donc à la fin de l'ensemble de la
Relation, les «observations» développent le discours colonial précédemment esquissé pour en faire une vision globale de l'histoire, de
«la puissance toujours croissante de la civilisation sur la barbarie»
(181). Par ailleurs, ces mêmes dressent un programme de civilisation
à long terme du continent africain: «civiliser l'Afrique, c'est lui ouvrir les voies de communication avec tous les peuples de la terre»
(181).

Tout comme à la fin de la première partie, la préparation et la justification du projet colonial part d'observations et d'analyses faites
sur une ville (Noun), sur ses relations commerciales ainsi que sur les
possibilités que cette ville recèle pour la colonie du Sénégal. De
l'analyse objective des avantages qu'offriraient des établissements
commerciaux à Noun, Panet s'envole vers une vision globale de la
mise en valeur du continent, avec toutes les conséquences connues
que cela suppose: création de nouveaux besoins («luxe») chez les
«indigènes», qui, ainsi, seraient conduits à plus de discipline par le
travail régulier, au développement et à l'évolution de leur intelligence, de leur morale – préalables à l'accession à la civilisation:

L'Afrique deviendra alors l'Eldorado où l'Europe entière
viendra recueillir les produits que, selon la loi de la nature, son
climat lui refuse. Plus tard, le bien-être moral viendra se joindre
aux avantages matériels, et avec le temps, les erreurs de
l'islamisme viendront se briser devant les saintes vérités du
christianisme. (158)

La monotonie et la répétitivité du discours colonial remonte,
comme nous voyons ici, à ses toutes premières heures; depuis cent
ans, rien n'y a changé. L'origine de son noyau économique – bien-
être par le travail, bien-être général comme résultant de la compensa-
tion des égoïsmes privés, monopole de pouvoir de l'Etat pour garantir
le libre commerce – se situe à l'époque des Lumières ou même plus
tôt, à celle de la Renaissance. Mais, pour qu'il soit fiable dans cette
nouvelle période de l'impérialisme naissant, il faut le débarrasser de
certaines contradictions, de reliques venant du fond des temps afin de
l'adapter aux exigences nouvelles. De très grande importance sont,
dans ce contexte, les idées ayant trait à l'abolition récente de
l'esclavage dans les colonies françaises (1848). Une colonisation qui
se veut et se justifie comme projet de civilisation, a besoin, pour se
réaliser, de sujets actifs, laborieux et capables de décision indépen-
dante. La vieille image du «nègre» soumis et paresseux qui ne travaille qu'à coups de fouet ainsi que l'autre image du nègre cruel et
récalcitrant auront vécu car elles ne sont plus d'aucune utilité.
Panet a conscience de la contradiction qui existe entre le nouveau
programme colonial et la vieille image du Nègre. En effet, celle-ci ne
disparaît pas immédiatement avec l'abolition de l'esclavage; c'est
pourquoi Panet s'évertue à «examiner» les vieux clichés: les traits de
caractère qu'on prête au «Nègre» ne sont pas la cause mais la conséquence de l'esclavage. De par leur nature, les Africains sont aussi
courageux, travailleurs et talentueux que tous les autres hommes de la
terre. Le système de l'esclavage, qui repose sur la raison du plus fort
et qui a assujetti des millions d'Africains, aurait sapé les bases d'une
agriculture continue et fructueuse:

> parce que ceux qui allaient dans les champs étaient enlevés par
> des voleurs embusqués qui les portaient ensuite aux marchands
> européens; les communications entre tribus alliées furent
> interrompues, parce que, de part et d'autre, on craignait la
> trahison, et le trafic de la chair humaine devint alors l'industrie
> unique de l'Afrique et une plaie pour l'humanité. (161)

L'abolition de l'esclavage par les puissances européennes ne serait qu'un premier pas vers la civilisation et la morale religieuse. Il faut maintenant lutter pour l'extermination de l'esclavage en Afrique même. Ceci serait le devoir des Européens car ce sont eux qui, par la traite des Nègres à grande échelle, ont instauré ce système sur le continent. L'esclavage qui existait jusque-là sur le continent était pratiqué à une moindre échelle et «n'avait rien du caractère odieux qu'il a eu plus tard» (160). Traitant de *La Violation d'un pays* de Lamine Senghor, Werner Glinga parle de «koloniale Urszene» («scène coloniale primordiale») pour caractériser une fable sur la naissance de l'esclavage. Dans un village africain où l'on vit paisiblement, apparaît un marchand blanc, avec ses marchandises tentantes qu'il offre à celui qui lui vendrait de la marchandise humaine – chez Lamine Senghor, ce sera le «frère». C'est une scène semblable que nous retrouvons ici déjà chez Panet, quelques 70 ans plus tôt. Le programme colonial de civilisation conçu par le métis sénégalais Léopold Panet est plus éclairé et plus honnête que l'*Essai sur l'inégalité des races humaines* de Gobineau, qui paraîtra six ans plus tard. En effet, Panet part «des lois immuables du divin créateur: l'égalité sur la terre comme dans les cieux» (160).

Dans une certaine mesure, cette constatation vaut également pour les «Observations sur le commerce du Sénégal» qui concluent le récit. Dès la première phrase, le texte se donne à lire comme un point de vue sénégalais: «l'on compare la position que *nous* occupons au Sénégal...» (181). Il ne s'agit pas, ici, du projet colonial d'une métropole lointaine qui entreprendrait une mise en valeur de sa colonie en vue de l'augmentation de ses propres richesses. Il est plutôt question d'un projet qui place l'intérêt de la colonie au premier plan. Dans ce sens, Léopold Panet est effectivement un «nationaliste» sénégalais de la première heure. C'est à la colonie du Sénégal qu'il lance son appel:

> Il faut que cette colonie, où tout progrès est encore à naître malgré que son occupation par une nation riche et puissante date déjà de longtemps, comprenne cette mission; il faut qu'elle sache qu'il y a une époque fatale et ruineuse pour le pays qui voit augmenter sa population, par conséquent ses besoins, et qui reste toujours dans le cercle étroit du détail de quelques pièces d'étoffe, le *statu quo* et la routine. (182)

Si on poursuit la pensée comprise dans ce passage, le message est le suivant: ne nous fions plus à la mère-patrie française, prenons notre propre destin en main, développons nos relations commerciales avec l'intérieur de l'Afrique, engageons-nous, sans peur et avec courage sur notre voie sénégalaise. Le paradoxe du métis Léopold Panet est précisément que, en tant qu'agent et propagandiste de la politique coloniale, il se trouve entre deux rives: d'une part, il se réclame du christianisme, de la civilisation européenne ainsi que des valeurs des Lumières et de la Révolution Française; d'autre part, il ne saurait ignorer combien d'injustices (allant de l'esclavage au délaissement de la colonie) les puissances européennes ont fait subir à l'Afrique et, en l'occurrence, au Sénégal.

C'est dans l'intérêt de son pays que lui, «indigène du Sénégal», se sert d'un discours colonialiste qui fut préparé par les uns (dont le gouverneur Bouët-Willaumez), et qui sera exécuté militairement et politiquement par les autres (notamment Faidherbe). Venu à une période favorable qui se situe entre deux époques – entre l'ancien temps des comptoirs isolés et le nouveau programme d'extension territoriale – Panet voudrait récupérer ce discours au profit de sa patrie sénégalaise pour qu'il serve de moteur au progrès et au développement futur de son pays. Comme nous l'avons vu, ce ne fut pas un succès. Peut-être doit-on chercher la raison du manque de reconnaissance que l'administration coloniale lui témoigna dans cette contradiction? En effet, le projet colonial devait être toujours dirigé à partir de la métropole; l'heure n'était pas encore à un projet émanant des «indigènes» eux-mêmes – fûssent-ils métis assimilés. À l'instar de l'Abbé Boilat qui regagna la France, Panet aussi fut un précurseur.

János RIESZ
Université de Bayreuth (R.F.A.)

NOTES BIBLIOGRAPHIQUES

Notre analyse est faite à partir de l'ouvrage de Panet, *Première exploration du Sahara Occidental. Relation d'un voyage du Sénégal au Maroc, 6 janvier – 25 mai 1850.* Préface de Léopold Senghor. Introduction de Robert Cornevin, Paris, Le livre africain, 1968.

Quant aux références historiques, nous avons eu recours aux ouvrages suivants:

Henri Brunschwig, *L'Avènement de l'Afrique Noire du XIXe siècle à nos jours,* Paris, A. Colin, 1963.

Catherine Coquery-Vidrovitch (sous la direction de), *L'Afrique Occidentale au temps des Français. Colonisateurs et colonisés, 1860-1960.*

Annie Rey-Goldzeiguer, «La France coloniale de 1830 à 1870», in Jean Meyer et al., *Histoire de la France coloniale. Des origines à 1914,* Paris, A. Colin, 1991, pp. 315-552.

Yves-Jean Saint-Martin, *Le Sénégal sous le Second Empire. Naissance d'un empire colonial (1850-1871),* Paris, Karthala, 1989.

Alain Sinou, *Comptoirs et villes coloniales du Sénégal. Saint-Louis, Gorée, Dakar,* Paris, Karthala - Orstom, 1993.

À des fins de comparaison, nous suggérons la lecture des *Esquisses sénégalaises,* ouvrage écrit par l'Abbé Boilat, contemporain de Panet, lui aussi métis et «natif du Sénégal». Cet ouvrage, paru pour la première fois en 1853, a été réédité par les Editions Karthala en 1984, avec une introduction de Abdoulaye-Bara Diop.

LE TRAITEMENT DE L'ESPACE
DANS LES RÉCITS ORAUX D'AFRIQUE NOIRE

Il existe trois grandes espèces de récits oraux en Afrique noire, qui peuvent bien sûr se subdiviser chacune en plusieurs sous-types. Tout d'abord le *conte*, simple dans sa structure et linéaire dans son déroulement; puis le *mythe*, déjà nettement plus complexe et touffu; enfin les *épopées*, que nous avons classées en quatre catégories, et que nous traiterons plus en détail. Je ne parlerai pas du roman d'aventures qui peut être ramené au conte du point de vue du traitement de l'espace.

Ces trois types de récits s'inscrivent dans plusieurs espaces: ceux qui relèvent d'une géographie très concrète et correspondant aux lieux d'énonciation où résident effectivement les narrateurs; ceux qui relèvent d'un imaginaire lié à des conceptions cosmologiques locales ou étrangères.

Dans les récits d'Afrique noire on rencontre donc quatre ou cinq *espaces physiques* bien différenciés: l'espace côtier ou fluvial, la savane, la forêt, la montagne forestière, le désert.

Si nous observons les lieux où se déroulent les contes, le cadre général sera donc fonction du cadre réel où vit le narrateur. Ainsi, un conte wolof s'inscrit dans un paysage de savane: étendue d'herbes sèches ou vertes selon la saison, arbres espacés abritant souvent des génies, grottes où se cachent des fauves, cours d'eau où puits menacés par la sécheresse ou défendus par des monstres.

Un conte fang va se passer en pleine forêt, où les arbres pullulent au point qu'ils n'en seront plus valorisés. Les génies se rencontreront plutôt sous forme de singes, de panthères ou de fantômes.

Les contes lébou, douala, somono, côtiers ou fluviaux vont évidemment exploiter le contexte aquatique, lieu de prédilection de l'occulte et des «dieux d'eau». Les contes bamileke ou kenyan tournent autour des monts et des ravines, habités les uns et les autres par les forces surnaturelles.

Mais si les contextes diffèrent, l'espace que parcourent les héros des contes est moins varié. Partout on retrouve la dialectique du village et de la brousse, du «dedans» socialisé et protecteur opposé au «dehors» sauvage et dangereux. Selon les cas le héros quitte le village, rencontre X obstacles et épreuves, et revient victorieux ou défait, sans avoir quitté l'espace mythique; mais il arrive aussi qu'il soit entraîné sous l'eau, ou dans l'espace aérien[1] (par des génies évidemment) avant de revenir sur cette bonne terre.

Ces trajets du conte sont itinéraires essentiellement symboliques et connotés en fonction des objectifs que doit atteindre le héros. L'arbre et le rocher vont parler, s'ouvrir, la rivière se creuser, la montagne se fendre, le ruisseau s'élargir en mer, la forêt se serrer en barrière infranchissable (*Bandia Wali* – Casamance).

Espace mobile obéissant aux formules des sorciers, espace élastique franchi d'un bond par un cheval magique, espace trompeur où des crachats dispersés répondent au génie-lion qui appelle son épouse enfuie déjà loin (*La Fille capricieuse* – wolof).

Une autre caractéristique est la simplicité du trajet. Qu'il soit circulaire par un aller-retour (cas le plus fréquent) ou linéaire partant d'un point pour aboutir à un autre (par exemple du village à la capitale ou de la case au palais), le trajet ne se fait qu'une fois et sans retour en arrière. Il arrive qu'il soit dédoublé, mais avec un second, voire un troisième personnage, qui vont passer exactement par les mêmes lieux, subir les mêmes épreuves, mais avec des succès divers. Il s'agit alors de contes initiatiques. Le meilleur gagnera et épousera la fille du roi.

Dès que nous avons affaire à un mythe, le problème de l'espace se complique. C'est que le mythe n'est plus une simple fiction mais un récit fondateur de culte, de dynastie, de prérogatives. Il contient aussi une part de la mémoire du groupe, par exemple ses conflits ou ses migrations.

Ainsi, dans le cas du mythe soninke de Wagadou, un itinéraire est suggéré qui part du Yémen ou de Palestine et qui traverse le Sahara pour aboutir à Koumbi, la capitale de l'ancien royaume de Ghana. Ce mythe a plus de dix siècles mais ses différentes versions citent si constamment cet itinéraire qu'on est obligé d'en tenir compte et de s'interroger sur cette origine lointaine du plus vieil empire africain.

Nous avons observé un phénomène analogue avec le mythe peul de Tyamaba, où le trajet indiqué par la fuite d'un serpent mythique

---

[1] L'espace aérien est cependant beaucoup moins exploité que dans les contes arabes par exemple.

correspondait à l'itinéraire de transhumance des pasteurs nomades entre le fleuve Sénégal et le lac Débo à l'est du Mali.

Mais le mythe mélange ces éléments très réels d'un espace marqué par l'histoire ou l'économie avec des mouvements dans l'espace sous-marin, souterrain, ou aérien. Ainsi, le mythe zerma de Zabarkane fait voyager ses héros sur les ailes d'un grenier magique pour échapper à la poursuite des agresseurs peuls.

Le mythe cosmogonique bambara tout comme le mythe dogon font descendre du ciel le dieu Faro ou les jumeaux Nommo qui vont féconder les eaux terrestres et créer ainsi hommes, plantes et animaux. Ailleurs, c'est par copulation directe avec la terre que le ciel engendre les êtres. Et il ne s'en éloignera que par une faute ou une négligence de ces derniers (par exemple, les pilons des femmes qui le cognent – Côte d'Ivoire).

L'espace est donc plus difficile à interpréter dans le mythe que dans le conte ou le roman d'aventures, car certains lieux, certains parcours correspondent à des réalités vécues que le mythe est chargé de conserver. D'autres sont purement symboliques ou liés à la conception que telle ou telle ethnie se fait de l'univers. C'est ainsi que beaucoup de mythes concernant les ancêtres et les génies réfèrent à un espace tellurique (rochers, arbres, montagnes), voire souterrain (puits, cavernes, tombes, rivières). Car si l'Esprit créateur se situe souvent dans l'espace ouranien, les dieux et les ancêtres qui gouvernent les hommes se trouvent la plupart du temps au niveau du sol, ou dans le sol. D'où les fréquentes formes reptiliennes qu'affectent les dieux d'Afrique: crocodiles et pythons sacrés, varans d'eau et varans de terre, couleuvres, najas, tortues, ou encore serpents arc-en-ciel (Cameroun) ou dragons (Zaïre), Pangols (Sénégal), Ninkinanka (Guinée), Dangbê (Togo et Dahomey) sont autant de divinités chtoniennes auxquelles sacrifient toujours les peuples concernés, et cela quelle que soit la religion importée qu'ils professent par ailleurs.

Cependant, il existe des interférences entre les mythes; notamment du Christianisme dans le Vaudou, et de l'Islam dans les mythes wolof ou swahili.

Et le ciel chrétien ou musulman est un espace qui se confond parfois avec celui de l'animisme. À ceci près que les humains ne le rejoignent pas après leur mort, mais demeurent étroitement associés à l'espace des vivants:

> Ils sont dans l'arbre qui gémit
> ils sont dans l'eau qui frémit

> ils sont dans l'enfant qui vagit
> ils sont dans la case, ils sont dans la foule
> les morts ne sont pas morts

écrivait à juste titre le poète Birago Diop.

L'itinéraire des héros dans les mythes est aussi plus souvent complexe: le mélange du réel et du symbolique donne des récits aux actions parfois tellement enchevêtrées qu'ils en deviennent presque impossible à résumer.

Il n'est que de relire *Dieu d'eau* de Marcel Griaule pour se convaincre de la performance du vieux prêtre initié Ogotomêli.

Les mythes cosmogoniques sont certes plus compliqués que les mythes de fondations de villages ou même de royaumes, et une étude de l'espace dans les premiers reste un exercice de longue haleine, assez périlleux pour celui qui s'y hasarde. Cela demeurera le privilège de l'ethnologue qui dispose de tous les éléments culturels (sociaux, religieux, politiques, juridiques, matrimoniaux, économiques) d'un peuple donné afin d'interpréter des parcours, parfois labyrinthiques, de dieux et demi-dieux[2].

Venons-en enfin à la dimension de l'espace dans les épopées africaines: il s'agit bien sûr d'un espace géographique large par rapport à l'espace plus restreint du conte.

La première sensation lorsque l'on aborde les épopées du Sahel, de l'«epicbelt» comme les désigne le professeur américain John W. Johnson, c'est bien l'immensité de ces savanes où galopent les chevaux de Soundiata, de Guéladio, de Da Monzon, de Silamaka, de Hambodedio, de Sampolel, de Issa Korombe, de Lat Dior...

Chevaux de guerre mandingues, chevaux de razzieurs peuls, chevaux de bandits maures, la plaine à l'infini résonne encore du bruit de leurs sabots. On ne peut traverser le sablonneux pays wolof ou le rocailleux pays soninke sans songer à ces cavaliers, ces paladins qui l'arpentèrent en tous sens, en comptant les distances par jours de marche. Que ce soient les bergers rapides, à peine vêtus et seulement munis de leur lasso et de leurs lances, ou les guerriers (tondyon ou tieddo) lourdement chargés de gris-gris, de sabres et de fusils, rien ne les arrêtera pendant des siècles sur les milliers de kilomètres carrés que compte la savane entre Dakar et Niamey. Rien sinon d'autres

---

[2]　Cf. Marcel Détienne, «Tracés de fondation», in *Bibl. de l'École des Hautes Études*, vol. CXIII, Peeters, Louvain / Paris, Vrin, 1990.

cavaliers, d'autres razzieurs, d'autres guerriers. Comme rien n'intercepte le regard, rien ne le distrait, sauf quelques rouges pitons rocheux, par-ci, par-là. Rien donc que la savane clairsemée d'arbres maigres, comme transparents sous le soleil de plomb, ou la brume légère du matin qui leur donne l'allure de fantômes.

Avant d'essayer d'analyser l'espace dans l'épopée africaine, il faut savoir que, sur un pareil continent, il y a plusieurs types d'épopées. Nous avons dénombré les épopées royales, les épopées religieuses, les épopées corporatives, et enfin les épopées claniques ou mythologiques[3]. Nous nous sommes expliqué ailleurs sur ce classement qui correspond à deux paramètres: structure socio-politique et environnement géographique[4]. L'espace est donc une donnée distinctive importante. Elle fut longtemps la seule, car on divisait naguère l'énorme corpus des épopées africaines en épopées de savanes et épopées de forêt.

Dans les deux premiers types évoqués (royal et religieux), on peut étudier le traitement de l'espace comme je l'avais commencé, à partir des chevauchées guerrières d'un royaume ou d'un seigneur féodal contre un autre. Et, dès lors, c'est la plaine qui domine le paysage qui semble vide, ponctué seulement par les villages de terre battue qui sont «pillés comme vieilles calebasses» par les hordes des expéditions punitives de Ségou ou des razzieurs de Hambodédio. Au retour, le paysage se peuple de caravanes de captifs qu'on ramène ou des troupeaux qu'on a volés, du butin en biens meubles qu'on transporte à dos d'hommes ou de bête.

Mais on peut étudier l'espace épique d'une autre manière: à partir du pouvoir, puisque l'épopée royale est toujours liée à un roi ou un prince.

L'espace politique, vu du point de vue royal, se divise en trois lieux stratégiques. Il y a bien sûr l'empire, le «djamana» où s'exerce son autorité et sa juridiction. Ces états précoloniaux avaient des limites assez vagues. Créés au départ par droit du feu (étendue brûlée par un feu de brousse) ou droit du sabot (périmètre accompli par un cavalier en un temps donné), ces propriétés du sol s'agrandirent avec les siècles au moyen d'alliances et de conquêtes, jusqu'à former des royaumes de vaste envergure. Le Mali du Moyen Âge (XIIIe siècle) était plus grand que le Mali d'aujourd'hui et allait jusqu'à l'Océan

---

[3] Cf. D. Madelénat, *L'Épopée*, PUF. Dans cet ouvrage exhaustif, l'auteur avait distingué l'épopée historique, l'épopée mythologique et l'épopée classique.

[4] Cf. *Les Épopées d'Afrique noire*, éditions Karthala, (sous presses).

Atlantique. Le Djoloff, le Cayor, le Gabou, le Danhomey, le Mossi, le Songhaï eurent des dimensions variant entre la Suisse et la France ou l'Italie.

Le moyen le plus simple pour les délimiter ne fut pas le cadastre... Il n'existait ni cartes ni douanes. Les frontières étaient donc assez abstraites. On fortifiait les villes et les villages par des murailles, mais les frontières étaient invisibles.

Le royaume se mesurait donc par les villages qui payaient tribut au roi, ou à ses vassaux qui à leur tour en reversaient une partie au suzerain. L'espace du pouvoir royal d'arrête donc là où un autre prince lève l'impôt. Ainsi, c'est un espace perpétuellement menacé par un pouvoir ennemi, un espace mouvant qui peut s'étendre par la conquête, mais aussi se rétrécir par l'invasion ou la razzia étrangère. Il y a toute une étude à faire dans l'épopée sur l'extension physique du Manding avec la *reconquista* de Soundiata par exemple.

Cet espace politique demeure infiniment ouvert et vulnérable: c'est le premier qui sera atteint par la révolte du vassal ou l'ambition conquérante du voisin. Et là encore, conquérir ne signifie point tant franchir des frontières qu'asservir des villages, les astreindre à verser l'impôt à X plutôt qu'à Y.

Cet espace est aussi le lieu le plus fréquenté de l'épopée royale, celui où se règlent et se concluent les grandes batailles qui sont le sommet et la finalité de l'épopée politique. Car le nerf et le cœur de l'épopée, c'est le conflit, c'est la guerre. Le «jeu des hommes» disent les Bambara.

Le deuxième espace du pouvoir royal est ce qu'en wolof on appelle le *penc*, c'est-à-dire la place publique, ou plus exactement la place où se réunissent les notables. Elle peut se trouver au centre de la cité (Kajoor), comme dans la cour ou devant le palais royal (Ségou), ou simplement sous l'Arbre à Palabre dans les gros villages-capitales.

C'est le lieu où se transmettent les ordres royaux, d'où partent les décisions, guerre ou alliance matrimoniale, où s'ourdissent aussi les complots contre tel ou tel vassal (Da Monzon, Bakari Dian, et Daw Demba). Ce lieu de contact avec ses proches est, pour le roi, l'espace quotidien d'où il dirige les destinées des hommes. Il y jouit d'une sécurité suffisante, accrue souvent dans nos royaumes médiévaux, par cet usage d'entourer le palais de murs, ou la ville de murailles (*tata*). Ceux qui approchent le roi étant essentiellement ses griots, ses chefs d'armée (*tondyons*, ou *sofas*, ou *cedio*), ses marabouts musulmans ou animistes, et sa famille.

C'est du reste dans cette famille seulement qu'il risque de trouver un vrai rival, en fonction de la *fa-denia* qui menace les familles royales. Cet espace de contact peut cependant être aussi le lieu de confusion du roi. Ainsi le révèle l'épopée du du Kajoor lorsque le roi Daw Demba fut renié par son assemblée de notables, suite à ses excès intolérables: c'est au *penc* qu'ils l'attendirent, pour se lever et quitter l'endroit, tous ensemble et sans mot dire, en laissant le roi seul. À la suite de quoi ce dernier dut abdiquer.

Le troisième espace du pouvoir est enfin le *tié-so*, la chambre du roi, ou son cabinet à fétiches. C'est un endroit où le roi est seul autorisé à accéder, et où il conserve ses «protections», gris-gris, onguents, liquides, herbes, cornes, griffes, armes... Il peut aussi y garder un autel (*boli*) ou un animal fétiche. Ainsi, Soumaoro garde un «horrible serpent» dans son *tié-so*... qui n'est autre que le serpent protecteur que conserve tout chef soninké de la descendance royale de l'ancien Ghana.

Soyons certains que Soundiata avait lui-aussi une «chambre d'homme» où il allait recharger sa force surnaturelle. Il est rare cependant qu'un chroniqueur mentionne ce *tié-so*. C'est un lieu de contact avec le divin et le magique – le pouvoir royal ne fait pas de distinction, l'essentiel étant que cela soit efficace –, un lieu clos où tout ce qui ce passe doit rester secret. Tout viol par un regard étranger entraîne une déperdition, une menace pour la force royale, voire pour sa vie. Ainsi Soumaoro surpris par sa femme, ainsi Da Monzon surpris par Silamaka, ainsi le roi de Koré trahi par la belle Saran.

Deux autres espaces du pouvoir sont aussi évoqués, à l'occasion, dans l'épopée royale. Ce sont le ou les lieux d'exil, où le futur roi se réfugie durant la période de latence qui précède l'accession au pouvoir, et le lieu de l'intrônisation[5] qui est un endroit chargé de forces occultes, où le rituel d'exception peut s'accomplir comme il convient.

Enfin, interviennent des séquences – rares mais fondamentales – qui font mention d'un espace mystique ou magique; ainsi le voyage d'El Hadj Omar dans les sept cieux de l'Islam ou, plus concrètement, son pélerinage à la Mecque. Dans l'épopée animiste, on verra plutôt le roi faire un séjour à l'intérieur du fleuve (Biton ou Ndiadiane) auprès des dieux qui l'initient, ou se transporter dans des lieux dange-

---

[5] Cet espace-là doit être étudié avec la plus grande attention: tout y est symbolique, réfère au mythe d'origine, et fonde la légitimité du pouvoir. Voir *Épopée Wolof* de Bassirou Dieng.

reux où règnent des génies dont il obtiendra les faveurs. Ce sont des lieux de force où la force du pouvoir encore masqué s'accumule.

Dans les épopées corporatives, liées à une profession (chasse, pêche, pastorat), l'espace se rétrécit singulièrement: il retombe un peu dans la dialectique village/brousse observée dans le conte. Entre la demeure du héros et le fleuve ou la forêt, il n'y a guère que son village. L'action se situera donc entre ces trois lieux assez rapprochés.

En revanche, dans l'épopée mythologique qui domine en Afrique centrale, l'espace physique éclate littéralement sous la pression du magique. L'imaginaire du *Mvet* (Cameroun, Gabon) par exemple inscrit l'épopée dans une guerre homérique entre le peuple du fer, bon terrien, et un peuple du ciel qui a l'avantage d'être immortel. D'où les allées-venues incessantes entre les deux espaces: forêts, montagnes, nuages sont franchis en quelques enjambées. Mais la géographie du pays céleste (qui n'a rien d'un paradis) n'est pas très différente du village terrestre, et l'on y construit des routes là-haut comme ici-bas, on y boit le même vin de palme, on se bat avec les mêmes armes, avec évidemment quelques foudres et quelques tonnerres en plus.

Dans l'épopée *Mwindo* (Zaïre), il existe un monde souterrain où les champs de maïs et de manioc prospèrent aussi bien qu'à la surface. Cependant, ces espaces sont piégés: la nature y est agressive, les herbes mordent, les arbres étouffent. Les héros s'y meuvent avec difficulté, ils s'y battent contre des éléments hostiles (ouragans, éclairs, géants, dragons, sorcières...). Les trois types d'espace (surface terrestre, monde souterrain ou céleste, espace magique parallèle non localisé) s'enchevêtrent parfois si bien qu'on a peine à s'y retrouver; mais une analyse plus précise de ces épopées mythologiques devrait permettre d'identifier des itinéraires signifiants.

À dire vrai, le corpus des épopées africaines n'a pas encore été beaucoup étudié. On en est seulement à l'étape de la récolte et de la transcription, au mieux de la traduction et de l'édition de versions différentes.

Cet aperçu rapide du traitement de l'espace dans les récits oraux est nécessairement incomplet et schématique, mais on peut en tirer déjà quelques observations:

1) Dans les mythes et épopées royales à base historique, les notations de lieux et d'itinéraires géographiques ont un fondement de réalité, qu'il faut retrouver par une recherche adéquate, et ce à travers les affabulations du merveilleux qui accompagne ce type de récits. Dans les épopées plus récentes, comme celles de *Ségou* (Mali), *Samory* (Guinée) ou *Chaka* (Afrique du Sud), ces notations correspondent

avec assez d'exactitude aux lieux de batailles, aux villages conquis, aux territoires conflictuels réels; ce sont donc des éléments qui peuvent servir à reconstituer l'histoire de ces royaumes, après vérification par d'autres sources[6];

2) Dans les contes, l'espace est traité très souvent de façon symbolique. Il signifie la sécurité ou le danger, le connu ou l'inconnu, le profane ou l'occulte; il est utilisé comme obstacle à surmonter ou rempart de protection. Les récits initiatiques comme *Kaïdara* ou *Koumen* (de Hampaté Bâ, Mali) offrent des espaces intégralement connotés de symboles qui doivent être correctement interprétés par les néophytes. Toute mare, tout monticule, tout bosquet d'arbres, toute fontaine, toute dépression du terrain ont un sens qu'il faut décrypter. Ce sont des récits codés, rien n'y est dû au hasard;

3) Cependant, partout l'espace est aussi traité de façon fonctionnelle, comme dimension indispensable à l'action. Les héros s'y déplacent afin de s'accomplir, avec plus ou moins d'intelligence, de bravoure, de vitesse ou de précaution. Les distances sont indiquées de façon très approximative: «au-delà du fleuve», «derrière Ségou», «loin vers l'Est», «à quatre jours de cheval vers le couchant»... Pour évoquer la distance parcourue, on utilise aussi des termes qui nous paraissent fort vagues: «il courut, courut, courut...» signifie que le héros s'éloigne beaucoup. «Il franchit la rivière, il traversa la forêt, il dépassa la colline, il s'enfonça dans les champs de maïs» est une façon de détailler un long parcours. Les systèmes de numération existant par ailleurs pour compter ou mesurer les animaux, la monnaie (cauris), les poids, les tissus, ne semblent pas servir pour mesurer l'espace, en tout cas pas dans la littérature. Et lorsqu'il est question de déplacements dans l'espace, fréquents dans les contes ou les épopées mythologiques, les distances sont encore moins évaluables;

4) Le sentiment de flou qui en résulte produit un effet poétique certain, mais il n'est pas sûr qu'il soit volontaire. De même, les descriptions des paysages sont rarement données pour elles-mêmes, mais pour les utilités ou les renseignements qu'elles fournissent aux actants: l'eau ou les fruits sauvent l'orphelin, l'ombre du tamarinier et l'herbe grasse offrent au cavalier le repos et à son cheval la pâture, les champs de bananiers ou d'ignames sont les lieux où l'on rencontre le héros ou la sorcière à leurs occupations quotidiennes, la forêt que

---

[6] On pourrait faire la même remarque pour nos épopées médiévales où la notation des toponymes est souvent plus exacte que les *événements, voire les personnages censés s'y mouvoir (Chanson de Roland, Orson* de Beauvais).

parcourt le chasseur est peut-être évoquée en précisant les noms des arbres ou des buissons, ainsi que les accidents du terrain (souches, rochers, trous, fourrés, etc.).

Évidemment, certains griots sont plus «littéraires» que d'autres et s'attachent davantage à la forme, mais l'action et les personnages priment de loin le cadre. Ainsi, les préparatifs d'une bataille, les phases d'un duel, et même un coup de fusil peuvent faire l'objet de détails minutieux:

> Bala mit le feu à la poudre
> le morceau de bronze tournoya
> la cuisse fit la danse des captifs
> l'oreille et le silex se heurtèrent
> le déchet de cafard se souleva
> mon œil ne le vit pas
> les balles s'éparpillèrent
> vous dirais-je le bruit des balles?

S'il veut par ailleurs décrire la beauté d'une femme, le griot se découvre lyrique:

> On se demande si elle est humaine ou génie
> elle est remplie comme un œuf
> sa peau est lisse comme une bouteille
> le pou ferait en soixante jours le tour de sa taille
> ses yeux brillent comme l'étoile
> Dieu lui donne noble naissance
> elle porte neuf cache-sexe et trois pagnes
> elle a douze paroles dans la bouche
> elle ne peut les dire toutes à un seul homme.

Mais pour indiquer le déplacement de toute l'armée de Ségou au Karta, il dira simplement «Ségou vint assiéger le Karta». L'espace qui sépare deux royaumes est franchi en une ligne, et après les péripéties des affrontements, tout est résumé par: «Alors Da Monzon fit tuer Dietekoro du Karta, il fit saisir sa fille cause de la guerre, et toute l'armée retourna à Ségou.» Parfois, on prend son temps, en pillant les villages intermédiaires, mais il n'y a finalement que peu de choses, ou même rien, sur ces espaces traversés. L'effort littéraire se porte ailleurs[7].

---

[7]   Il y a pourtant une belle exception: voir *L'Épopée de Ségou*, L'Harmattan, p. 98.

On pourrait conclure un peu vite que les récits africains sont pauvres en matière de description. Nous avons vu que cela dépend des récits. Disons plutôt que, concernant l'espace et l'environnement, ils sont assez laconiques, en effet, et qu'ils subordonnent cette dimension, comme celle du temps d'ailleurs, à l'action et à ses héros.

On pourrait s'interroger sur ce phénomène si nous n'avions pas des traits analogues dans nos contes européens où l'espace est aussi traité pour son symbolisme; dans nos épopées, certes, les distances sont évaluées en lieues, mais les descriptions sont fonctionnelles.

Souvenons-nous de *La Chanson de Roland*. Nous fûmes en effet marqués par le cadre de Roncevaux:

> Hauts sont les monts et ténébreux et grands
> les vallées profondes et les eaux rapides

mais il est toujours décrit en deux lignes, jamais plus, même si cela est repris plusieurs fois. Ce n'est qu'un cadre où l'action va se déployer:

> Les clairons sonnent et derrière et devant
> et tous reprennent en réponse à l'olifant
> l'empereur chevauche en colère

Et si l'on y parle souvent d'herbe verte, c'est pour ajouter qu'elle est ensanglantée.

La mort de Roland se passe aussi sur un pré, que son sang rougit, entre quatre roches de marbre blanc et sous un bel arbre. Mais ces roches blanches sont l'autel du sacrifice du plus pur et valeureux chevalier de la chrétienté, et l'arbre qui l'abrite préfigure l'ange qui descendra recueillir son âme. Bref, l'espace est détaillé lorsqu'il est symbolique. Et de toutes façons, minces en sont les notations, comparées aux abondantes descriptions de duels et aux innombrables dialogues des protagonistes. Par ailleurs, le récit semble plus étoffé, plus riche que l'épopée africaine, par le détail des vêtements et des armures, le scintillement des ors et des armes, et les couleurs, le rouge, le bleu, le vert, le vermeil, et aussi par les plaintes, les larmes, les sentiments, les prières… jamais par les descriptions de paysages toujours économes.

Sans doute aussi que le scribe Turoldus a pris le temps de développer certains aspects. Je n'imagine pas le trouvère s'étendre sur quarante laisses, entre le moment où Roland déjà blessé sonne de son olifant et celui où il expire! L'écriture seule a permis le développement de ces instants tragiques, développement qui aurait lassé un public ému mais pressé de savoir la fin de l'histoire, et si les sarrazins seront punis...

On peut donc supposer que dans la littérature populaire issue de l'oralité – contes, fables, légendes, récits épiques – l'intérêt doit être soutenu par une action rapide et des personnages fortement caractérisés. La narration doit être également soutenue, et ne peut trop s'égarer dans des considérations temporelles ou spatiales inutiles.

Ce sera avec l'avènement de l'écriture et de l'érudition que, plus indépendant et sans doute aussi plus raffiné, un Chrétien de Troyes va s'étendre sur les émois de Perceval et les paysages de la quête. Mais même alors, c'est avec raison que Gustave Cohen avance que, la plupart du temps, dans la littérature médiévale, «le monde extérieur n'est envisagé que comme le signe d'un monde supérieur dont il s'agit de déchiffrer les symboles dans les formes, les couleurs et les nombres qui tous ont valeur mystique...» Cela sera vrai jusque dans le roman courtois et le *Roman de la rose*.

En réalité il faudra attendre les abords de la Renaissance pour que la nature, et avec elle l'espace et les saisons, entrent en force dans la littérature.

Si nous revenons du côté de l'Afrique, on remarquera dans le roman écrit qui commence dans les années 30-40, et ce jusque vers 1970, une même élision des descriptions de l'environnement, une topographie simplement fonctionnelle, et une grande sobriété des développements des sentiments. On a écrit à juste titre que le roman écrit se modelait sur le conte oral dont il avait conservé la linéarité de l'action, le goût prononcé des dialogues et la pauvreté des analyses psychologiques[8]. Le roman africain écrit semblera donc bien hériter du schématisme de ces récits oraux, durant près de quarante ans.

Un dernier aspect serait la mise en rapport de la position des Européens à travers l'espace. Or, peu d'épopées africaines et encore moins de contes font état de la présence coloniale. Le cas de *Samba Guela-dio* (XVIIe siècle) est significatif. Les Français des Grandes Compagnies nantaises faisaient la traite sur le fleuve Sénégal et ont eu affaire avec le roi du Fouta Tooro; ils sont remplacés dans l'épopée par un Djinn local qui offre à Samba le «fusil-qui-ne-rate-jamais-sa-victime». Il habite une rivière assez banale et la présence française est totalement évacuée. Les Blancs ont été absorbés par le mythe de la divinité bien connue qui fonctionne sur un modèle standard.

---

[8]   Voir Mohamadou Kane, *Roman et tradition*, Dakar, NEA, 1980.

Beaucoup plus tard, l'*Épopée du Kajoor* va évoquer les Français à propos de Lat Dior. Les faits remontent à la fin du XIXe siècle et n'ont pas encore eu le temps d'être mythifiés. Les étrangers ne sont décrits qu'en quelques traits sommaires, et ils agissent par troupes africaines ou messagers locaux interposés. Ils vont miner les alliances, favoriser les traîtrises et les défections.

Dans l'épopée religieuse d'*Ahmadou Bamba*, on parle aussi du Gouverneur de Saint-Louis, mais à travers ses envoyés. C'est la figure de Bamba qui demeure prépondérante: c'est lui que suit le narrateur.

Dans celle d'*El Hadj Omar*, ni Faidherbe ni Paul Holle n'apparaissent en chair et en os au siège de Médine (1857), alors que quand l'adversaire est Noir, comme le roi de Kayes ou celui des Bambara, l'épopée le décrit sans réserves.

En somme, l'espace qui relie les rois locaux aux forces européennes ne sert pas à les réunir, il est surtout utilisé pour s'en éloigner (*El Hadj Omar*)! Peut-être parce que les rencontres furent trop souvent des défaites et que l'épopée n'aime pas trop relater ces événements-là (Lat Dior à Derklé, Omar à Grand Médine)[9].

Du reste, la fonction relationnelle de l'espace dans les épopées est le plus souvent négative, puisqu'il s'agit de conflits ou de batailles tandis que le conte ou le mythe offrent des cadres plus propices à la rencontre, à l'alliance, à la solidarité, comme à toutes sortes de rivalités. Mais c'est un espace plus socialisé que l'épopée où, en dehors de l'espace national, il n'y a place que pour la conquête ou l'auto-défense.

Ce n'est qu'à la fin de certaines épopées, quand la victoire est assurée et la paix revenue, qu'on peut évoquer les pays conquis ou vassalisés. Ainsi, à la fin de *Soundiata*. Mais c'est la place publique, devant le palais royal, qui devient alors espace de rencontre pacifique; les vassaux y viennent déposer leurs hommages, et les vaincus leurs armes. C'est dans cet espace aussi qu'on redistribuera le butin et attribuera les apanages.

Lilyan KESTELOOT
IFAN – Université de Dakar

---

[9] C'est seulement dans le *Chaka*, épopée récente de Mazisi Kunene, que les Anglais sont présentés sans caricature et que le dialogue s'établit.

L'ÉCRITURE DE L'ESPACE
DANS LE ROMAN AFRICAIN CONTEMPORAIN

Si les débuts de la littérature africaine francophone ont été très largement conditionnés par la situation politique des pays colonisés, l'accession de ces colonies à l'indépendance, dans les années soixante, a aussi contribué à l'évolution de cette littérature. Le roman notamment s'est engagé sur de nouvelles voies, et a gagné en maturité. La transformation du contexte socio-politique et toutes les désillusions qui ont accompagné l'émergence des nouveaux régimes africains, le plus souvent dictatoriaux, ont offert un nouveau matériau à l'écriture romanesque. Par ailleurs celle-ci s'est libérée, chez un certain nombre d'auteurs, des modèles parfois sclérosants hérités des premières générations.

L'écriture de l'espace nous paraît être un révélateur privilégié de cette évolution et de cette maturation. L'espace constitue en effet un vecteur fondamental de l'existence humaine: condition *sine qua non* de notre existence physique, il se charge de significations psychologiques, anthropologiques, sociologiques, politiques, philosophiques, et représente, si l'on en croit A.J. Greimas, un véritable langage[1]. Aussi l'espace romanesque peut-il apparaître comme une dimension absolument déterminante du récit, et un champ privilégié de significations multiples.

L'espace représente tout d'abord un élément constitutif de l'action romanesque et de l'élaboration du personnage. Le rapport de celui-ci à son environnement conditionne sa conduite, son évolution, et structure ainsi largement la diégèse. Or si l'on interroge sur ce point le roman africain actuel, on constate que la relation qu'entretient le personnage avec son espace se caractérise par une instabilité chroni-

---

[1] A. J. Greimas, «Pour une sémiotique topologique», communication au Colloque sur la sémiotique de l'espace, organisé par l'Institut de l'environnement, Paris, mai 1972, rééd. in *Sémiotique et Sciences sociales*, Paris, Seuil, 1976, pp. 129-157.

que. Le héros et ceux qui l'entourent sont avant tout perçus comme des êtres en mouvement, que ce soit dans les menus détails de leur vie quotidienne, ou dans les étapes majeures de leur existence. Ainsi de nombreux récits sont-ils des «récits d'itinéraire», la composition des œuvres reflétant le caractère central de certains déplacements dans la vie du personnage.

L'opposition traditionnelle entre ville et village, que les romans des premières générations avaient déjà mise à l'honneur, reste un axe majeur. De nombreux romans sont ainsi construits autour du parcours du héros, quittant son village pour la grande ville ou l'inverse. Le schéma fondamental semble être en fait une structure ternaire, dans laquelle le retour au village est l'aboutissement d'un itinéraire en trois temps. Ainsi dans *Les Écailles du ciel*, de T. Monenembo et *Le Feu des origines*, d'E. Dongala[2], on découvre tout d'abord l'enfance du héros au village, puis on le suit dans ses tribulations urbaines. Enfin, dans le dernier chapitre, il quitte la grande ville pour retourner sur sa terre natale.

Dans *Les Soleils des indépendances*, d'Ahmadou Kourouma[3], le schéma est quelque peu différent: l'enfance au village n'apparaît que sous forme d'analepse, elle appartient au domaine du souvenir lointain. Fama est devenu un citadin, qui se rend au village de ses ancêtres pour y recueillir un héritage, première étape d'une quête qui le ramène ensuite à la ville. Le monde traditionnel représenté par le village n'a plus guère de sens dans la nouvelle Afrique, et ne peut combler les attentes de Fama. C'est pourtant vers lui qu'il revient une deuxième fois après son incarcération, convaincu qu'une seule chose compte encore: mourir sur la terre de ses ancêtres.

D'une manière générale, ce voyage du héros entre les deux pôles, urbain et rural, témoigne d'un malaise profond, d'une quête souvent vaine, parfois désespérée, dans un monde en crise, où tous les repères identitaires vacillent et se brouillent. Le personnage, s'il n'est jamais un sédentaire, est plus souvent un errant qu'un conquérant. Aussi voit-on apparaître un picaresque à l'africaine, à travers des romans tels que *L'Homme de la rue*, de Pabé Mongo, *Les Écailles du ciel*, de Tierno Monenembo, ou *Le Cercle des Tropiques*, d'Alioum Fantouré[4]. Ballotté par la vie d'un lieu à un autre, victime impuissante d'un

---

[2]   Tierno Monenembo, *Les Écailles du ciel*, Paris, Seuil, 1986. E. Dongala, *Le Feu des origines*, Albin Michel, Paris, 1987.

[3]   Ahmadou Kourouma, *Les Soleils des Indépendances*, Paris, Seuil, 1970.

[4]   Pabé Mongo, *L'Homme de la rue*, Paris, Hatier-CEDA, 1987. Alioum Fantouré, *Le Cercle des Tropiques*, Paris, Présence Africaine, 1972.

contexte socio-politique qui l'enserre de toutes parts, le héros est avant tout en quête d'un lieu où il puisse au moins vivoter en paix. Pris au piège d'un espace où règnent misère, violence et oppression, il est contraint de fuir, toujours en quête d'un ailleurs plus clément. Mais ce vagabondage peut revêtir une forme encore plus désespérée: dans *Le Cercle des vertiges*, de Caya Makhele[5], et dans les romans de Calixthe Beyala, *Seul le Diable le savait* et *Tu t'appelleras Tanga*[6], surgissent les images de l'errance «circulaire», absurde et vaine, de la divagation sans but qui révèle dans toute sa cruauté l'inanité de l'existence. Le personnage ne fuit même plus, il tourne en rond dans un espace vide de sens. Cette incapacité à avancer, à progresser, se traduit souvent de manière symbolique à travers des images de jambes et de pieds blessés, mutilés, et des personnages de boiteux, de cul-de-jatte, d'infirme.

Cependant tous les romans ne présentent pas une vision aussi pessimiste du monde, à travers les rapports de force qui opposent le personnage à son espace de vie. Pour certains héros, la quête qui détermine le parcours initiatique est couronnée de succès, notamment quand le roman prend une allure très didactique: c'est le cas par exemple dans *Les Éxilés de la forêt vierge*, de J.-P. Makouta-Mboukou, et *Les Tresseurs de corde*, de J. Pliya[7]. Le retour au village est alors l'occasion d'une véritable rédemption spirituelle qui permettra de fonder un monde nouveau.

D'autres romans offrent une représentation plus nuancée, voire ambiguë. L'itinéraire du héros, dans *Le Feu des origines* par exemple, est jalonné d'épreuves, de difficultés et de désillusions, mais globalement chacune de ses grandes étapes constitue un progrès, le héros acquérant peu à peu une plus grande maîtrise de ce qui l'entoure. Ses pérégrinations le ramènent finalement au lieu de sa naissance, où il retrouve dans un grand élan de fusion avec les forces cosmiques, le «feu des origines», qu'il n'a jamais cessé de rechercher. Dans *Wirriyamu*, de Williams Sassine[8], le héros, écrivain manqué gravement atteint de tuberculose, trouve au bout du voyage l'horreur et la mort:

[5]   Caya Makhele, *Le Cercle des vertiges*, Paris, L'Harmattan, Coll. Encres noires, 1992.

[6]   Calixthe Beyala, *Tu t'appelleras Tanga*, Paris, Stock, 1988. *Seul le Diable le savait*, Paris, Le Pré aux Clercs, 1990.

[7]   Jean-Pierre Makouta-Mboukou, *Les Exilés de la forêt vierge*, Paris, P.J. Oswald, 1974, rééd. Paris, L'Harmattan, Coll. Encres noires, 1981. Jean Pliya, *Les Tresseurs de corde*, Paris, Hatier CEDA, 1987.

[8]   W. Sassine, *Wirriyamu*, Paris, Présence Africaine, 1976.

dans le village où il s'est réfugié, il assiste impuissant au massacre de tous les villageois par un groupe de soldats portugais. Mais sa décision de rejoindre les révolutionnaires dans leur lutte et son sacrifice final redonnent un sens à sa vie et à sa mort.

Le monde ainsi représenté est donc un espace déterminé avant tout par de multiples conflits, qui dessinent une situation de crise violente. La topographie romanesque se plaît à confronter des lieux antithétiques, qui représentent les clivages culturels, économiques, sociaux et politiques au sein desquels se débattent les personnages: à la ville, où règne le pouvoir central et où se révèlent tous les maux des temps modernes, s'opposent des lieux de résistance ou de dissidence, tels qu'on peut en trouver dans la forêt vierge de *La Vie et demie*, de Sony Labou Tansi[9]. À l'espace des privilégiés, qu'ils soient les anciens colons ou les nouvelles classes dirigeantes, s'oppose, parfois violemment, l'espace des pauvres, du peuple exploité et aliéné. Nulle conciliation ne semble possible, dans cet univers soumis à d'irréductibles contradictions.

Les êtres se heurtent et se déchirent, et l'écriture romanesque met le monde au diapason: les phénomènes naturels se déchaînent dans les moments forts de la crise, soulignant par leur violence propre l'intensité des conflits humains. On note ainsi chez certains auteurs la récurrence de motifs qui dramatisent le récit: chez A. Kourouma, ou Tchicaya U Tam'si par exemple, le tourbillon, l'orage, la tempête sont autant d'éléments narratifs qui entretiennent avec les personnages une relation spéculaire. La nature, par ses élans brutaux, ponctue l'histoire des hommes et fait résonner l'univers de leurs cris ou de leurs plaintes.

Mais c'est surtout dans *Les Sept Solitudes de Lorsa Lopez*, de Sony Labou Tansi[10], que l'écriture, versant dans une forme originale de fantastique, fait de l'univers naturel un espace véritablement vivant, qui entretient avec les hommes un mystérieux dialogue. À Valancia, ville rebelle au pouvoir central de la capitale, d'étranges phénomènes affectent la nature: la falaise crie pour annoncer les événements, «le rocher de la Quadrilla pousse comme un arbre toutes les fois qu'on le coupe», «le rocher de Mpoumbou au nord de Calcazora saigne quand on le blesse»[11], la mer laisse échapper des monstres gigantesques et produit des cataclysmes.

---

[9]   Sony Labou Tansi, *La Vie et demie*, Paris, Seuil, 1979.
[10]   Sony Labou Tansi, *Les Sept Solitudes de Lorsa Lopez*, Paris, Seuil, 1985.
[11]   *Ibid.*, p. 51.

Ces antagonismes violents qui structurent les textes sont largement déterminés par le fait que les problématiques historiques, politiques, sociologiques restent des axes privilégiés du roman contemporain, qui se donne pour tâche de dénoncer les fléaux dont est victime le continent africain. Aussi le héros apparaît-il bien souvent comme un pur alibi narratif, qui permet, à travers un témoin plus ou moins individualisé, de retracer l'histoire d'un pays ou celle du continent tout entier. Dans *Le Cercle des Tropiques*, comme dans *Les Écailles du ciel*, le héros est cet «homme de la rue», dont Pabé Mongo trace aussi le portrait. Quidam transparent entraîné malgré lui dans des événements qui le dépassent, il assiste à l'inexorable évolution d'un pays qui ne fait que passer d'un pouvoir tyrannique à un autre.

L'écriture romanesque restant subordonnée à l'engagement politique des auteurs, comme c'était déjà le cas avant les indépendances, le monde est perçu et représenté à travers une «grille» dont les critères sont essentiellement socio-politiques, de sorte que l'on peut véritablement parler d'un espace totalitaire, sur le plan à la fois thématique et structurel. La problématique du pouvoir constituant un élément central du propos romanesque, les textes s'efforcent sans cesse de montrer les procédés d'appropriation et d'exploitation de l'espace par le pouvoir politique, la confusion entre bien public et bien privé, et l'invasion de l'espace social par les signes architecturaux, linguistiques ou iconiques du régime totalitaire.

Ainsi les lieux politiques, institutionnels envahissent-ils l'espace romanesque, souvent au détriment de toute autre élaboration imaginaire. On remarque par exemple à quel point l'espace de l'intimité est une denrée rare. Si l'habitat est évoqué dans les descriptions de l'univers urbain, l'habitation, elle, reste dans l'ombre. Ce qui importe, semble-t-il, est de représenter les caractéristiques collectives, socio-économiques du lieu habité. Aussi la description des quartiers populaires finit-elle par apparaître comme stéréotypée, les traits récurrents d'un auteur à un autre se limitant à la représentation réaliste de la misère économique: insalubrité, précarité de l'abri, inconfort, promiscuité, laideur…

De même, le statut du personnage et son champ d'action sont avant tout déterminés par sa position dans les rapports de force socio-politiques. Détenteur du pouvoir politique, il jouit avec excès et dans le plus parfait arbitraire de toute son autorité sur l'espace environnant. Les chefs, grands ou petits, chassent, expulsent, convoquent individus et masses. Ils s'emparent de l'espace collectif, l'aménagent et l'exploitent à des fins privées, et en font l'instrument de leur autoglo-

rification, voire de leurs pulsions libidineuses, comme le souligne
l'écriture satirique de Sony Labou Tansi (*L'État honteux, La Vie et
demie*) et Henri Lopès (*Le Pleurer-Rire*)[12].

Inversement, le personnage peut subir l'oppression, et ne dispose
plus de son entière liberté de déplacement. Son parcours semble tout
tracé par le contexte socio-politique: les bars des bidonvilles, les abris
de fortune, mais aussi le commissariat, l'hôpital et la prison sont les
étapes obligées de son chemin de misère.

L'espace carcéral constitue notamment un leitmotiv qui frappe par
son extrême récurrence dans les œuvres. Il peut n'apparaître qu'à titre
de mention rapide, de souvenir, ou représenter un jalon parmi d'autres
dans la triste vie du héros, comme c'est le cas par exemple dans
L'Homme de la rue ou *Le Cercle des Tropiques*. Mais certaines œuvres lui accordent une place plus importante. Le séjour du héros en
prison fait bifurquer la vie de Fama, dans *Les Soleils des indépendances*, et motive sa décision finale de quitter la capitale pour rejoindre la
terre de ses ancêtres. La description du camp où il est incarcéré présente celui-ci comme un non-lieu, hors du temps et de l'espace, sans
toponyme ni localisation identifiable, où l'homme privé de tout repère
connaît un effroi indicible. À travers cet épisode, l'écriture de Kourouma se fait plus virulente: mêlant procédés satiriques et effets pa-
thétiques, il dénonce violemment la répression arbitraire et l'iniquité
de l'institution judiciaire.

Trois romans font de la prison un espace «total» qui envahit tout le
texte et détermine profondément sa structure. Dans *Tu t'appelleras
Tanga*, de C. Beyala, et *Un fusil dans la main, un poème dans la poche*, d'E. Dongala[13], le personnage central se trouve en prison dès le
début du roman, et n'en sortira plus. Son passé n'apparaît donc que
sous forme d'analepses qui alternent avec les scènes se déroulant dans
la cellule. L'ensemble de la structure narrative (énonciation, tempo-
ralité, succession des séquences, etc.) concourt à renforcer, par des
procédés d'emboîtement successifs, la situation d'enfermement définitif vécue par le personnage.

Mais c'est sans doute dans *Toiles d'araignées*, d'Ibrahima Ly[14],
que le thème de la prison trouve son plus riche développement, et
envahit totalement l'espace romanesque. Le roman est en effet consa-

---

[12]   Sony Labou Tansi, *L'État honteux*, Paris, Seuil, 1981. Henri Lopes, *Le Pleurer-
        Rire*, Paris, Présence Africaine, 1982.
[13]   Emmanuel Dongala, *Un fusil dans la main, un poème dans la poche*, Paris, Albin
        Michel, 1973.
[14]   Ibrahima Ly, *Toiles d'araignées*, Paris, L'Harmattan, Coll. Encres noires, 1982.

cré à la dénonciation très violente de l'univers carcéral, à travers l'expérience de la jeune héroïne, torturée et incarcérée pour avoir refusé le vieux mari qu'on veut lui imposer. Le récit se situe dans un pays fictif, à travers lequel il est aisé de reconnaître le Mali, où l'auteur lui-même a connu de longues années d'incarcération. À travers une écriture réaliste, parfois didactique, il décrit en détail toutes les souffrances et humiliations infligées à l'individu dans cet espace entièrement fondé, sur la force et la violence. Il en montre les fondements psychologiques et philosophiques, en mettant à nu les mécanismes du pouvoir et des rapports de force.

L'espace carcéral représente ainsi un lieu central de l'écriture romanesque, parce qu'il cristallise et porte à leur paroxysme toutes les formes d'oppression, d'injustice et de souffrances, et met à nu la profonde perversion de la société, que le roman se donne pour tâche de stigmatiser.

Cette orientation politique, qui prédomine dans la plupart des romans et conduit parfois à un didactisme assez conventionnel, tend donc à s'emparer de l'espace romanesque, pour en déterminer toute l'interprétation, et peut appauvrir ainsi la richesse polysémique propre à l'œuvre littéraire. N'envisager le monde que sous son aspect politique, c'est négliger l'immense éventail des significations qui peuvent s'attacher aux représentations spatiales. Un certain nombre d'œuvres échappent cependant à ce carcan, et une analyse inspirée des travaux de G. Durand et de G. Bachelard[15] permet de révéler la richesse et la fécondité de ces univers imaginaires, qui, s'ils témoignent de la singularité des différents auteurs, mettent également en lumière des structures récurrentes. L'étude des réseaux connotatifs et symboliques permet ainsi de dégager certains axes majeurs.

Dans cet univers en proie à l'instabilité, au conflit, à l'incertitude, certaines constellations d'images, de symboles et de schèmes imaginaires apportent un contrepoint optimiste, qui témoigne malgré tout

---

[15]   Gilbert Durand, *Les Structures anthropologiques de l'imaginaire, Introduction à l'archétypologie générale*, Paris, Bordas, 1969, 10ᵉ éd., Paris, Dunod, 1981.
Gaston Bachelard, *L'Eau et les rêves, Essai sur l'imagination de la matière*, Paris, José Corti, 1942.
L'Air et les songes, Essai sur l'imagination du mouvement, Paris, José Corti, 1943, rééd. Livre de Poche, 1992.
La Terre et les rêveries de la volonté, Paris, José Corti, 1948.
La Terre et les rêveries du repos, Paris, José Corti, 1948.
La Psychanalyse du feu, 1949, rééd. "Idées", Paris, Gallimard, 1965.
Poétique de l'espace, 1957, rééd. Paris, P.U.F., 1978.

d'une certaine foi en l'existence, d'un enracinement dans un monde pourvu de sens et de repères. Chez E. Dongala, Sony Labou Tansi, ou Tchicaya U Tam'si, l'enracinement dans la terre natale n'est pas un vain mot. La terre «*fait les hommes*», écrit Sony Labou Tansi[16], «La terre nous marque. Elle nous met au monde.»[17]

Sur le lieu de naissance de Mandala Mankunku, le héros du *Feu des origines*, sa mère fonde un site à l'aide d'une simple palme fichée dans le sol. Ce lieu, à la fois fondateur et fondé, lui servira toute sa vie de repère, de refuge et d'emblème, et sera, à la fin du roman, le lieu des retrouvailles mystiques avec la pureté et la totalité originelles.

L'arbre apparaît dans ces textes comme un double symbole: il représente, comme l'a montré G. Bachelard, à la fois la sécurité de l'enracinement dans la terre-mère, et l'élan de l'homme vers l'élévation, qu'elle soit physique, morale, spirituelle. Le tchilolo, arbre emblème de la famille Poaty, dans *Ces fruits si doux de l'arbre à pain*, de Tchicaya U Tam'si[18], incarne les vertus héritées des ancêtres: patience, endurance, modestie.

Le feu apparaît aussi comme un symbole profondément positif: chez E. Dongala et Tchicaya U Tam'si, il est l'élément de la pureté originelle, une passerelle mystique qui permet à l'homme de communier avec le cosmos, avec les ancêtres, avec le monde invisible. C'est par le feu destructeur que Mandala Mankunku se libère de ses chaînes, rompt définitivement avec les aléas de la vie urbaine, et c'est le feu purificateur qu'il redécouvre dans les dernières pages du roman.

Les textes révèlent encore d'autres «schèmes ascensionnels» pour reprendre les termes de Gilbert Durand. Dans *Les Sept Solitudes de Lorsa Lopez* notamment, la topographie romanesque et certains épisodes du récit témoignent, dans une perspective épique, de la puissance symbolique des images du travail humain. Dans un paysage de falaises, de parois abruptes, dans une ville entourée de pierre et d'eau se construisent de gigantesques monuments, qui semblent destinés à rivaliser en puissance avec le paysage naturel, à défier les éléments. Des foules innombrables se pressent, pendant des années, pour édifier une citadelle colossale, symbole de leur résistance au pouvoir central de la capitale.

---

[16] Sony Labou Tansi, *Les Sept Solitudes de Lorsa Lopez*, p. 100.
[17] *Ibid.*, p. 109.
[18] Tchicaya U Tam'si, *Ces fruits si doux de l'arbre à pain*, Paris, Seghers, 1987.

Chez Sony Labou Tansi l'écriture est démesure: le défi humain s'exprime en termes aussi extrêmes que les forces auxquelles il est confronté. Mais aucune victoire n'est définitive. Si l'homme peut édifier un monument, l'élever vers le ciel pour prouver sa propre grandeur, il peut aussi à tous moments subir les caprices des éléments, et être au contraire aspiré vers le bas: à la fin du roman notamment, la capitale est brutalement engloutie par l'Océan.

Mais, dans l'ensemble de la production romanesque récente, ces schèmes euphoriques d'enracinement et d'élévation semblent avoir peu de poids face aux réseaux symboliques du mal et de l'angoisse. La poétique des éléments, dont G. Bachelard a montré que leur puissance imaginaire résultait de leur profonde ambivalence, penche ici plus souvent vers le versant malsain, ténébreux de cette symbolique.

L'eau est rarement purificatrice, elle est plutôt cette pluie malsaine, incessante, que l'on retrouve dans *Les Soleils des indépendances*, *Ces fruits si doux de l'arbre à pain*, ou *Wirriyamu*. Elle noie les capitales sous des torrents de boue, symbole de toutes les corruptions politiques et morales. Le motif de la boue, dans laquelle se vautre le dictateur de *L'État honteux*, trouve son corollaire dans le registre scatologique, notamment chez Ibrahima Ly et Sony Labou Tansi.

Ces images de la souillure s'associent souvent à celle de l'invasion animale, du grouillement informe, malsain et agressif. Dans la prison décrite par Ibrahima Ly, les prisonniers vivent dans un espace envahi à la fois par les déjections humaines et la vermine qui grouille de toutes parts et achève, sur le corps des détenus, le travail des bourreaux. Le monde ainsi décrit est un monde en putréfaction, en décomposition, qui paraît condamné à s'enfoncer lentement dans l'excrément, la boue, les immondices et ne peut inspirer que la nausée.

Parallèlement, une autre constellation symbolique s'élabore autour des images du feu et de la terre. La mort prend ici la forme de la fracture, de l'émiettement et de la dessiccation: brûlé par le soleil, le paysage est aride et désespéré. La désagrégation et la stérilité du monde s'expriment notamment à travers les images récurrentes du sable et de la poussière, dans *Le Jeune Homme de sable* de W. Sassine par exemple[19]. Dans cette «cité vaincue par le soleil»[20], terrible tyran qui brûle et asphyxie, le héros lui-même est un «jeune homme de

---

[19]   Williams Sassine, *Le Jeune Homme de sable*, Paris, Présence Africaine, 1979.
[20]   *Ibid.*, p. 85

sable», fuyant, inconsistant et vain. Aussi n'est-ce pas un hasard si c'est dans le désert qu'il a rendez-vous avec la mort.

Le soleil constitue un élément central de cette constellation imaginaire de la stérilité. Il incarne la toute-puissance des forces qui accablent l'individu, et devient, dans *Toiles d'araignées*, d'Ibrahima Ly, une véritable allégorie du pouvoir totalitaire. Les descriptions, nombreuses dans ce roman, égrènent régulièrement les images de la force despotique: «Le soleil règne en véritable despote»[21], il «germe avec le calme de la force qui se sait toute-puissante.»[22], «Dans le ciel règne le tyran-soleil avec ses myriades de gourdins.»[23]

L'astre solaire est au centre de la poétique des éléments comme la dictature est au cœur de la problématique du récit, et l'analogie est parfois clairement explicitée. La course quotidienne du soleil devient l'image d'une carrière politique marquée par l'arbitraire, la violence, et la chute inéluctable:

> Il voyait naître le soleil, l'observait en train de grandir et devenir le maître incontesté de la terre. Il était au faîte de sa puissance à midi. Comme il est pressé, pensait Yoro. Que pouvait-il faire au-delà de midi? Produire des ombres, toujours plus longues, décliner et mourir noyé dans son propre sang? Oui, se disait Yoro, quand, en quelques heures, on a joui de tout ce qui existe, il faut se préparer à tout perdre dans le même intervalle. Il pensait alors à tous ces apprentis dictateurs qui se disputaient l'espace.[24]

Dans le camp de Lahara (en bambara, l'enfer, l'au-delà), au milieu du désert, l'éradication totale de toute opposition s'exprime dans l'image du grain de sable, matière inerte et insaisissable face à laquelle le pouvoir se noie dans sa propre vanité et devient parfaitement absurde, dérisoire:

> Bien bête était également le soleil. Aveuglé par sa puissance, il avait fini, comme tout dictateur, par le désert. Plus personne à commander [...] Le soleil, pour tout régenter, avait supprimé tous les intermédiaires. Le grain de sable ne s'opposait pas, il ne produisait pas une ombre. Le pouvoir solaire devenait tout à

[21]   Ibrahima Ly, *op.cit.*, p. 11.
[22]   *Ibid.*, p. 12.
[23]   *Ibid.*, p. 22.
[24]   *Ibid.*, p. 308.

fait stérile, tout à fait ridicule, insignifiant. Il ne laissait aucune empreinte.[25]

Mais que l'imaginaire singulier des auteurs privilégie les images de la corruption organique, ou celles de l'effritement minéral, c'est toujours l'histoire d'un inexorable anéantissement qui s'écrit d'un texte à l'autre. Aussi n'est-on pas surpris de rencontrer les images récurrentes du gouffre et de la chute. Dans ce monde en déclin, l'individu est comme aspiré vers le bas. Ainsi la chute dans la boue de Poto-Poto est, chez Tchicaya U Tam'si, un élément narratif chargé de significations multiples, sur le plan socio-politique, moral et spirituel.

Les images du gouffre sont d'autant plus fortes que le personnage est comme saisi de vertige face à son propre vide intérieur. Chez Calixthe Beyala notamment, l'association imaginaire fondamentale de l'être et de la maison, du lieu habité, prend une valeur très négative. Les métaphores représentent alors un espace intérieur désespérément vide, ou n'abritant que des sentiments malsains, une profonde souffrance: «Le malheur l'habitait, l'œil du mal le peuplait»[26], «La nuit est comble de mon vide, de ce vide qui marche le long du silence, loin des mots»[27], «Ma tête devient un trou noir que n'éclaire aucune lampe. Un univers roulé dans le noyau du vide. Le ciel n'a plus de toit. La terre a perdu sa semelle.»[28] On pourrait ainsi multiplier les exemples.

Errant, désemparé, égaré, dominé par le sentiment aigu de la vanité de l'existence et de sa propre vacuité, l'individu apparaît donc souvent comme enfermé dans une impasse, pris dans un piège tragique. C'est souvent dans le symbole du cercle que culmine cette impression d'aliénation absolue. Cerné par de multiples formes d'oppression, harcelé de toutes parts, le personnage ressemble à un animal traqué, se battant désespérément pour sa survie. Le narrateur des *Écailles du ciel* écrit ainsi à la fin du roman:

> Nous nous mîmes alors à errer sans but, à ramper comme de maudits reptiles, à traîner, à nous lover comme des vers de terre dans tous les coins et recoins des Bas-Fonds devenus un infernal cercle de feu, de sang et de mort.[29]

[25]   *Ibid.*, p. 333.
[26]   C. Beyala, *Tu t'appelleras Tanga*, p. 83.
[27]   *Ibid.*, p. 165.
[28]   *Ibid.*, p. 170.
[29]   Tierno Monenembo, *op. cit.*, p. 177.

Dans *Le Cercle des Tropiques*, la folie est indissociable du symbole du cercle, et se conjugue avec les images de la damnation et de la catastrophe naturelle:

> On dit que l'harmattan aux Marigots du Sud est l'univers de la folie, celle qui ne demande qu'à se répandre en raz de marée; or sous le cercle des tropiques, la folie, c'est aussi la malédiction du ciel pour punir les hommes.[30]

À travers cette symbolique dysphorique, éminemment pessimiste, c'est finalement une constellation imaginaire du chaos qui se dessine. La disparition des repères, la dissolution de tous les cloisonnements qui permettent d'ordonner le monde font que celui-ci apparaît comme un «monde à l'envers»[31], un «monde renversé»[32], une «terre ivre, retournée contre elle-même.»[33] Le titre même du roman de Tierno Monenembo, *Les Écailles du ciel* suggère un inconcevable désastre, le retour au chaos, comme le montre le dicton peul cité en épigraphe:

> Le comble de l'invraisemblable
> les signes du désastre
> le chimpanzé blanc
> les racines de la pierre
> les écailles du ciel.

L'espace décrit par le roman africain contemporain est donc essentiellement un monde mouvant, caractérisé par l'instabilité des choses et des êtres, souvent entraînés malgré eux dans un inexorable mouvement de déclin, de glissement vers le néant. Or, la problématique politique restant au centre des enjeux romanesques, et la situation actuelle des pays africains offrant encore peu de raisons de se réjouir, on peut se demander si cette poétique de l'espace peut aujourd'hui évoluer vers des formes plus diversifiées et des représentations plus optimistes, ou si le roman lui-même ne risque pas de s'enfermer dans cette impasse qu'il se donne précisément pour tâche de décrire.

Florence PARAVY

---

[30]   Alioum Fantouré, *op.cit.*, p. 285.
[31]   Moussa Konaté, *Le Prix de l'âme*, Paris, Présence Africaine, 1981, p. 42.
[32]   A.Kourouma, *op.cit.*, p. 74 et p. 92.
[33]   T. Monenembo, *op. cit.*, p. 92.

ESPACE ET ROMAN ANTILLAIS
D'UN ESPACE PROBLÉMATIQUE À UN ESPACE EMBLÉMATIQUE

L'ESPACE PROBLÉMATIQUE

Aux Antilles l'espace est une question cruciale qui occupe une place indiscutablement centrale au sein de la création littéraire et romanesque plus particulièrement. Dans la littérature antillaise, comme dans nombre de littératures émergentes, la quête identitaire a longtemps hanté, et hante encore dans une large mesure, l'écriture. Or, il semble tout à fait inconcevable, au regard de la spécificité de la réalité antillaise, d'envisager cette interrogation hors de celle de l'espace. Le personnage romanesque nous semble être l'instrument privilégié d'une approche de cette problématique de l'espace dans le roman antillais.

La première évidence qui s'impose est que l'espace constitue pour les Antillais un problème. *L'espace antillais est un espace problématique*; en ce sens que pour la totalité d'entre eux, il n'est pas un espace originel. Les Indiens Caraïbes, peuple originel de ces îles, ont été depuis longtemps décimés. Et, pour la grande majorité du peuple antillais, l'espace occupé aujourd'hui encore lui fut avant tout imposé dans les circonstances que l'on connaît. La société antillaise, faut-il le rappeler, est née de la Traite et des groupes sociaux et ethniques qu'elle a mis en présence. À aucun moment, il ne faut oublier le fait que ce déracinement, cet arrachement qu'est la Traite, et toute la sauvagerie et la violence qu'elle suppose, sont à l'origine de la société antillaise. L'esclavage en est la pierre angulaire. Après un voyage dans des conditions dramatiques, conduits de force sur une terre dont ils ignoraient même l'existence, et sur laquelle ils seront par la suite maintenus en esclavage pendant deux siècles; quels rapports les Noirs antillais peuvent-ils entretenir avec l'espace? La relation ne peut être que problématique. Doublement traumatisante, puisqu'à la violence première de la déportation, il faut ajouter la condition dégradante et avilissante de l'esclavage. La première relation à ce nouvel espace passera donc par la médiation du maître blanc. L'accès à la propriété concrète, paysanne de la terre, lorsqu'elle s'est faite, a été très tardive, décalée par rapport à l'arrivée sur l'île.

Dans son article sur le *Descriptif dans le nouveau roman d'Afrique Noire et d'Amérique latine*[1], D.H. Pageaux parle d'un espace «confisqué» aux Africains par les colons blancs. Pour ce qui concerne l'espace antillais, nous dirions que sa prise de possession a été «différée». Ce retard, ce décalage n'est bien évidemment pas étranger au malaise des personnages romanesques dans leur relation à l'espace. Chez beaucoup d'entre eux existe ce sentiment diffus de ne pas être à leur place, d'être en quelque sorte «décalés» eux aussi[2]. Ce décalage, nous le retrouvons aussi dans le sentiment de l'exil qui a toujours marqué, sous des modalités très variées, la création littéraire antillaise. Exil réel ou intérieur. Exil originel pour Césaire[3]. Exil définitif pour E. Glissant qui écrit dans *Le Discours antillais*[4]: «Les peuples de la Martinique et de la Guadeloupe ne guériront peut-être jamais de leur exil.» Le sentiment paradoxal de «l'exil intérieur»[5] constitue une des caractéristiques de l'être romanesque antillais. Sans doute se justifie-t-il par le fait que, à la différence des autres migrants vers le Nouveau Monde, l'esclave n'a pas choisi son exil; plus encore cela a constitué pour lui un acte de dépossession définitive[6]. L'exil intérieur vient du «sentiment d'appartenance à une terre que l'on ne possède pas» nous explique le poéte guyanais Elie Stephenson[7]. En effet, le

---

[1] Dans *L'Ordre du descriptif*, sous la direction de Jean Bessière, Université de Picardie, Paris, P.U.F., 1988, p. 241.

[2] Les habitants du hameau dans lequel vivra un temps Télumée, l'héroïne du roman de S. Schwarz-Bart, se dénomment eux-mêmes, «la confrérie des Déplacés» (p. 197).

[3] Dans une interview de 1961, dans laquelle il s'exprimait sur sa poétique, A. Césaire dit: «Rien de tout cela n'est gratuit, tout est lié à ma situation d'homme exilé de son sol originel»; cité dans Ngal, «L'Image de l'enracinement chez A. Césaire», Paris, *Présence Francophone*, 1973.

[4] Paris, Ed. du Seuil, 1981.

[5] E. Glissant, dans *Introduction à une poétique du divers* (Paris, Gallimard, 1996, p. 88), utilise ce terme dans une tout autre acception; mais quelle qu'en soit la définition le paradoxe demeure.

[6] Pour E. Glissant, les Africains transportés de force aux Amériques sont des «migrants nus», les seuls qui arrivèrent «dépouillés de tout, de toutes possibilités, et même dépouillés de leur langue», dépouillés aussi de leur histoire. *Ibid.*

[7] Bien que la littérature guyanaise ne fasse pas partie de notre champ de recherches, il nous paraît évident que la plupart de nos affirmations sont valables aussi pour elle. Nous ferons plusieurs fois référence à une communication du poète guyanais

personnage perçoit cette appartenance, car il faut bien «être de quelque part», et pourtant en lui perdure un sentiment de dépouillement –
lié au déni d'identité qu'a symbolisé la Traite – sentiment de l'exil
inguérissable identifié par E. Glissant.

À la différence de l'Afrique, qui a connu les Indépendances, les
Antilles sont encore rattachées à la France; elles sont départements
français, ce qui rend très spécifique la réalité antillaise. Et ce n'est pas
sans influence sur la manière dont vont se percevoir spatialement les
Antillais. Peuvent-ils se sentir «maîtres» de leur espace? Cette appropriation différée est-elle achevée, dès lors que la dépossession n'a pas
vraiment pris fin?

L'espace fut donc avant tout un espace subi, lieu de la servitude et
de la souffrance, un espace où l'être était né dans son humanité
même. À l'arrivée sur l'île le personnage romanesque n'en connaît
qu'une petite partie, enfermé qu'il est dans l'espace de la plantation.
Dans *Le Quatrième Siècle*[8] les personnages sont ainsi répartis en deux
groupes: ceux qui ont refusé l'asservissement et donc qui ont marron-
né, arpentant l'île et prenant possession des hauteurs, abandonnant le
bas à ceux (bien plus nombreux) qui ont accepté (mais ont ainsi résisté)[9]. La progression dans l'espace des personnages du bas se fera
lentement, par prise de distance progressive avec l'habitation. Dans
L'Esclave vieil homme et le molosse[10] de P. Chamoiseau, l'esclave, à
l'approche de la mort, éprouvera la violente nécessité[11] de quitter
l'Habitation, de monter vers les bois, d'arpenter lui aussi cet espace,
de «pénétrer au profond du pays» comme pour en prendre possession
avant de mourir. Il apparaît clairement que, pour le personnage romanesque antillais, la reconnaissance de l'espace au sens de «lieu» – la
«territorialisation»[12], au sens où l'entendent Deleuze et Guattari –, se

---

Elie Stéphenson, lue en son absence le 3 avril 1997 lors d'une rencontre littéraire
organisée par l'Association pour le Rayonnement de l'Identité Culturelle des
Francais d'Outre-Mer, qui s'est tenue à la Maison des écrivains à Paris.

[8] Paris, Ed. du Seuil, 1964.

[9] Finalement, on peut dire qu'ils ont résisté car ils ont survécu à la destruction de
leur humanité que l'esclavage visait à opérer.

[10] Paris, N.R.F. / Gallimard, 1997.

[11] «C'est sans doute ainsi qu'il eut le sentiment de la mort: la matière de son âme
s'agitant, le chaos cherchant son cri, et son cri sa parole, et sa parole son dire. Il
décide donc de s'en aller, non pas de marronner, mais *d'aller*.» *Op. cit.*, p. 49.

[12] Nous entendons le mot «territoire» au sens du concept de Deleuze et Guattari
(*Kafka*, Paris, Ed. de Minuit, 1975). Il désigne tout domaine, tout sol (social, familial, langagier...) où le sujet vient se rassurer, se protéger contre les inquiétantes
dérives qui menacent de l'emporter.

fera de manière très tardive et très progressive. L'être romanesque antillais, est un déraciné, pour reprendre la très belle image d'E. Glissant, «un homme qui n'avait plus de souche ayant déroulé dans l'unique vague déferlante du voyage» (Glissant, 1964: 83), pour qui la nécessité de «la prise en charge»[13] de l'espace n'est pas seulement existentielle mais vitale[14]. Ce mouvement de territorialisation passera par l'ancrage à la terre; d'où peut-être la prépondérance des romans ruraux et l'entrée assez tardive de l'espace urbain dans l'écriture romanesque. L'appropriation lente et progressive de cet espace fera de lui un espace accepté, conquis et finalement revendiqué comme élément fondamental dans la construction de l'identité antillaise.

L'ESPACE SUBI: LIEU DE LA DÉPOSSESSION DE L'ÊTRE

La question de la place hante l'esprit des personnages romanesques antillais. La difficulté pour les personnages à se situer dans leur espace est telle, qu'elle débouche sur une véritable obsession de la place. R. Confiant lors d'une rencontre littéraire organisée par l'ARICOM[15] a eu cette réflexion qui nous semble symptômatique de la manière dont les antillais perçoivent leur «être au monde»: «Nous sommes un accident de l'Histoire». Ce n'est pas par hasard si les personnages dans *Pluie et vent sur Télumée Miracle* de S. Schwarz-Bart[16] se demandent «si les nègres ne sont pas venus sur terre par erreur», si c'est bien là qu'est «la place du nègre sur la terre». Ces phrases reviennent comme un *leitmotiv* dans le roman. Cette obsession quasi-névrotique peut être rattachée au questionnement sur la légitimité de l'occupation de l'espace, et plus largement sur l'origine. Ce qui explique sans doute la place de la référence à l'Afrique dans l'imaginaire romanesque antillais. Dans *Le Quatrième Siècle*, cette question de l'occupation de l'espace dans le «pays nouveau», qui se révèle très vite être aussi «le pays infini d'ici», est toujours sous-jacente. Elle se pose tout au long du roman en référence au «pays infini là-bas au-delà des eaux». Qu'ils vivent en haut ou en bas, les personnages cherchent sans cesse à se situer; ils questionnent leurs marques, refusant que ce choix dans l'occupation de ce nouvel espace, qui lui aussi fut contraint par les circonstances, soit définitif; car

---

[13]   A. Moles, E. Rohmer, *La Psychologie de l'espace*, Paris, Casterman, 1978.
[14]   «Anthropologiquement l'homme a besoin d'espace, mais plus encore d'un lieu...», *ibid*, p. 54.
[15]   Voir note 6, p. 2.
[16]   Paris, Ed. du Seuil, 1972.

ce serait accepter une appartenance exclusive et partielle de l'espace qui les priverait de la possession totale. Les personnages circulent d'un lieu à l'autre, notamment à travers le jeu des unions entre les Béluse et les Longoué, jusqu'au dernier de la lignée Mathieu Béluse qui décide de prendre en charge les deux histoires qui, tressées l'une à l'autre, forment l'Histoire commune à tous[17]. À l'éclatement spatial et temporel succède une nécessaire réunion au sein d'une Histoire collective et unique – même si ce n'est que celle du roman – qui autorise enfin une datation telle que l'établit E. Glissant à la fin de son roman.

Le rapport pertubé à l'espace, l'absence au lieu, sont également omniprésents chez les personnages d'E. Glissant: «le sol qui se dérobe», «on ne sent rien derrière», «Nous sommes sur une branche sans racine» (Glissant, 1964: 117). L'espace apparaît instable, toujours en questionnement pour le personnage romanesque qui l'occupe. Les habitants du hameau où vit l'héroïne dans le roman de Simone Schwarz-Bart se sentent «comme en terre inconnue». C'est dire à quel point les Antillais connaissent ce «vacillement des repères» dont parle Jacques André dans *Caraïbales*[18], qui succède très logiquement au véritable éclatement anthropologique que constitua pour eux la Traite.

Cette interrogation sur l'espace, qui va devenir dans le roman une interrogation de l'espace, n'est pas seulement un questionnement métaphysique; elle affecte la relation de l'être au monde qui l'entoure, ce que Kant appelle les formes *a priori* de la sensibilité. Parmi les répercussions sensibles, on peut noter le motif récurrent du vertige et de l'angoisse qu'il occasionne. Dans le roman de S. Schwarz-Bart, le père de Télumée, l'homme Angebert a ainsi des crises d'angoisse qui l'isolent du reste du monde: «Il devenait alors la proie du vide, luttait vainement sur sa paillasse, afin de trouver un emplacement de terre ferme qui ne se dérobe pas sous ses pieds» (Schwarz-Bart, 1972: 36). La communauté de Fonds-Zombi, tout entière, microcosme de l'île, cherche à trouver «sa place dans l'orbite du monde» (p. 144).

Nombreux sont les personnages romanesques antillais habités par la sensation du vertige. Sosthène, le héros de *La Grande Drive des*

---

[17] Mathieu Béluse qui vit en bas, au bourg, monte sur le morne, vers Papa Longoué qui reconnaît en lui «le descendant élu» dépositaire aceptable de l'histoire enfin unifiée des deux branches de sa famille puisqu'il a aussi du sang des Longoué dans les veines.

[18] J. André, *Caraïbales*, Paris, Editions Caribéennes, 1981, p. 115.

esprits de G. Pineau[19], en est une proie occasionnelle. Dans *Le Qua-trième Siècle,* ce motif du vertige est permanent, il accompagne une «inquiétude», il ressort du trauma originel de la déportation:

> Car le pays là-bas était mort pour toujours, bon c'est d'accord, il y avait la terre nouvelle, mais ils ne la prenaient même pas dans leur ventre, il ne voyaient pas l'unique ciel au-dessus d'eux, ils cherchaient au loin d'autres étoiles, sans compter leur rivière qui était à sec, et leur forêt dans racines. Comme si ce pays était un nouveau bateau à l'ancre, où ils croupissaient dans la cale et dans l'entrepont, sans jamais monter dans les mâts sur les mornes. (p. 244)

Cette labilité de l'espace le rend au prime abord négatif; cela se mani-feste dans le motif récurrent de la terre, du pays «maudits», dans les romans d'E. Glissant, la terre est «rouge». Le personnel romanesque antillais comprend un grand nombre de personnages frappés de cette «folie de l'espace»[20] qui confine à une certaine forme de malédiction et montre l'interaction qui s'exerce nécessairement entre espace et personnages romanesques. H. Mitterand, étudiant *Les Rougon-Macquart* affirme: «Le génie de Zola a été de comprendre et de mon-trer [...] à quel point l'individu dans toute société donnée est dépen-dant de son espace, et de sa place pour son équilibre vital.»[21] Cette affirmation nous paraît s'appliquer également aux personnages antil-lais, car manifestement l'espace transmet à l'être qui l'habite ses ca-ractéristiques. L'appartenance de l'homme à l'espace est de la sorte clairement posée.

Dans cet espace que nous qualifions de «subi», se retrouvent d'emblée *l'habitation*, et *la canne* qui sont les espaces premiers, et aussi par excellence *les espaces de la souffrance et de la servitude.*

La malédiction et l'imagerie de descente aux enfers associée à l'univers de la canne montrent à quel point ce lieu est synonyme d'avilissement, de déshumanisation et d'animalisation des êtres qui y travaillent. Diab'là[22] est un des premiers héros à dénoncer l'aliénation du nègre dans l'espace de la canne: dans ce lieu il a éprouvé la sensa-tion dégradante et révoltante de «souffrir pour rien, toujours faiblir et

---

[19]   G. Pineau, *La Grande Drive des esprits*, Paris, Ed. Le Serpent à Plumes, 1993.
[20]   Nous empruntons ce terme à Henri Mitterand qui l'utilise à propos de certains personnages zoliens dans *Le Regard et le signe*, Paris, P.U.F., 1987, p. 133.
[21]   *Ibid.*, p. 133.
[22]   Héros du roman éponyme de J. Zobel, *Diab'là*, Paris, 1945.

toujours descendre jusqu'au ras terre» (p. 170). Dans *Pluie et vent sur Télumée Miracle* , travailler dans la canne c'est «plonger au cœur de la malédiction». Car l'île est avant tout cette «terre amère des sucres» (Chamoiseau, 1997: 17) où «les cannes inexorablement mûrissent, le maudit des récoltes sempiternelles...»[23] Pourtant la canne, lieu de la déshumanisation du personnage, sera paradoxalement le lieu de la prise de conscience ontologique et de la révolte. La canne est – avec l'habitation – dès les premiers romans, un espace où se focalise la dialectisation de l'univers antillais entre les Noirs et les Békés (Blancs). Il sera comme l'habitation, l'espace idéal de la résistance. Dans *La Rue Cases Nègres* de J. Zobel[24] Man Tine, la grand-mère, qui n'est pourtant pas ce que l'on pourrait nommer un personnage militant, dans un acte de résistance proprement (et intuitivement) idéologique, refuse de faire entrer ses enfants dans la canne. Dans un moment de colère elle dit à José, son petit-fils, qui voudrait travailler pendant les vacances scolaires, dans les petites-bandes, comme ses camarades de la Rue Cases-nègres: «Hein! comment cela pourrait-il finir, si les pères y foutent leur fils là-dedans, dans le même malheur?» (p. 79).

Il nous semble cependant noter une évolution de la présentation de ces espaces de la canne et de l'habitation, dans le roman. Ils sont de plus en plus souvent présentés principalement comme des lieux de prise de conscience et de contestation sociale. Ainsi, si le héros romanesque passe par l'épreuve de la canne, c'est pour en sortir grandi. C'est le cas pour Ida Robinel, l'héroïne de *Fanm Dèwo*[25] de T. Delsham, qui surmonte avec brio cette épreuve dans laquelle elle tiendra tête aux Békés. Représentant ses camarades coupeurs de cannes dans une grève, elle réfute les arguments paternalistes du propriétaire Béké par une analyse économique d'une étonnante pertinence. En se plaçant sur un pied d'égalité face aux Blancs sur le plan économique, Ida Robinel opère une prise de possession de l'espace mais d'un point de vue économique et politique. Ainsi le personnage, à travers l'exemplarité du héros, échappe au territoire privé et limité auquel la société esclavagiste le restreignait, et il est invité à investir un nouveau territoire qui serait plutôt de l'ordre de l'espace collectif. Une des priorités des écrivains de la créolité vise à sortir l'espace habitationnaire de son confinement symbolique, et à lui restituer toute sa

[23]   E. Glissant, *La Lézarde,* Paris, Ed. du Seuil, 1958, p. 54.
[24]   Paris, Ed. Présence Africaine, 1974.
[25]   Schoelcher, Martinique, Editions M.G.G., 1993.

valeur et la place historique qu'il occupe dans l'élaboration et la mise en place du tissu social antillais. En effet, c'est dans ce lieu que s'est élaboré une hiérarchisation sociale (et ethnique) des sociétés antillaises qui est encore perceptible dans le tissu social des Antilles contemporaines.

Il faut aussi rappeler que l'écriture romanesque a mis en valeur des lieux qui, plus que l'habitation et la canne, sont des espaces privilégiés d'opposition. Nous pensons à la bi-polarisation opérée dans l'espace du roman entre les personnages[26] du «bas», de la plaine qui symbolise le lieu de la soumission, et ceux du «haut», du morne, lieu de la révolte. Bi-polarisation bien vite abandonnée, car il est apparu qu'elle ne faisait qu'ajouter à la dispersion[27], blessure dont souffrait déjà la société antillaise en quête de repères. L'esclave vieil homme du dernier roman de P. Chamoiseau mourra après avoir transgressé cette division établie par le maître entre les deux espaces, refusant dans un ultime geste ce déni d'espace.

Nous noterons également que ce le roman antillais est en passe de rompre avec la référence à l'espace de l'Afrique originelle[28]. Si la nostalgie de l'Afrique des origines a longtemps marqué (et marque encore sûrement) l'imaginaire antillais, elle est une étape dépassée pour le roman, un espace perdu, réduit à la fonction d'un mythe qui serait en quelque sorte désactivé.

L'ESPACE ACCEPTÉ ET CONQUIS

C'est sans doute chez E. Glissant que la nécessité vitale de l'appropriation de l'espace s'exprime le plus clairement: «L'appropriation de l'espace c'est l'ancrage que réalise l'individu dans un univers...»[29]. Pour pallier la labilité du rapport du personnage à l'espace, il faut l'ancrer à la terre, dans un geste primordial qui unit tout homme à la terre sur laquelle il vit. Il faut enraciner. «Nouer le nœud, préconise E. Glissant dans *Malemort*[30], qui peut-être arrêtera la

---

[26]   Voir ci-dessus les remarques sur la répartition spatiale des personnages dans *Le Quatrième Siècle.*

[27]   «Depuis l'arrivée des colons cette île s'est muée en un magma de terre et de feu d'eau et de vent agités par la soif des épices. Beaucoup d'âmes s'y sont dispersées.» p. 20.

[28]   Le roman de Maryse Condé, *Les Derniers Rois mages*, nous semble à cet égard particulièrement significatif.

[29]   *La Psychologie de l'espace*, p. 53.

[30]   E. Glissant, *Malemort*, Paris, Ed. du Seuil, 1975, p. 166.

corde en détresse...» Dans *La Lézarde*, il s'interroge sur les personnages en quête de leur histoire et de leur espace:

> Comment, dans quelle intimité vivaient-ils avec la terre? La terre ne leur appartenait pas. La terre était une rouge aspiration de l'être, un désir, une colère! [...] Ils avaient compris que cette terre qu'ils portaient en eux, il fallait la conquérir. Non pas seulement par la seule force des mots, mais concrètement qu'ils aient l'usufruit, le bénéfice, qu'ils en fassent l'inventaire et en disposent librement car la terre toujours se donne. (p. 60)

Ce geste d'appropriation devient dans l'espace du roman *une geste*. *Texaco*[31] est sans doute un des romans qui illustre le mieux cette idée; après l'abolition de l'esclavage, les noirs vont à la conquête de l'espace. Et, tout naturellement, leur premier mouvement les conduit vers la terre: «Entre les hauteurs d'exil où vivaient les békés, et l'élan des milâtes en vue de changer leur destin, *les nèg-de-terre avaient choisi la terre.*[32]. La terre pour exister. La terre pour se nourrir. La terre à comprendre, et terre à habiter.» Car le nègre, «bête d'humus ou bête à cannes» est «noué à la terre» (Glissant, 1964: 247).

L'espace conquis dans sa totalité, l'espace pris en charge par le personnage comme un enjeu existentiel va devenir un lieu, un territoire: «[...] Ce pays est comme un fruit nouveau qui s'ouvre lentement... dévoilant peu à peu toute la richesse de sa pulpe, offrant la richesse à ceux qui cherchent, à ceux qui souffrent.» (Glissant, 1958: 34).

Cet ancrage passe par le retour à la symbolique de la terre nourricière. Il se révèle par la place accordée dans le roman antillais contemporain au jardin créole, espace privilégié qui inscrit un nouveau rapport de l'homme à la terre. Le jardin est un des actants de *Diab'là* de J. Zobel, c'est à travers lui que les habitants «noueront le nœud», pour reprendre l'image glissantienne. Dans *Pluie et vent sur Télumée Miracle*, le jardin, qui est le lieu d'où part et où se termine le discours narratif, ne figure pas un espace clos privatif; au contraire, il symbolise, par son ouverture sur l'extérieur, le point de rencontre de l'individu avec le monde, avec l'univers. Le jardin c'est l'appropriation de la terre par le travail librement consenti, c'est sa reconnaissance comme dispensatrice des ressources nécessaires à la

---

[31] Paris, Gallimard, 1992, p. 92.
[32] Souligné par nous.

vie[33]. En effet, l'image du jardin n'est pas seulement pour les écrivains un prétexte pour rendre hommage à l'extraordinaire richesse végétale et à la beauté de la nature aux Antilles, elle fonctionne aussi de manière symbolique. Dans *Texaco*, l'expérience collective vécue par les nègres dans les mornes après l'abolition de l'esclavage relatée dans la partie appelée le «Noutéka des mornes» rend compte de cette réalité du jardin créole et de «l'intimité»[34] qui se développe entre l'homme et la nature:

> Nous cultivâmes ce que les békés appelaient plantes-secondes et nous-mêmes plantes-manger. Au bord des plantes-manger, il faut les plantes-médecine, et celles qui fascinent la chance et désarment les zombis. Le tout bien emmêlé n'épuise jamais la terre. C'est ça jardin-créole.

Car «la terre, si tu peux y monter, est ta commère la plus féconde.» (Chamoiseau, 1992: 144-146). En effet, si comme le pensaient plus haut les personnages de Glissant, «la terre toujours se donne», le héros de Chamoiseau s'aperçoit lui que «le monde est à planter».

Le jardin, en permettant l'échange entre le personnage et la terre, amorce une réconciliation entre l'homme et l'univers. Dans *Pluie et vent sur Télumée Miracle*, après avoir connu l'enfer de la canne, l'héroïne travaille avec son compagnon dans leur jardin: «D'années en années ce lieu perdu nous sollicitait davantage. À mesure que notre sueur pénétrait cette terre, elle devenait nôtre, se mêlait à l'odeur de nos corps, de notre fumée et de notre manger...»(p. 212). Du jardin à l'île-microcosme du monde qui est «un concentré tourbillonnant de tous les paysages possibles»[35], il n'y a qu'un pas.

Cette relation circulaire nouée entre le personnage et le lieu consacre leur interdépendance. Il appartient au lieu, le lieu lui appartient.

---

[33]   Dans le cadre du programme *Itinéraires Francophones*, Les Rencontres du Musée National des Arts d'Afrique et d'Océanie ont proposé, le 5 octobre 1995, un cabinet de lecture réunissant S. Stétié et E. Glissant sur le thème «Les jardins dans les sables». Á cette occasion, E. Glissant a insisté sur la tradition du jardin créole hérité des jardins secrets des esclaves, cultivés la nuit en cachette des maîtres, et dans lesquels ont trouvait mêlées toutes les espèces possibles, qui au lieu de se nuire se protégeaient mutuellement. «Quand on mélange des espèces nombreuses et variées dans un petit espace et qu'on en protège le secret, il en naît une grande prospérité» conclut-il.

[34]   Cette expression d'E. Glissant est aussi le titre d'un roman de J. Zobel, *Intimités avec la terre*.

[35]   E. Glissant, *La Case du commandeur*, Paris, Ed. Du Seuil, 1981, p. 42.

L'être antillais est un être en questionnement qui doit trouver son espace vital, sa place dans «le royaume de ce monde», hors duquel il n'est point de salut. Il semble que les romanciers antillais aient perçu le vide, l'abîme qui guettait le personnage romanesque, «cette déréliction nègre» selon l'expression césairienne; la volonté d'ancrage a permis, dans une certaine mesure, d'y échapper...

Comme pendant à cette volonté d'enracinement affichée par le roman, il nous faut noter la permanence du thème de *l'errance*. Les héros romanesques sont fréquemment des voyageurs, qui vivent successivement en différents lieux; comme s'ils se devaient de baliser tels des arpenteurs l'espace de l'île, jusqu'à ce qu'ils y trouvent leur place. En revanche, certains personnages ne s'ancrent jamais et vont de déracinements en déracinements; ils sont ces «exilés définitifs» mentionnés plus haut. Sur ce point la démarche d'E. Glissant est intéressante: après avoir clairement mis en avant cette nécessité vitale de l'enracinement, il la dépasse aussitôt pour rendre à l'errance sa place et son importance dans le vécu antillais. La réalité antillaise est tout entière dans ce paradoxe «de l'errance enracinée»[36]. L'Antillais a dû pour s'enraciner accepter la mise à distance du «pays d'avant»: le retour vers l'Afrique étant historiquement et matériellement impossible, il lui a fallu accepter la rupture et l'éclatement anthropologiques comme origine et donc refuser un enracinement intangible et unique.

L'espace une fois accepté et conquis, peut devenir pays; territoire. La co-naissance des êtres romanesques avec celui-ci est donc possible, car «Le pays dépend bien souvent du cœur de l'homme»[37]. Dans «Noutéka des Mornes» nous lisons: «C'est la forme de la terre qui nomme le groupe de gens» (Chamoiseau, 1992: 149). L'osmose entre le personnage et son espace conquis est donc désormais possible.

L'ESPACE EMBLÉMATIQUE

La conquête et la co-naissance à l'espace acquises, une poétisation et une symbolisation de celui-ci sont alors autorisées. Dès lors s'esquisse l'élaboration d'un imaginaire spécifiquement créole nécessaire à l'acceptation d'un réel référentiel par trop insatisfaisant et permettant de réduire la distance entre pays rêvé et pays réel.

---

[36] D. Maximin: *L'Île et une nuit,* Paris, Ed du Seuil, 1995.

[37] Ce sont les premiers mots de *Pluie et vent sur Télumée Miracle* de S. Schwarz-Bart, que D. Maximin reprend dans *l'Île et une nuit*: «Tu sais que le pays est petit si le cœur est petit...», p. 54.

D'un espace historique à un espace mythique

Certainement en raison de leur prise de possession différée, les personnages interrogeront l'espace, après s'être interrogés sur lui. Ils passent de l'aspiration à un Ailleurs, à la reconnaissance d'un Ici où s'inscrit en filigrane la reconquête d'une Histoire, elle aussi dérobée par l'esclavage et la colonisation.

C'est dans l'espace que le personnage romanesque lit le plus sûrement les stigmates laissés par son passé. Il existe une circularité entre l'espace et l'Histoire[38] établie par le roman, à travers le regard du personnage: «C'était le pays, si minuscule, en boucle détours; possédé (ah, non pas encore, mais saisi) après la longue course monotone. Le pays: réalité arrachée du passé, mais aussi passé déterré du réel» (Glissant, 1964: 323).

Chez E. Glissant, et chez les créolistes dans une large mesure, l'appropriation de l'espace et celle de l'histoire sont indissociables. Dans ses premiers romans les personnages essaient de remonter aux sources de leur histoire. Une histoire qui n'est certes pas l'histoire officielle, mais qui est celle, personnelle, partielle et partiale, des personnages romanesques passée par la médiation du travail de l'écriture. Ce projet est explicité par P. Chamoiseau qui énonce la nécessité pour lui d'écrire «une histoire [...] pétrie de nos histoires mêlées, de nos mémoires emmêlées» (Chamoiseau, 1997: 132). À l'Ancêtre mythique – qui a pris place dans l'Ici – nécessaire à l'établissement d'un inconscient culturel antillais, le Marron ou l'Esclave, devra correspondre un espace mythique lui aussi, qui puisse être originel. Pour J. André, les personnages doivent pouvoir «rejoindre un espace avant le Temps et ses saccages»[39], cet «endroit en haut d'un volcan, ou à la source d'une rivière où déposer l'élan qui peu à peu grandit en [eux]» (Glissant, 1975: 148); ou encore essayer de percevoir «la terre d'abord intouchée dans cette solitude primordiale où ne frappait nul écho de l'Ailleurs» (Glissant, 1964: 276).

N'est-ce pas cet espace mythique qu'évoque «la forêt du pays infini» des Longoué? N'est-ce pas vers cet espace mythique que court l'esclave vieil homme de P. Chamoiseau? Sa fuite, en autorisant une prise de possession, même différée, de l'espace de l'île, «défolmante

---

[38] Chez E. Glissant, la dualité espace-temps du «pays d'avant» est dépassée et remplacée, selon nous, par la prédominance de l'espace marquée par l'expression «le pays d'ici» où a disparu la référence au passé et au temps plus généralement.

[39] Caraïbales, p. 117.

la matière [du] monde» de son Maître et augure l'avénement d'un monde nouveau. La course folle du vieil esclave dans «les hauts-bois» a bien l'allure d'un retour aux sources, aux origines. Les métaphores choisies pour évoquer cet espace nouveau ne sont pas sans rappeler le monde intra-utérin. C'est le monde de la «noirceur primordiale», «de l'humus originel», en y entrant «le vieil homme se sent pénétrer dans la caverne des âges. [...] [Son] impression d'investir un sanctuaire se fait enivrante...» (Chamoiseau, 1997: 68).

Une lecture poétique et symbolique de l'espace

Afin de prendre conscience de la charge symbolique, sémantique dont l'espace est porteur, il faut y concourir: l'espace-enjeu devient alors espace de jeu. Les personnages doivent reconnaître ce qui dans l'être antillais ressort de l'espace, accepter le pouvoir des lieux sur l'homme, ce que P. Chamoiseau appelle «une permission de la géographie». «Il faut, poursuit-il, lire le paysage». Le personnage romanesque peut donc faire une lecture poétique de son espace (Chamoiseau, 1992: 146).

Dans la poétique de l'espace qui en est «lecture-acceptation» se retrouvent des grands schèmes que nous ne développerons pas ici, mais qui permettent au personnage d'établir son imaginaire en espace antillais. Ce que Elie Stephenson exprime en ces termes: «L'imaginaire ne flotte pas comme une aura dans l'air, il prend appui sur des stimuli extérieurs», il est donc impensable hors d'un espace rempli d'affects et de sensations. Parmi ces schèmes majeurs on peut citer l'arbre, la forêt, les «grands» ou les «hauts-bois» (selon les auteurs), qui sont à l'origine des innombrables métaphores végétales liées à l'idée d'enracinement. Des éléments spécifiques de la réalité et de l'espace antillais tels que le volcan ou le cyclone seront mis en valeur et poétisés par des écrivains comme G. Pineau ou D. Maximin. De ces éléments qui font de l'île un espace instable, incertain et imprévisible, D. Maximin fait une utilisation totalement poétique et métaphorique. Ils seront des éléments supplémentaires dans l'appréhension de l'étant antillais. Ainsi dans *L'Île et une nuit*, il dépasse la lecture apocalyptique par une lecture poétique et symbolique en attribuant au cyclone des vertus purificatrices; il est, dit-il, ce «rendez-vous cyclique des réfections du monde» qui a renforcé la capacité de résistance de l'être antillais et a développé chez lui son aptitude à survivre, à se reconstruire et à ré-édifier son monde après chaque

cataclysme: une répétition en somme de la geste fondatrice de la société antillaise.

La lecture poétique de l'espace passe par la mise en place de nouveaux codes liés à la spécificité de l'espace lui-même mais aussi des
liens qui l'unissent à l'histoire du peuple antillais. La poétique de la
mer est exemplaire en ce sens; elle doit, pour être comprise, être
éclairée par un rappel du rapport ambigu que le personnage romanesque antillais entretient avec l'île et la mer. L'insularité concourt au
sentiment d'instabilité, de vertige ressenti par certains personnages,
elle est pour eux l'image de la dérive qui acompagne la peur de
l'engloutissement et de la destruction. Pour E. Glissant, pour
S. Schwarz-Bart, «l'île est une lèche de terre», «l'accident» que si-
gnalait R. Confiant; une miette de terre dans l'archipel caribbéen.
Cette pesanteur est probablement un héritage du passé. L'insularité
est souvent ressentie comme enfermante par les personnages – «la
mer est devant, la mer est derrière, la mer est à côté» –, qui s'y sentent comme dans «un cercueil» (Chamoiseau, 1992: 384). La mer et le
bateau évoquent la mort et non la vie comme dans la symbolique occidentale. Ils sont liés au souvenir de l'arrachement premier et de la
mort au «pays d'Avant»: «le roulis continuel de la mer, ses échos
insondables, son avalement du temps, sa déconstruction irrémédiable
des espaces intimes, la lente dérade des mémoires qu'elle engendrait»
(Chamoiseau, 1997: 31). C'est ce qui autorise M. Condé à affirmer,
non sans un certain cynisme, que l'origine des Antillais n'est rien
d'autre que l'antre du bateau négrier[40]. Pourtant le personnage va dépasser cette image de l'île-prison pour «chercher l'espace», ce que
pressentait déja le narrateur à la fin du *Quatrième Siècle*: «le monde
enfin ouvert... Les pays qui de partout accour[ent] et te parl[ent]...»
(p. 330).

La conquête de l'espace opérée par les personnages coïncide avec
une ouverture de l'île. Puisqu'il y a trouvé sa place et son histoire, le
personnage s'autorise une nouvelle lecture-écriture de l'espace antillais. Il lui rend sa place dans l'espace ouvert du monde; désormais
l'île peut se revendiquer comme un lieu d'ouverture vers le monde, à
la croisée (géographique, historique et culturelle) de l'Afrique, de
l'Europe, de l'Amérique. Nous assistons donc indiscutablement ces

---

[40]   E. Glissant exprime la même idée: «[...] la véritable Genèse des peuples de la
Caraïbe, c'est le ventre du bateau négrier et c'est l'antre de la plantation.», *Introduction*, p. 35.

dernières années à une *dilatation de l'espace de l'île* qui transforme l'émiettement archipélique en une diversité riche de possibles.

C'est là, sans aucun doute, la plus belle conquête de l'espace menée par le personnage romanesque antillais: refuser de se figer dans des «ailleurs mythiques»[41] pour, dans l'Ici, reconnaître ce qui appartenant aux Ailleurs a donné naissance à une culture nouvelle: l'identité créole dans sa multiplicité que les créolistes nomment «une identité mosaïque». À la fin de son roman *Texaco*, sur l'épopée de l'établissement d'un quartier dans Fort-de-France, P. Chamoiseau écrit: «... nous nous étions battus avec l'En-ville, non pour le conquérir... mais pour nous conquérir nous-mêmes dans l'inédit créole qu'il nous fallait nommer» (p. 427), montrant ainsi que toutes les avancées dans la possession de l'espace de l'île sont autant de progressions accomplies dans la construction identitaire car derrière l'enjeu spatial se profile un besoin de reconnaissance, un enjeu identitaire.

Ainsi, de problématique, l'espace est devenu emblématique de l'identité antillaise. L'éclatement spatial, temporel, anthropologique même de l'itinéraire antillais, inscrit le personnage dans une relation au monde dont il acceptera le chaos[42]. Cet espace qui lui fut longtemps dérobé, l'être antillais après l'avoir conquis, peut en faire son emblème. Cela transparaît dans la symbolique du jardin créole qui n'est pas simplement une utopie économique et politique (l'autarcie) mais une véritable clé de lecture de l'univers créole: un lieu où se sont mêlés et développés plusieurs groupes ethniques très variés, jusqu'à ce qu'ils prennent conscience (à travers l'Antillanité, puis la Créolité), au-delà de leur diversité, de leur communauté d'appartenance.

Les romanciers antillais contemporains ont, à travers leurs personnages, accepté la complexité et la diversité de la réalité antillaise, et ont appris à composer avec son «opacité». Plus qu'un point d'ancrage, l'espace est véritablement la clé de voûte de l'identité créole, celle qui a permis de se construire malgré les sables mouvants de l'origine et donné un sens à *l'étant* créole. Pour les créolistes, qui se définissent avant tout comme appartenant au monde divers, l'univers antillais dont l'espace est emblématique, c'est «le monde

---

[41] Expression empruntée à J. Bernabé, P. Chamoiseau, R. Confiant, *Eloge de la créolité*, Paris, Gallimard, 1992.

[42] E. Glissant, *Introduction à une poétique du divers*. Le chaos-monde n'est pas le désordre mais plûtot une forme de réalisation de la totalité-monde qui s'inscrit dans l'esthétique glissantienne de la relation (pp. 81-107).

diffracté mais recomposé»; plus encore c'est «l'anticipation du contact des cultures du monde futur qui s'annonce déjà»[43].

Françoise SIMASOTCHI-BRONES

---

[43]   *Eloge de la créolité*, p. 27.

L'ESPACE DU «VOYAGEUR À L'ENVERS»

À l'opposé du voyage qui a pris son pli avec la découverte du Nouveau Monde et qui désigne sous ses formes littéraires traditionnelles le «voyage à l'endroit», de l'Europe vers l'Ailleurs, le «voyage à l'envers» désigne l'itinéraire qui conduit le voyageur de ces ailleurs vers le vieux Continent. Ce mouvement emprunte généralement trois formes liées à la distance géographique et historique qui sépare le voyageur de l'Europe. La première, pratiquée par les écrivains noirs-américains, est le voyage pittoresque à l'envers. La seconde, pratiquée par les écrivains des anciennes colonies françaises d'Afrique, est le voyage savant à l'envers. La troisième, celle des écrivains des nouveaux départements français d'outre-mer, est le voyage philosophique à l'envers. Si une même fascination pour l'ancien monde réunit tous ces voyageurs, la relation au Vieux continent ainsi que la représentation de l'espace européen les distinguent les uns des autres.

1. L'AILLEURS: ESPACE ÉTRANGER, ESPACE FAMILIER

Avec l'avènement du phénomène colonial et sa décadence, et avec les pratiques fréquentes du voyage, l'Ailleurs s'est «banalisé» au point de ne plus susciter la même fascination qu'il a exercée sur le voyageur à l'endroit de la période des grandes découvertes au XIXe siècle. Si le voyageur à l'envers apparaît dans l'histoire en partie grâce à cette «banalisation», sa relation à l'Ailleurs demeure complexe. Pour lui, et selon ses origines, l'Ailleurs est tantôt un espace étranger, tantôt un espace étranger familiarisé, tantôt un espace étranger et familier.

L'Ailleurs: un espace étranger

L'Ailleurs peut être défini comme un espace étranger pour le voyageur pittoresque à l'envers chez qui le voyage se caractérise par la distance géographique et historique qui sépare le voyageur de l'espace européen, et par la visée du voyage. Propre à achever l'éducation d'un peintre ou d'un artiste, le voyage pittoresque désigne une manière de voir la nature et le paysage qui se rapproche de la peinture. La définition donnée à ce genre depuis son invention en Angleterre au XVIIe siècle doit être réévaluée. Une analyse plus profonde permet de montrer que le genre du pittoresque a dépassé le champ spécifique de la nature. À partir d'une histoire des récits de voyage français du Moyen Âge au XVIIIe siècle, F. Wolfzettel a montré que le voyage pittoresque ne consiste pas seulement à achever l'éducation d'un peintre ou d'un artiste par la connaissance du monde comme le veut la tradition. Il désigne aussi, depuis la fin du XVIIIe siècle, une manière particulière de voir le monde qui conduit à créer de beaux effets. La connotation du terme pittoresque «relève de deux tendances conjuguées de l'esthétisation et de la subjectivation sentimentale du sens visuel»[1]. D'ailleurs le *Dictionnaire des Beaux-Arts* de Millin qui définit le mot en 1806 précise ceci:

> On doit entendre par cette expression [voyage pittoresque] tout voyage qu'un artiste entreprend dans tel pays que ce soit, pour y étudier la nature dans toutes ses productions, pour recueillir les sites, les vues, les paysages les plus susceptibles de beaux effets; et surtout pour y prendre connaissance des mœurs, des usages, des costumes et monuments, tant anciens que modernes.[2]

Sans leur être exclusif, le voyage pittoresque est souvent pratiqué par les écrivains noirs-américains qui reprennent à leur compte, les caractéristiques empruntées par ce genre dans les sociétés anglo-saxonnes. Le voyage des noirs-américains en Europe – et en France en particulier – se situe dans une perspective d'éducation ou d'initiation à la pratique de la littérature. L'espace européen est perçu comme un espace de libre création. C'est ce qui ressort par exemple de la motivation de Countee Cullen qui se rend au cours de son second voyage en France grâce à une bourse de deux mille cinq cent dollars U.S. offerte par la fondation Guggenheim dans le but de découvrir le pays certes, mais aussi d'écrire de la poésie et un livret

---

[1]   F. Wolfzettel, *Le Discours du voyageur...*, Paris, PUF, 1996, p. 236.

[2]   Cité par Will Munsters, *La Poétique du pittoresque en France de 1700 à 1830*, Genève, Droz, 1991, p. 73 et repris par F. Wolfzettel, *op. cit.*

d'opéra[3]. De même, Walter White apprécie la France en lettré puisqu'il lui est donné l'occasion, lors de ses multiples voyages en Provence, de noter le plaisir qu'il prend à écrire dans «la patrie et les lieux où ont travaillé Mistral et Pétrarque»[4]. Lorsqu'ils ne sont pas des poètes confirmés comme Gwendolyn Bennett, pour qui le séjour est l'occasion d'écrire une nouvelle, les noirs-américains connaissent un succès littéraire qu'il faut remarquer. C'est le cas en particulier de Claude McKay, qui procède à l'adaptation en roman sous le titre *Home to Harlem* d'une de ses nouvelles déjà publiée aux U.S.A. Puis il s'attaque à son livre maître, *Banjo*, qui contribuera à son succès en France. Ce sera aussi le cas, au début des années 50, de W. Gardner Smith. Dans une lettre envoyée à celui qu'il considère comme son mentor, Richard Wright, il fait part non seulement de son intention de découvrir «la grande république [française] avant que les chacals ne commencent à lancer des bombes atomiques», mais aussi de sa volonté de «travailler à un nouveau roman»[5].

Produire librement dans un espace de liberté est la première des motivations du voyage à l'envers pittoresque noir-américain. Le renouvellement des pratiques littéraires est la seconde. Tout comme pour le peintre qui profite du voyage pour modifier les formes de sa peinture, le voyageur pittoresque profite du voyage à l'envers pour transformer ses modes d'écriture. Si on fait exception des écrivains qui ne connaissent pas encore le succès littéraire comme McKay ou Cullen au moment de leur premier voyage à Paris, le cas particulier de Chester Himes retient l'attention. Il est l'un des premiers à avoir clairement conçu son séjour en Europe comme un moyen d'écrire une autobiographie. Son intention était d'accumuler au cours de ses voyages en France suffisamment de matières en vue d'une œuvre où il relaterait les dix années de sa vie européenne, ses amours, ses amitiés, ses découvertes et les déboires de sa vie d'écrivain avec les éditeurs français. Dans une lettre du 9 octobre 1962 adressée à Van Vechten à qui il fait part de son projet, il écrit:

> Je veux utiliser mon expérience européenne dans mon œuvre,
> mais je ne sais pas encore si je vais écrire un récit purement

[3]   M. Fabre, *La Rive noire. De Harlem à la Seine*, Paris, Lieu Commun, 1985,
       p. 122.
[4]   Lettre à James Weldon Johnson cité d'après la traduction de M. Fabre, *op. cit.*,
       p. 91.
[5]   Lettre à R. Wright du 14 juin 1951 cité d'après la traduction de M. Fabre, *op. cit.*,
       pp. 221-222.

> autobiographique ou si je vais en faire une fiction. J'aimerais
> bien écrire ce compte-rendu de mes années en Europe comme
> une pure autobiographie en trois volumes. Chaque volume
> traitera de ma vie avec une femme, toutes les trois
> complètement différentes. La première, une femme de haute
> société américaine, Boston, Smith College, etc., mariée puis
> divorcée, trois filles. La deuxième, une allemande de vingt et
> quelques années, complètement dingue, pas mûre, infantile. Et
> la troisième, une britannique de bonne famille, la trentaine, qui
> fait partie des gens bien.[6]

L'espace en dehors se caractérise ainsi par un écart irréductible entre le lieu d'origine et l'espace du voyage. La France reste pour le voyageur noir-américain de l'entre-deux-guerres à la fin des années 60 un lieu qui ne ressemble en rien à l'Amérique, ni sur le plan géographique, ni sur le plan historique, ni sur le plan des coutumes et des mœurs, et qui, pour ce faire, est un espace propice à l'invention littéraire.

L'Ailleurs: un espace étranger familiarisé

Pour un certain nombre de voyageurs à l'envers, l'espace de l'Ailleurs n'est pas un espace inconnu. Il est un espace étranger auquel ils se sont familiarisés, un espace imaginaire et connu. À la différence de la connaissance de l'Ailleurs d'un Colomb pour qui l'espace découvert fut d'abord un espace rêvé, la connaissance de l'espace de l'Ailleurs du voyageur à l'envers savant relève de l'apprentissage, de l'enseignement et de la culture. C'est l'éducation acquise qui donne son caractère savant à cette catégorie de voyage.

L'espace de l'Ailleurs est un espace d'aventure intellectuelle comme on le voit dans l'œuvre de Bernard Dadié, *Un nègre à Paris*. Son héros rêve de vivre à Paris des aventures semblables à celles du jeune D'Artagnan[7] et présente d'ailleurs les mêmes traits psychologiques que ce dernier: naïveté, maladresse et arrogance.

> J'ai un billet pour Paris, oui, Paris! Paris dont nous avons tant
> parlé, tant rêvé. J'y vais dans quelques jours. Je vais voir Paris,

---

[6]   Lettre à Van Vechten du 9 octobre 1962, Yale University Library, citée par
      M. Fabre, *op. cit.*, p. 263.
[7]   B. Dadié, *Un nègre à Paris*, Paris, Présence Africaine, 1959, p. 8.

moi aussi, avec mes yeux [...] Je vais toucher les murs, les arbres, croiser les hommes.[8]

S'il n'est pas le premier Africain qui voyage vers la France, le narrateur de Dadié se considère néanmoins comme un voyageur particulier. À la différence des politiques africains qui voyagent dans un but professionnel évident (représenter le continent noir dans les différentes Chambres parisiennes), le voyage se caractérise par une subjectivité qui ouvre sur une liberté d'action certaine du voyageur tout au long de son séjour dans l'ancien monde. Dès son départ d'Afrique noire pour la France, le héros de Dadié conçoit son voyage comme un projet d'aventure et d'écriture qui fait appel au regard porté sur l'espace étranger:

> Partir avec les yeux de tous les amis, de tous les parents, partir avec leur nez pour sentir Paris, avec leurs pieds pour fouler le sol de Paris [...] Je ne serai tributaire de personne. On ne verra pas pour moi, on ne pensera pas pour moi. J'irai à l'aventure et je regarderai... Je regarderai pour toi, pour moi, pour tous les autres [...] Paris m'a déjà pris, comme les génies de chez nous prennent les gens et leur enlèvent l'usage de la parole.[9]

Ce projet qui consiste à voyager pour voir et qui s'appuie sur l'acuité du sens visuel vise à la confrontation. Une attention portée à l'attitude du narrateur scripteur, Tanhoé Bertin, permet de constater la volonté d'individualiser son regard afin de ne pas laisser subvertir les sens de son observation par des discours externes et la volonté d'écrire une œuvre dont l'essence serait une description personnelle de l'espace du voyage. Le voyageur entend décrire minutieusement les lieux, les faits, les personnes rencontrées, les traditions, les us et coutumes et les modes de vie européens. Voir et en rendre compte, décrire, écrire, dire, tel est le projet du voyageur. Son texte comprend neuf lettres adressées à un «tu» anonyme resté en Afrique où le narrateur, qui va passer le plus clair de son temps à sentir ce qui fait la nature de cette ville et le plus clair de son séjour à l'écriture, note scrupuleusement ses observations. «C'est tout cela Paris [conclura-t-il à la fin de son récit]! Et c'est pourquoi chacun par lui se sent pris»[10]. Le voyageur à l'envers savant considère l'espace européen comme un

---

[8]   *Op. cit.*, p. 7.
[9]   *Op. cit.*, pp. 8-10.
[10]   *Op. cit.*, p. 217.

lieu d'observation privilégié où celui qui fut observé pendant le voyage à l'endroit peut observer à son tour la société et la nature de l'ancien découvreur.

L'Ailleurs: un espace étranger et familier

Éloigné de ce qu'il est pour le voyageur à l'envers pittoresque et empruntant par certains aspects ce qu'il est pour le voyageur à l'envers savant, l'Ailleurs est pour le voyageur à l'envers philosophe un espace ambigu: étranger et familier. L'Ailleurs n'est pas un espace étranger, situé véritablement en dehors du voyageur, parce que celui-ci ne peut entretenir avec cet espace une distance irréductible. L'Ailleurs est en dedans. Dans le même temps, l'Ailleurs ne peut être perçu comme un espace familier, en dedans, parce qu'il est géographiquement un espace en dehors avec qui le voyageur n'entretient aucune espèce de légitimité. D'ailleurs, pour cet autre voyageur à l'envers, les deux termes «étranger» et «familier» qui permettaient de situer la position du voyageur à l'envers par rapport à l'espace de découverte paraissent incongrus tant ils sont interchangeables et ne désignent pas deux réalités radicalement opposées.

Dans *Soleil de la conscience*, où il décrit ce qu'il a éprouvé lors de son premier voyage en Europe, Glissant constate ainsi, à la fois l'absence d'un dépaysement semblable à celui des voyageurs européens découvrant les Antilles, et l'absence d'une familiarité semblable à celle de l'autochtone:

> Me voici depuis huit ans engagé à une solution française: je veux dire que je ne le suis plus seulement parce qu'il en est ainsi décidé sur la première page de mon passeport, ni parce qu'il se trouve qu'on m'enseigna cette langue et cette culture, mais parce que j'éprouve de plus en plus nécessaire une réalité dont je ne peux m'abstenir. Cas très individuel dont nul ne saurait, à des fins diverses, faire un usage d'orientation plus général. Cette culture française, où j'observe tour à tour la plus extrême mesure, le souci le plus précieux de l'ordre d'art, et à l'opposé le dérèglement sans limites, la révélation nue, me propose son mouvement très maritime et si peu monotone. Mais puis-je dire, dans le détail, que j'éprouve Racine, par exemple, ou la cathédrale de Chartres?[11]

---

[11] E. Glissant, *Soleil de la conscience*, Paris, Seuil, 1956, p. 11.

Dans sa familiarité et son étrangeté réelles et supposées, l'espace ne peut être pour le voyageur à l'envers philosophe qu'un ressassement d'espace connu comme s'il préexistait à son écriture littéraire. Loin de l'étrangeté qui justifiait amplement l'écriture ou le renouvellement des formes littéraires chez le voyageur à l'envers pittoresque, l'espace étranger et familier conduit plutôt à une écriture de l'espace où le voyageur exprime sa volonté de se détacher de l'espace. Là où, pour le voyageur à l'envers savant, le rapport à l'espace se traduisait par une certaine liberté avouée d'observer l'espace de l'Ailleurs et de créer une littérature, le voyage à l'envers philosophique se traduit par une incapacité à établir une différence entre les espaces étrangers, ceux de l'Europe, et l'espace du dedans, celui des Antilles. L'expérience de la neige par exemple fournit à Edouard Glissant le prétexte pour montrer sa relation inconfortable à la notion d'espace. Plutôt qu'un espace d'aventures et d'expérience d'écriture comme pour le voyageur à l'envers savant et le voyageur à l'envers pittoresque, l'espace de l'Ailleurs est un lieu unique d'expérience de l'identité et de l'altérité mêlées:

> Je reprends cette expérience de la neige. Longtemps, de là-bas, je la devinai, beauté menaçante. Et la première fois qu'à mes yeux elle offrit son écume, ce fut juste comme une pluie. Je l'avais connue déjà. [...] Me voici qui fait d'elle mes délices, mais si naturellement. De vrai, j'ai beau m'évertuer, je ne peux connaître cet appel exotique du nouveau que j'ai si souvent observé dans l'allure de nos visiteurs en sandalettes.[12]

Pour Glissant, Paris est une ville particulière qui permet en même temps le déracinement et l'enracinement du voyageur antillais. Elle est une ville autre qui présente toutefois la particularité d'être une ville du même. Le voyageur à l'envers ne peut être qu'un voyageur philosophe qui découvre ainsi, à travers le voyage, tout à la fois, l'éloignement et le rapprochement des espaces «nouveau» et «ancien», celui du «pays d'origine» et celui du «port d'attache»:

> Paris, quand on y tombe (pour moi ce fut par le trou gris de la gare Saint-Lazare) étonne à peine: tellement les arts de la reproduction, les entêtements monolithiques de l'Enseignement

---

[12] *Op. cit.*, p. 18.

ou de l'imagination courant les livres vous ont habitué à y entrer.[13]

S'il partage avec le voyageur à l'envers savant une même connaissance historique de la géographie européenne, le voyageur à l'envers philosophe reste cependant cet être entre-deux, du dedans et du dehors à la fois, étranger à l'espace français qui lui est pourtant singulièrement familier:

> Ici [écrit-il], par un élargissement très homogène et raisonnable s'imposent à mes yeux, littéralement, le regard du fils et la vision de l'étranger.[14]

Cette position particulière conduit le voyageur à l'envers philosophe à une solitude qu'il trompe par une activité inlassable d'écriture littéraire où figurent les îles connues. L'écrivain semble s'accrocher à celles-ci pour ne pas sombrer dans la folie et la déraison par absence de sûreté dans l'espace nouveau. Décrivant son activité d'écriture dans l'espace de découverte, Edouard Glissant note qu'elle est plutôt une torture qu'une jubilation, comme l'était l'activité de création du voyageur pittoresque noir-américain:

> Je pousse des îles contre le mur, j'isole un pan de silence et le déclenche. Puis je ramasse la terre qui est tombée, la terre d'expérience, mot à mot, pendant l'effort.[15]

Le rapport à l'espace conduit le voyageur à l'envers philosophe à une «ethnographie du moi» qui est la seule forme d'expression littéraire possible comme si la réalité immédiatement perçue n'avait de sens qu'à l'aune d'une autre réalité, connue, oubliée ou dénigrée dans les récits européens.

2. ESPÈCES D'ESPACE: EXOTISMES

Ces différents aspects du rapport à l'Ailleurs produisent différentes espèces d'espace dans l'œuvre littéraire du voyageur à l'envers. La représentation de l'Ailleurs oscille entre le réel et le mythe, et

---

[13]   *Op. cit.*, p. 12.
[14]   *Op. cit.*, p. 11.
[15]   *Op. cit.*, p. 14.

l'écriture emprunte généralement trois formes d'exotisme: l'exotisme pittoresque, l'exotisme à l'envers et l'exotisme à rebours.

L'exotisme pittoresque

La première espèce d'espace est l'espace exotique. La description du réel est ce qui caractérise l'écriture du voyageur pittoresque. Celle-ci n'est possible qu'à partir du moment où l'écrivain a au préalable apprivoisé le réel et l'a dominé, c'est-à-dire qu'il en est détaché. La description des paysages est tributaire de l'humeur du voyageur. L'œuvre de Himes traduit assez bien cette dimension. Celui pour qui posséder une maison, un «chez lui», était devenu une obsession, une exigence vitale après un séjour malheureux à Aix-en-Provence, découvre en même temps qu'une vieille ferme sur la route de Manosque où il s'est installé, les charmes du paysage. L'arrière-pays provençal qui lui était jusque là insupportable, parce que l'écrivain noir-américain ne s'était jamais intéressé ni à la culture française ni aux mœurs des habitants ni aux coutumes du pays d'accueil, lui apparaît soudain sous un jour nouveau:

> L'endroit était merveilleux, la nourriture dans les supermarchés était bonne, abondante, avec des spécialités d'agneau des Alpes et du bon vin de toute la région; les cafés sur le cours Mirabeau étaient toujours pleins et les terrasses débordaient. C'était la première fois que je vivais vraiment comme je voulais et j'étais ébloui. Tout me plaisait.[16]

L'embellissement du réel procède des sentiments vécus dans l'instant et de l'émerveillement du voyageur. Dans le même ordre, on peut noter le constat qu'établit McKay après une visite en Espagne. Dans une lettre à son ami Bradley, il insiste sur l'harmonie de l'espace qui contraste avec la nature française:

> L'existence ici est tranquille, on vit lentement et je peux travailler: je suis en harmonie avec ce qui m'entoure. La vie française est trop nerveuse, trop agitée pour mon tempérament. Il se peut que j'exagère, mais dès que j'ai traversé la frontière, j'ai eu l'impression d'avoir échappé à un essaim de guêpes et de me trouver au milieu de gens qui savent apprécier la simple dignité de l'existence quand ils la rencontrent, parce que la

---

[16] C. Himes, *My Life of Absurdity*, New-York, Doubleday, 1975, p. 248.

dignité est un élément fondamental de la vie sociale espagnole.[17]

Cette vision de la société espagnole chez McKay est moins anodine qu'il n'y paraît. Au-delà de sa volonté de décrire les différences qui existent entre les pays européens, cette vision traduit une sorte d'exotisme de l'étrange. L'écrivain noir-américain visite des territoires pour lui inconnus en parfait étranger. À la France et à l'Espagne il faudrait ajouter la Belgique. Plus l'espace découvert est éloigné de la France vers le sud et l'Afrique du Nord colonisée, plus le voyageur éprouve du bonheur. Plus l'espace découvert est éloigné de la France vers le Nord, moins est grande la familiarisation à l'espace et moins s'exprime un sentiment de bonheur. De plus, les descriptions de l'Espagne prolongent les peintures de ces pays que l'on retrouve chez de nombreux voyageurs américains blancs qui ont précédé l'écrivain noir-américain dans le voyage en France comme en Espagne. Ici, s'inscrit un discours exotique où les sentiments du voyageur imposent leurs couleurs au réel. C'est le moi du voyageur qui imprime la peinture de la réalité.

Lorsque la peinture du réel n'est pas la retransposition des sentiments du voyageur à l'envers, c'est la France mythique qui colore l'écriture. Dans son autobiographie, *Along Way from Home*, C. McKay avait déjà célébré cette réalité de la société française qu'illustre en particulier après la première guerre mondiale la ville de Marseille. Ce qui retient son attention c'est le caractère «cosmopolite» de la ville ou, selon le mot de Mckay lui-même, «bigarré»:

> Il y avait les dockers, et puis les marins qui n'ont que quelques jours à terre quand leur bateau fait escale, ceux qui cherchent un embarquement, les guides et les maquereaux, les prostitués des deux sexes et les gangsters de bistrot, toute cette troupe bigarrée qui fait de Marseille un essaim en lutte pour survivre parmi les navires et les équipages.[18]

Le «cosmopolitisme» ne s'oppose pas ici à l'exotisme. Il est un des charmes de la couleur locale. L'écrivain ne perçoit de Marseille que des curiosités du paysage français: mélange de races et de couleurs, essaim d'un peuple en lutte pour la survie, grouillement sur le vieux port. Le choix de cette ville n'est pas innocent. L'écrivain noir-

---

[17]   Lettre à W. A. Bradley du 5 janvier 1929, cité d'après Fabre, *op. cit.*, p. 111.
[18]   C. McKay, *A Long Way from Home*, New-York, Harcourt, 1937, p. 272.

américain peint un paysage où l'évolution du monde vers une certaine harmonie est encore possible. La peinture de l'espace relève alors de cet étrange qui confère tout son sens à l'exotisme.

La représentation de la France dans les écrits des voyageurs à l'envers noirs-américains est marquée dans l'ensemble par la reproduction du mythe de la Grande France qui renforce le caractère pittoresque du réel. Cette image domine les conditions de vie matérielle désastreuses des voyageurs désargentés comme L. Hughes ou les rapports psychologiques difficiles à un monde où la langue n'est pas bien maîtrisée comme ce fut le cas de Himes. Les conditions du voyage et du séjour de Hughes en Europe le conduisent dès son premier voyage à une défiance vis-à-vis de la France qu'il exprime très tôt dans une lettre écrite à son ami C. Cullen en 1924. Il décrit les Français en ces termes: «Les Français sont les gens les plus radins, les plus grippe-sous, les plus durs visages, les plus exploités, les plus gelés, les plus affamés des hommes que j'aie jamais rencontrés»[19]. Puis il dessine l'image d'un pays pauvre, arriéré, pas encore sorti de l'Europe de la guerre 14-18 que retiendront d'ailleurs plus tard plusieurs historiens américains comme Eugen Weber[20]: «Ils ignorent le chauffage. L'eau chaude? Connaît pas. Ici, on paie même pour avoir un sourire. On n'obtient rien, absolument rien, gratuitement. Il faut même payer pour avoir une carafe d'eau au restaurant ou pour aller aux toilettes»[21]. Mais le second voyage, à la veille de la Seconde Guerre mondiale, allait le conduire à une meilleure connaissance de la vie parisienne et à un renforcement du mythe qui, au fond, ne l'avait jamais quitté, puisqu'il avait été à l'origine de son désir de voyager. Il retrouve cette «France où la couleur de peau n'a pas d'importance»[22], ce pays où il est possible «d'écrire sur les Nègres des histoires si vraies que les gens voudraient les lire»[23], bref ces images positives qui l'avaient séduit au sortir du *College*.

---

[19] Lettre inédite du 11 mars 1924. Amistad Research Center, Dillard University, New Orleans, citée par M. Fabre, *op. cit.*, p. 80.

[20] «Il faut noter la persistance du "long XIXe siècle" qui, en termes de confort, d'équipement ménager et d'aide, de législation et de structures sociales, ne prend fin qu'avec les années 50». E. Weber, *La France des années 30. Tourments et perplexités*, trad. de Pierre-Emmanuel Dauzat, Paris, Fayard, 1994, p. 15.

[21] Lettre inédite du 11 mars 1924..., citée par M. Fabre, *op. cit.*, p. 80.

[22] L. Hughes, *The Big Sea (Les Grandes Profondeurs)*, New-York, Hill and Wang, 1940, p. 34.

[23] *Op. cit.*, p. 62.

Dans le récit du séjour en France qu'il livre dans *Along this Way*, J. W. Johnson révèle que la découverte de la France fut pour lui une libération totale du racisme dont il avait souffert aux États-Unis à cause de sa couleur. La France reste, en soi, un espace miraculeux qui conduit l'être au bonheur:

> Le jour même où j'ai mis le pied en France, j'ai senti qu'un miracle s'opérait en moi. Je pris conscience d'une réadaptation rapide à la vie et au milieu qui m'entourait. Je retrouvais, pour la première fois, depuis mon enfance, le sentiment d'être uniquement un être humain. Mes lecteurs de couleur comprendront en un éclair ce qui se passa. J'étais soudainement libre; libéré d'un malaise omniprésent, de l'insécurité, du conflit inhérent au dualisme entre homme et noir, et aux innombrables manœuvres qu'il nécessite pour s'en affranchir durant la pensée ou l'action; libéré du problème d'avoir à m'adapter ouvertement ou subtilement à une multitude d'interdits et de tabous; libéré du mépris, de la tolérance, de la condescendance, de la commisération spécifiques au Noir; libre d'être tout simplement un homme.[24]

Les sentiments de J. W. Johnson résument ceux de tous les soldats noirs-américains de la Grande Guerre qui découvrent en 1917 en France un pays très différent du pays raciste dans lequel ils ont vécu autrefois, comme l'a noté fort justement M. Fabre. Dans son poème «*À la France*» qui est un éloge à cette nation initiatrice de la Liberté, Cullen évoque son sentiment en des termes lyriques:

> Bien que je ne sois pas le premier de langue anglaise
> À t'appeler Reine des nations de la terre
> Bien que de meilleurs poètes chantent aux vers
> Combien cette cité des bords de Seine
> Est plus charmante que celle qu'ils ont atteinte;
> Si des rois, des guerriers et plus d'un prêtre
> À leur dernier moment ont souri en t'évoquant,
> Ne me crois pas le dernier ni le moindre d'eux tous.
> [...]
> J'ai cherché en toi cette alchimie
> Qui imprègne mes os et me tourne vers le soleil;

---

[24]   J. Weldon Johnson, *Along this Way*, New-York, Viking Press, 1933, p. 209.

Et par-delà un océan d'écume j'ai trouvé
Ce que ma patrie refusait à mon cœur assoiffé.[25]

Ce rapport affectif à la France qui semble être une image récurrente des récits des noirs-américains ne s'explique pas seulement par la place qu'occupe ce pays dans l'imaginaire des Nègres d'origine américaine depuis la fin du XIXe siècle. Il s'explique aussi par la régression que connaissent les U.S.A. à partir du milieu des années 20 où le racisme est une banale et féroce réalité quotidienne. De fait, dans l'entre-deux-guerres, le Nègre bénéficie en France du respect dû à tous ceux qui ont combattu l'ennemi allemand durant la Grande Guerre et qui ont contribué à la défense de la nation française en versant leur sang pour la République. Cette image positive du Nègre combattant se double d'un rôle culturel important dans les domaines aussi variés que la musique – avec l'avènement du jazz – ou de la danse – où s'illustre Joséphine Baker –, bref dans le renouvellement culturel[26] qui impose les arts populaires en France. Les noirs-américains vivent alors dans l'univers français des instants de joie et de bonheur inconnus dans leur propre pays, instants de joie et de bonheur qui embellissent d'autant le réel perçu. Evoquant le célèbre bar de la rue Blomet qui fut pendant de nombreuses années le lieu de rendez-vous à la mode des martiniquais à Paris, C. Cullen écrit:

Ce bal martiniquais, c'est le rendez-vous des Noirs de Paris; comme un geste de galanterie, les femmes sont admises à demi-tarif, c'est-à-dire pour quinze cents; la musique est aussi bonne que n'importe où à Paris; c'est un assemblage fort bizarre de toutes les musiques, un mélange ou un croisement entre le jazz moderne et des morceaux plus anciens, des refrains populaires jamaïcains, haïtiens, antillais; les notes les plus primitives sont celles que produit un musicien qui secoue, en variant le rythme, une boîte de cuir remplie de cailloux.[27]

Lorsqu'il n'emprunte pas la forme de l'éloge du pays de la civilisation qui ignore la ségrégation raciale, le récit de voyage prend toute

---

[25] C. Cullen, *On These I Stand*, New-York, Harper, 1947, p. 147.
[26] Sur la place qu'occupe le jazz dans le champ culturel français auprès des connaisseurs tels, Ravel, Honegger, Darius Milhaud, Edouard Herriot ou Gide, cf. A. Gide, *Journal 1889-1939*, Paris, Gallimard, 1948, p. 874; A. Maurois, *Mémoires*, Paris, Gallimard, 1970, p. 224; E. Weber, *La France des Années 30...*, Paris, Fayard, 1994, pp. 303-304.
[27] C. Cullen, *Opportunity*, septembre 1928, p. 272.

sa dimension pittoresque dans la peinture d'une nation de totale liberté. Les voyageurs décrivent cette société où les prostituées du Havre s'offrent si généreusement à l'étranger[28]. Leur séjour en France est l'occasion d'une éducation sexuelle et d'une initiation aux choses de l'amour qu'ils décrivent avec délectation. Et si parfois des noirs sont confondus aux juifs, et, comme tels, traités avec ostracisme[29], cette réalité reste marginale dans les récits des noirs-américains.

Charme de l'espace, beauté des paysages, bonheur de vivre, liberté d'écrire, telles sont quelques caractéristiques de l'espace européen dans les écrits du voyageur à l'envers pittoresque. Pour la plupart des voyageurs noirs-américains, la barrière de la langue les rend étrangers à la réalité française quand elle ne les isole pas du monde extérieur, comme ce fut le cas de Himes. Cette barrière linguistique renforce le sentiment d'étrangeté où toute la réalité perçue ne peut être que pittoresque[30].

L'exotisme à l'envers

Cette méconnaissance de la langue qui fonde l'étrangeté totale du voyageur est ce qui sépare la représentation de l'espace du voyageur à l'envers pittoresque de cette même représentation dans les écrits du voyageur à l'envers savant. Ici, la description de la réalité emprunte plusieurs formes qui conduisent les voyageurs à montrer leur parfaite connaissance de la géographie française. Alors que pour les écrivains noirs-américains, la représentation repose sur le mythe de la Grande France qui transcende et colore le réel, pour le voyageur savant, seule compte l'étude de la nature qui ne peut être entreprise qu'à partir d'une confrontation du réel et de l'imaginaire.

Les voyageurs savants nègres s'intéressent aux monuments historiques. Dans *Mirages de Paris* qui est le récit de la découverte de la France par un africain au moment de l'Exposition coloniale et internationale qui se tient Porte de Vincennes en 1931, le héros, Fara,

---

[28] C. Cullen, *The Black Christ*, New York, Harper, 1929, p. 56.

[29] Décrivant la situation des étrangers en France dans les années 30, E. Weber note au passage cet événement singulier qui semble être arrivé à une martiniquaise: «[...] Dans un lycée de jeunes filles, une martiniquaise "café au lait" – mais avec très peu de lait... – fut harcelée et "ostracisée" avec plus de véhémence encore que si elle était juive. Etre juif ne faisait qu'aggraver des situations déjà délicates.» *Op. cit.*, p. 143.

[30] C. Cullen, *Opportunity, op. cit.*: «Ici, la langue est le sésame qui ouvre les portes, et c'est bien évidemment le français.»

sillonne les rues de la capitale afin d'établir une comparaison entre les images décrites dans les manuels scolaires et la réalité qu'il perçoit:

> Ce fut la première fois de son existence qu'il eut une aussi forte sensation de son être et de sa couleur. Il arriva devant l'Arc de Triomphe, tourna à plusieurs reprises autour du monument et déchiffra tous les noms des batailles jusqu'à ceux inscrits très haut sur la pierre. Arcole, Montdovi, Castiglione, Austerlitz, ressuscitaient son enthousiasme d'écolier, lorsqu'il suivait, haletant, les luttes des Empereurs, bataillant pour réaliser son rêve surhumain! De l'Arc de Triomphe descendaient dans toutes les directions des avenues dont les noms rappelaient l'Epopée: avenue de la Grande-Armée, avenue de Wagram... Il fut heureux de découvrir que des monuments éternisaient la mémoire de l'Empereur en ce Paris si prestigieux car «Waterloo» avait été un des chagrins de son enfance.[31]

Aux monuments des batailles napoléoniennes succèdent d'autres monuments. Le héros du roman d'Ousmane Socé est fasciné par la Bastille qui exprime le génie populaire français, tandis que le héros de Bernard Dadié s'intéresse à la fête du 14 juillet «qui commémore la prise d'une prison nommée la Bastille»[32]. Les voyageurs savants s'intéressent aussi aux monuments religieux. Le voyageur d'Ousmane Socé par exemple, Fara, retrouve dans la Cathédrale Notre-Dame de Paris l'image d'une «foi ardente qui se matérialis[e] en ce gigantesque rêve de pierre s'élançant vers l'éternité»[33]. Tous ces monuments permettent au voyageur à l'envers savant de découvrir l'image d'une France réelle et éternelle qui corrobore celle des livres.

La confrontation du réel et de l'imaginaire emprunte presque toujours le truchement des livres européens comme si le voyageur à l'envers ne pouvait créer par lui-même des images nouvelles portées sur la réalité qu'il observe. Le roman de Dadié traduit bien cette dimension. Le narrateur se considère comme un parfait étranger dans la société française et décrit les objets ou les scènes qu'il découvre comme des choses curieuses. Ainsi par exemple de l'émerveillement que suscite chez lui la découverte des paysages:

---

[31] O. Socé, *Mirages de Paris*, Paris, Nouvelles Editions Latines, 1937, p. 30.
[32] B. Dadié, *Un nègre à Paris*, Paris, Présence Africaine, 1959, p. 27.
[33] O. Socé, *op. cit.*, p. 31.

Des routes en tous sens; des villages qui se succèdent. Aucune parcelle de terre en friche. Un terrain dominé par les hommes qui marchent le niveau, l'équerre et le cordeau dans la tête ou dans les yeux. Des phénomènes, amoureux de la ligne droite bien tirée, sans bavure. Ils doivent tailler certainement les herbes. Et avec ça ils prétendent n'avoir jamais de temps. Ici, un château avec son bois, là une usine, et à perte de vue le même spectacle de routes et de champs bien ordonnés. Leur façon de travailler la terre montre jusqu'à quel point ces hommes ne comprennent pas la vie. Pour eux elles doivent suivre les grandes routes tracées, bien canalisée, docile, se pliant à toutes leurs fantaisies, se laissant tondre, rogner les ongles; chevaucher, est-ce que je sais? Ils sont un vieux peuple à vieilles habitudes, et la Vie demeure toujours jeune avec des habitudes déroutantes.[34]

Bernard Dadié décrit le réel à la manière des voyageurs européens qui découvraient le Nouveau Monde et tentaient une comparaison avec l'ancien. Ainsi par exemple lorsqu'il s'intéresse au langage des parisiens: «Ces hommes ont même attribué aux fleurs un langage qu'ils étudient avec autant de peine que leur propre langue»[35]; ou encore lorsqu'il s'intéresse au goût des parisiens:

La consommation du sel dans ce pays est effrayante. Nous nous moquons des Aoulé qui aiment les repas très salés. L'Aoulé est loin d'arriver à la cheville du Parisien. Et plus grave c'est que le Parisien n'ayant pas conscience de cette consommation, mettra sa main au feu pour prouver qu'il n'aime pas plus le sel qu'un autre. Laissons-le mettre la main au feu, il est coutumier du fait et sa main en a pris l'habitude. Elle ne sent plus les flammes.[36]

L'observation vise non seulement à la connaissance du pays observé mais aussi à une observation qui emprunte ses critères à ceux de l'ancien observateur. Bernard Dadié décrit la société française en usant d'un discours de type ethnographique. Il repère les ethnies françaises et montre comment s'établissent entre elles des relations particulières:

---

[34]   B. Dadié, *op. cit.*, p. 23.
[35]   *Op. cit.*, p. 45.
[36]   *Op. cit.*, p. 91.

> Si nous confions la garde de nos villages à des génies, les Parisiens laissent ce soin à des espèces de guerriers d'une importance considérable. Personne n'entreprend une action, ne fait un geste sans penser à eux. On les appellent [sic] journalistes. Une race turbulente à l'origine obscure. Des divers renseignement recueillis, on peut déduire qu'ils descendent d'une puissante tribu, les écrivains, des gens à l'esprit fort curieux, et à la plume hardie, alerte, faisant uniquement métier d'écrire. En somme des espèces de paresseux ne sachant absolument rien faire de leurs dix doigts, mais dont la tête toujours travaille si bien qu'elle est chaude.[37]

La prétention de l'étude scientifique anime le roman de voyage de Dadié. Le voyageur entend inventer à partir de l'observation du peuple de Paris un discours de connaissance générale. Mais tout comme l'émerveillement précédent, l'étude de la nature est feinte. Le voyageur à l'envers savant découvre bien vite qu'une entreprise ethnographique réelle à l'envers est impossible. Dans une de ses nombreuses lettres adressée à un destinataire resté en Afrique noire, il écrit :

> Ce peuple est comme tous les autres peuples; on ne peut finir de l'étudier. Il vous déborde toujours et c'est bien téméraire de juger tout un peuple sur des cas particuliers. Je ne te donne que mes impressions lesquelles échappent déjà au Nègre qui a vécu des années dans ce pays.[38]

Décrire les traditions, les us et coutumes, les habitudes; établir des relations entre les paysages et les hommes; circonscrire l'évolution historique de la société française, telles sont les ambitions littéraires de Dadié. Le savoir européen, qui est déjà présent avant le voyage à l'envers, comme l'illustre le cas du tirailleur sénégalais d'Ousmane Socé, pervertit la représentation de l'espace et rend impossible toute connaissance nouvelle créée à partir du voyage, comme le suggère Bernard Dadié. L'*étrange étrangeté* qui conduisait l'observation d'une réalité exotique a cédé la place à l'*assimilation* contre laquelle les écrivains de voyage noirs de langue française doivent lutter pour tenir discours. Il ne reste plus à l'étranger nègre francophone qui se propose de décrire l'espace du voyage qu'à noter rapidement ses impressions avant de se fondre, lui aussi, dans la masse de ces voya-

---

[37] *Op. cit.*, p. 111.
[38] *Op. cit.*, p. 173.

geurs à l'envers qui sont pris, sitôt arrivés dans le pays étranger, par
la «mécanique du réel».

La confrontation du réel et de l'imaginaire ainsi que la prétention à
une étude de la nature de l'Ailleurs constituent les deux premières
formes de l'exotisme à l'envers. La troisième est la description d'un
espace européen dont les caractéristiques s'opposent en tous points à
l'espace d'origine du voyageur à l'envers savant. Ici, le récit s'appuie
longuement sur des stéréotypes et les clichés qui avaient déjà servi
dans la description de l'Ailleurs du voyageur à l'endroit. Le voyageur
à l'envers pousse jusqu'à l'extrême les infimes détails de la vie quotidienne afin de révéler combien les modes d'existence dans ce monde
autre relèvent de la barbarie. La description de l'Occident que nous
propose le personnage du fou dans *L'Aventure ambiguë* est éloquente:

> L'asphalte... Mon regard parcourait toute l'étendue et ne vit
> pas de limite à la pierre. Là-bas, la glace du feldspath, ici le
> gris clair de la pierre, ce noir mat de l'asphalte. Nulle part la
> tendre mollesse d'une terre nue. Sur l'asphalte dur, mon oreille
> exacerbée, mes yeux avides guettèrent, vainement, le tendre
> surgissement d'un pied nu. Alentour, il n'y avait aucun pied.
> Sur la carapace dure, rien que le claquement d'un millier de
> coques dures. L'homme n'avait-il plus de pieds de chair?[39]

Cette description de l'espace européen repose sur une inversion rigoureuse des images de l'Ailleurs du voyageur à l'endroit. Ce dernier
ne voyait de l'Afrique qu'un continent noir aux vastes étendues inha-
bitées. Le voyageur à l'envers ne peut voir de l'Europe qu'une vaste
étendue vide d'hommes. Aux pays chauds, cet autre voyageur oppose
le froid pays du feldspath et le noir de l'asphalte; au calme et à la
sérénité africaine, la fureur des «mécaniques enragées»; à l'humanité
et à la fraternelle chaleur des villages africains, «une cité [...] interdite
à [la] chair nue [de l'homme] interdite aux contacts alternés de ses
deux pieds»[40]. À la terre ferme qui permet aux individus d'être en
contact avec la nature en Afrique s'oppose «l'asphalte» qui empêche
aux hommes de sentir la vitalité de la nature en Europe. Aux fantasmes du voyageur à l'endroit, le voyageur à l'envers oppose la fantastique vision de l'Ailleurs. Tout se passe comme si l'écriture inversait
toutes les réalités africaines, ou plus exactement, comme si le voyageur à l'envers ne pouvait exprimer la réalité européenne qu'en

---

[39]   C. H. Kane, *L'Aventure ambiguë*, Paris, C. Bourgois, coll. 10/18, 1961, p. 103.
[40]   *Op. cit.*, p. 104.

l'opposant systématiquement à la réalité africaine perçue par le voyageur à l'endroit.

Les termes de la description de l'Ailleurs utilisés par ces voyageurs à l'envers savants montrent bien une connaissance de la réalité étrangère antérieure à leur propre voyage et même, pour certains d'entre eux, une intériorisation de ces images. Le héros de *Un nègre à Paris* de Bernard Dadié décrit l'Europe à la manière de Rica, le héros des *Lettres persanes* de Montesquieu, tandis que le personnage du fou reproduit les adjectifs qui avaient permis de qualifier le Sauvage et le Primitif. Le poids de l'histoire des relations entre l'Europe et les espaces de l'Ailleurs conduit le voyageur à l'envers savant à une inhibition du discours sur l'espace connu dont il ne peut se départir finalement qu'en déplaçant son centre d'intérêt, c'est-à-dire en portant son regard sur un espace avec lequel il n'entretient aucune espèce d'histoire et de familiarité.

C'est ici que peut être située la dernière forme de représentation de l'espace du voyageur à l'envers savant. Dans son recueil *Balafon* qui rappelle par plusieurs aspects l'aventure de ses confrères jésuites au Nouveau Monde, le Révérend Père E. Mveng (s. j.) parcourt les villes du vieux continent (Ostende, Douvre, Moscou) et établit une différence entre les paysages de l'Europe colonisatrice et civilisatrice et ceux de l'Europe libératrice. Seuls ces derniers méritent considération. De même que le poète américain Langston Hughes entonnait un hymne à la gloire de Paris, cette ville de «civilisation» où ne s'affiche aucune différence de races, de même le poète négro-africain francophone entonne un hymne à la gloire de «Moscou» cette ville dont le peuple n'a «alourdi le destin des caravanes humaines d'aucune cargaison neuve d'idéologies et d'ambitions»[41]. La portée de son poème, «Kremlin», qui est l'hommage de l'Afrique noire rendu à la ville russe doit être évaluée au regard du poème inventé en l'honneur de Paris par le poète américain. Là où ce dernier figeait la ville européenne dans sa splendeur passée, le voyageur à l'envers savant entonne un hymne d'espoir et d'espérance à la gloire de l'espace russe:

> Je te salue Kremlin, au bout de mon pélérinage
> Etoile d'or voguant sur la Mer Rouge, sur le flot couleur
> de flamme de tes pèlerins
> Je te salue, Moscou,
> O Fétiche de Lénine! dans ton cerveau couleur de brique,

---

[41] E. Mveng (s. j.), *Balafon*, Yaoundé, Clé, 1972, p. 39.

couleur de terre brûlée, du Kalahari couleur de la soif;
Je t'apporte le salut de mes Ancêtres Bantou dormant sous
la case des Esprits,
Enveloppés du silence viril des guerriers, sous la haute futaie
des tribus en prière,
Enveloppés de la frondaison des matrones de tendresse,
au lourd balancement des pagnes d'Ylang-ylang [...]
Et je t'appelle Moscou, ma forêt vierge d'espérance,
Dans tes branches je suspends mes tam-tams de l'amitié[42].

C'est bien un exotisme moral à l'envers qui se dégage de ces vers. Le poète espère de sa rencontre avec cet autre paysage, comme Montaigne du Nouveau Monde, une régénération des civilisations. Pour lui, le «métro, les vostoks, et les spoutniks» qui sont les inventions d'une civilisation à l'échelle humaine, sont aussi les moyens immédiats d'une nouvelle aventure humaniste qui s'opposera aux spoliations, aux humiliations et aux oppressions auxquelles avaient conduit les conquêtes européennes antérieures.

L'exotisme à l'envers se définit alors soit par l'inversion des images de l'Ailleurs du voyageur à l'endroit, soit par l'invention des contre-images du pays d'origine, soit par la création d'images portées sur d'autres espaces que ceux auxquels le voyageur a été familiarisé par l'histoire. Mais quelle que soit la forme qu'il emprunte, l'exotisme à l'envers prolonge des aspects de ce renouvellement du discours exotique qui court l'espace littéraire européen depuis la seconde moitié du XXe siècle.

L'exotisme à rebours

Tout autre est l'exotisme à rebours. Le voyageur à l'envers philosophe et le voyageur à l'envers savant partagent la peur d'être engloutis dans l'espace réel de l'ancien découvreur et la volonté de confronter le réel et l'imaginaire. Toutefois, le premier des voyageurs cités ci-dessus s'éloigne du second par son incapacité à étudier la nature, à décrire le réel perçu ou à entonner un hymne à l'honneur de quelque ville européenne. L'exotisme à rebours relève plutôt de cette volonté de séparer le connu et l'inconnu. Le voyageur doit s'exercer à reconnaître les différences entre des paysages qui ne sont familiers que grâce à l'instruction et aux livres. Dans *Soleil de la conscience*, la première découverte de l'Europe donne ainsi à Edouard Glissant

---

[42] *Op. cit.*, p. 40.

l'occasion de souligner le caractère étrange de cet espace qu'on lui a dit familier:

> La plaine, interminable; l'Europe. S'exercer à reconnaître les changements de paysages, là où l'œil n'a formulé qu'une surface plane. Puis, la Méditerranée. Jamais, jamais pour moi l'idée de froid ne s'est auparavant associée à l'idée de mer. La mer était le contraire de l'hiver, comme la montagne en était l'homonyme. On me dit que l'Atlantique est encore plus glacé sur les côtes de Bretagne et de Normandie par exemple; je n'y avais pas pensé à l'arrivée au Havre. Déroutant inventaire de la salaison frileuse.[43]

Edouard Glissant ne semble s'intéresser ni au pays de son séjour, la France métropolitaine, ni à la réalité de sa ville d'adoption, Paris, ni aux habitudes de ses habitants. De temps en temps cependant pointe une remarque sur la vie dans un café parisien ou encore une allusion fort sibylline au décor. Mais lorsqu'il décrit ses conditions de vie, il ne dit rien du 4 de la rue Blondel qui fut pourtant son premier lieu d'habitation à Paris et évoque moins encore les conditions de vie «dans cette maison close désaffectée où assez rapidement, les Antillais s'étaient regroupés»[44]. Lorsque par deux fois il fait allusion «à des amis qui sont venus...»[45], il ne précise nullement les noms, les relations ou les bandes formées comme le firent en leur temps Himes ou McKay à propos des noirs-américains parisiens. À la différence de Himes, il n'envisage de faire de son expérience européenne ni une œuvre autobiographique, ni une œuvre romanesque. Tout se passe comme si le récit de la vie parisienne ou du séjour en Europe n'était pas l'intention première du voyageur philosophe. L'espace européen n'a d'intérêt pour lui que dans la mesure où il lui permet de se révéler à lui-même. La description de la vie quotidienne est essentielle réflexion sur le moi:

> Ainsi, sur la laine du bruit, quelque objet de silence s'élève, mais si vaste. C'est par exemple le signal du matin, qui vient et s'en va sur la charrette du laitier. C'est l'autobus qui ne s'arrête pas à cette heure, et que je suis dans la course: étoile filante dont le bruit décroît comme la lumière d'une comète en-allée.

---

[43]   E. Glissant, *Soleil de la conscience*, *op. cit.*, p. 17.
[44]   D. Radford, *Edouard Glissant.*, Paris, Seghers, coll. Poètes d'aujourd'hui, 1982, p. 18.
[45]   E. Glissant, *op. cit.*, pp. 17 et 56.

> L'homme porte son mouvement sur les vitrines attentives; une
> rue qui s'éveille a plus de réticences qu'un chat. Qui s'arrête et
> contemple?[46]

De même lorsque le voyageur ose une description de l'espace physique de son séjour et évoque une place qu'il a bien connue, cette
image ne provoque chez lui qu'un sentiment de mélancolie. L'espace
européen n'apporte au voyageur aucune des satisfactions espérées et
aucune réponse aux interrogations que pose la connaissance du moi:

> [...] La place Furstenberg, qui est un des plus mélancoliques
> décors du monde, semble garder au secret de son bec de gaz
> une sorte de réponse que la ville éparpille alentour. Une
> réponse unique alors qu'il est tant de questions.
> L'odeur des pierres, la patience des quais, l'agitation des gares,
> les cafés du cœur, l'esprit aux quatre feux, le velours noir des
> neiges, toute la nuit l'encre du désespoir. Où est cette réponse,
> que la ville enfouit dans ses quartiers d'alentour?[47]

La description du réel relève de ce qu'il nomme lui-même un
«exotisme à rebours». L'espace européen qui lui est à la fois étranger
et familier force le voyageur à l'envers par ces deux caractéristiques
mêmes à l'introspection, à la connaissance de lui-même, à dégager
l'essence de son être de la «lente cadence des saisons»: «car le retour
périodique de l'hiver et de l'été est très propre à enseigner la Mesure.
C'est-à-dire à accélérer, de manière vertigineuse, ce travail de conscience qui anime tout savoir-vivre»[48].

Cet exotisme à rebours qui résulte du refus de la description des
paysages ou de l'étude de l'espace s'éloigne également du poids de
l'imaginaire européen qui pèse encore sur l'inconscient du voyageur.
Il ne peut donc le conduire à l'exotisme à l'envers qui nécessite une
certaine conscience de l'imaginaire et son acceptation supposée dans
l'invention littéraire. De même, la conscience de l'étrangeté dont le
voyageur philosophe veut s'assurer lui interdit tout «exotisme pittoresque» comme l'ont fait les écrivains noirs-américains. À la différence de ces derniers qui ne voyaient du Havre qu'un port où les
charmes dévoilées des prostituées dévoilaient en même temps les
charmes de la société française, le voyageur à l'envers philosophe ne

---

[46] *Op. cit.*, p. 55.
[47] *Ibid.*
[48] *Op. cit.*, p. 12.

retient de l'espace européen que son mode d'organisation et son architecture qui traduisent l'état des rapports sociaux et culturels et non la sauvagerie des pays découverts:

> J'aime ces champs, leur ordre, leur patience; cependant je n'en participe pas. N'ayant jamais disposé de ma terre, je n'ai point cet atavisme d'épargne du sol, d'organisation. Mon paysage est encore d'emportement; la symétrie du planté me gêne. Mon temps n'est pas une succession d'espérances saisonnières, il est encore de jaillissements et de trouées d'arbres.[49]

De même, à la différence du ton employé par B. Dadié dans *Un nègre à Paris*, aucune raillerie n'anime le voyageur. La conscience de la différence des cultures et du poids de l'histoire donne à la question de l'espace chez le voyageur à l'envers philosophe une importance certaine. Si le moi est le sujet de l'écriture, l'exotisme à rebours se distingue de l'«exotisme de l'intérieur» où l'Européen accepte d'être l'objet du regard de l'Autre[50] puisque le voyageur philosophe est ici le Même et l'Autre à la fois. Il s'agit d'une révélation du moi par le truchement d'un espace dont le voyageur a conscience de son étrangeté réelle et de sa familiarité mythique. L'espace n'est qu'un révélateur de la condition humaine du voyageur à l'envers philosophe.

3. ESPACE D'AILLEURS, «ESPACE-MIROIR»

Quelle que soit la forme de sa représentation, l'espace de l'Ailleurs demeure un «espace-miroir» pour le voyageur à l'envers. Celui-ci remplit au moins deux fonctions dans la littérature.

La première est la fonction thérapeutique. Si l'on s'en tient à ses sens usuels dans les essais et les récits de voyage européens, le voyage thérapeutique conduit le voyageur à se guérir du monde originel – et peut-être des défauts de celui-ci –, lorsqu'il ne relève pas simplement d'un nécessaire dépaysement psychologique. Dans les récits du voyageur à l'envers nègre, le voyage thérapeutique prend généralement trois aspects qui peuvent être parfois présents dans la même œuvre.

Tout d'abord l'exaltation du monde libre ou encore l'exaltation d'un espace de liberté totale. Les récits des voyageurs noirs-

---

[49] *Op. cit.*, p. 19.
[50] Sur cette définition et les autres aspects de l'exotisme, cf. J.-M. Moura, *Lire l'exotisme*, Paris, Dunod, 1992.

américains nous ont habitués à travers l'exaltation du vrai monde libre à une écriture qui les conduit à souligner les différences entre les rapports sociaux qui ont cours aux U.S.A. et ceux de la France métropolitaine. Plus belle et charmante est la France, moins est attrayant l'espace américain. De même, les récits de voyageurs nègres originaires d'outre-mer nous mènent vers la connaissance de la réalité du monde européen et à un autre dépaysement qui, bien que différent, ne constitue pas moins une révélation du réel.

Ensuite, le regard porté sur l'espace conduit à un véritable déniaisement du voyageur ou encore des peuples qui furent jadis observés. Si le voyageur à l'envers savant construit un espace qui apparaît si différent de l'espace d'origine c'est parce qu'il voudrait montrer la vanité et l'incongruité des discours construits par le voyageur à l'endroit sur les espaces autrefois découverts. Le refus de l'étude générale de l'espace de l'Ailleurs qu'on retrouve dans le roman de Dadié, *Un nègre à Paris*, participe de cette dimension de déniaisement.

Enfin, l'espace de l'Ailleurs qui révèle au voyageur à l'envers son intimité s'inscrit dans une pratique qui avait déjà cours dans la société européenne depuis le milieu du XXe siècle où des voyageurs, comme C. Levi-Strauss, ont dit leur «haine des voyages et des voyageurs»[51] et où d'autres, comme M. Leiris, ont montré que le voyage et l'Ailleurs n'avaient d'importance que s'ils conduisaient le voyageur à entreprendre une autoanalyse[52]. C'est à partir de ces quelques aspects de la critique du discours sur l'Ailleurs qu'il faut comprendre l'intérêt et l'importance du moi comme sujet du discours sur l'espace dans les écrits du voyageur à l'envers philosophe. Seule la connaissance du moi donne une qualité à l'écriture du voyage dont l'espace n'est qu'un des moyens de connaissance.

La seconde fonction de l'espace est sociolittéraire. L'espace-miroir peut être le lieu de l'invention d'une légitimité du discours. Il suffit de relever que les différentes formes de l'exotisme pittoresque, de l'exotisme à l'envers et de l'exotisme à rebours conduisent les voyageurs à l'envers à prendre place dans le champ des discours européens, à s'y affirmer ou à s'y imposer. La reconnaissance littéraire que connaissent en France les écrivains noirs-américains dans l'entre-deux-guerres et au cours de la double décennie 50-60 leur permet de montrer une capacité à produire une littérature qui leur semblait interdite dans leur propre pays. La liberté de ton qu'utilise le voyageur à

---

[51] C. Levi-Strauss, *Tristes Tropiques*, Paris, Plon, 1955.
[52] M. Leiris, *L'Afrique fantôme*, Paris, Gallimard, 1934.

l'envers savant pour décrire l'espace de l'Ailleurs obéit à une entreprise de légitimité discursive qu'il pratique désormais dans un espace qui lui fut autrefois interdit ou à l'intérieur d'un monde qui a construit autrefois avec certitude un savoir scientifique de portée générale. Vu à l'envers, l'espace légitime le regard de l'ancien sauvage, du primitif supposé ou de l'énergumène établi. Le discours sur l'espace de l'Ailleurs du voyageur à l'envers philosophe prolonge les différents aspects de la critique des discours du voyage en imposant à l'Européen, comme en miroir justement, l'effet désastreux de la rencontre des cultures. Il peut être établi désormais de Montaigne à Glissant en passant par Rousseau, Levi-Strauss et Leiris une même chaîne de discours critiques sur l'aventure des voyages et les représentations de l'espace de l'Ailleurs.

Ces deux fonctions de l'espace-miroir ont en définitive une même visée morale. En accentuant les travers d'un exercice supposé de connaissance générale, la représentation de l'espace de l'Ailleurs à l'envers ouvre sur une volonté d'inventer d'autres modes de relation entre les peuples, les cultures et les civilisations, et plaide pour une reconnaissance véritable des différences culturelles assumées.

Romuald-Blaise FONKOUA
Université de Cergy-Pontoise

BIBLIOGRAPHIE

Countee Cullen, *On These I Stand*, New-York, Harper, 1947.
–, *Opportunity*, septembre 1928.
–, *The Black Christ*, New York, Harper, 1929.
Bernard Dadié, *Un nègre à Paris*, Paris, Présence Africaine, 1959.
Michel Fabre, *La Rive noire. De Harlem à la Seine*, Paris, Lieu Commun, 1985.
Edouard Glissant, *Soleil de la conscience*, Paris, Seuil, 1956.
Chester Himes, *My Life of Absurdity*, New-York, Doubleday, 1975.
Langston Hughes, *The Big Sea*, New-York, Hill and Wang, 1940 [*Les Grandes profondeurs*, Paris, Seghers, 1947].
James Weldon Johnson, *Along this Way*, New-York, Viking Press, 1933.
Cheikh Amidou Kane, *L'Aventure ambiguë*, Paris, C. Bourgois, coll. 10/18, 1961.
Michel Leiris, *L'Afrique fantôme*, Paris, Gallimard, 1934.

Claude Levi-Strauss, *Tristes Tropiques*, Paris, Plon, 1955.

Claude McKay, *A Long Way from Home*, New-York, Harcourt, 1937.

Jean-Marc Moura, *Lire l'exotisme*, Paris, Dunod, 1992.

Will Munsters, *La Poétique du pittoresque en France de 1700 à 1830*, Genève, Droz, 1991.

Engelbert Mveng, (s. j.), *Balafon*, Yaoundé, Clé, 1972.

Ousmane Socé, *Mirages de Paris*, Paris, Nouvelles Editions Latines, 1937.

Eugen Weber, *La France des années 30. Tourments et perplexités*, trad. de Pierre-Emmanuel Dauzat, Paris, Fayard, 1994.

Friedrich Wolfzettel, *Le Discours du voyageur. Le récit de voyage en France, du Moyen Age au XVIIIᵉ siècle*, Paris, PUF, 1996.

LE PERSONNAGE DÉCALÉ, L'ICI ET L'AILLEURS
DANS LE ROMAN MAGHRÉBIN FRANCOPHONE

La communication précédente avait souligné judicieusement que bien des héros noirs de romans francophones ont un pied ailleurs d'une manière ou d'une autre, et sont de ce fait spatialement décalés par rapport aux autres personnages du roman. L'observation est valable également pour les romans maghrébins, aussi bien lors des débuts de cette littérature, dans les années cinquante, que dans nombre de textes plus récents, même si dans ces derniers cette figure est traitée de manière bien différente. Mon propos cependant se développera sur un autre plan: le personnage de roman et les espaces entre lesquels il évolue ne seront pas considérés sous l'angle du contenu thématique et idéologique des textes. Ils le seront au contraire comme des signaux, dans ces textes, du statut et du rôle d'une littérature dans la rencontre mouvante entre cultures et lectures, qui caractérise la décolonisation. Ils serviront à interroger la Francophonie à partir de son angle littéraire, dont Jean-Marc Moura souligne dans un récent article[1] qu'il n'apparaît même pas, par exemple, dans la liste des sept grands chantiers de la «francophonie globale» récemment dressée par l'AUPELF-UREF pour le prochain millénaire (il est vrai que des objectifs aussi vastes ont peut-être de quoi intimider les pauvres littéraires que nous sommes…). Angle littéraire traditionnellement oublié, donc, qu'on tentera timidement de réévaluer en lui restituant quelques-unes des fonctions de la littérature que la technocratie ou l'idéologie ont tendance à oublier.

---

[1] «Francophonie et critique postcoloniale», *Revue de littérature comparée*, 1/1997, pp. 59-87.

UN SURGISSEMENT DEPUIS LE DÉCALAGE, OU LA PRODUCTIVITÉ DE LA CÉSURE

Dès 1953, l'un des tout premiers textes à partir desquels on a pu parler de roman maghrébin, *La Terre et le Sang*, de Mouloud Feraoun, dont l'intrigue se situe dans un petit village traditionnel de Kabylie, insiste sur le fait que son héros principal, avant de revenir enfin au pays, avait passé vingt ans comme émigré dans le nord de la France, d'où il ramène d'ailleurs au village une épouse française, Marie. Et quel que semble être l'acharnement de ce personnage pour réduire cette absence à une «vaste parenthèse, impuissante à changer le sens général de la phrase», on sait qu'il périra en partie victime des conséquences d'un événement tragique au fond d'une mine française, qu'il cherchait à oublier. D'ailleurs l'année précédente *La Colline oubliée*, de Mouloud Mammeri, autre texte fondateur, dont la publication suscita de vives réactions dans les milieux nationalistes, fait reposer lui aussi son intrigue sur un groupe de jeunes gens qui en deviennent les héros après leur retour de la guerre entre la France et l'Allemagne dont ils ont été les acteurs forcés. Dans les deux cas on a même l'impression que l'intrigue de ces romans, particulièrement la tragique histoire d'amour qu'ils nous racontent, ne sont précisément possibles que parce que le passé des héros les a fait vivre ailleurs, les rendant différents des autres villageois. Ce n'est en effet qu'à partir de la rupture dans laquelle leur absence et leur confrontation avec d'autres systèmes de valeurs les ont installés par rapport à la continuité traditionnelle du groupe villageois, qu'ils peuvent vivre dans ce dernier une aventure amoureuse ou des exigences nouvelles en divorce total avec les valeurs de ce groupe, dont leur aventure mettra à mal la cohésion. Et ce qu'on vient de montrer pour l'Algérie est vrai d'une manière différente mais comparable au Maroc dans l'agressive rupture avec son milieu d'origine de Driss Ferdi, double transparent de Driss Chraïbi, l'auteur du *Passé simple* (1954), ou encore en Tunisie dans la différence culturelle qui est l'objet même du premier roman d'Albert Memmi en 1953, *La Statue de sel*.

On pourrait généraliser l'observation: c'est bien leur étrangeté qui permet aux héros des romans de facture traditionnelle d'avant 1962 de faire vivre ces romans, car cette étrangeté est aussi celle de l'écriture romanesque maghrébine de langue française. Et ceci n'est pas lié au seul courant «ethnographique» des années cinquante: l'observation vaut tout aussi bien pour les romans de Malek Haddad ou d'Assia Djebar, et même pour *Le Passé simple* de Driss Chraïbi.

La perspective de Kateb Yacine, dans *Nedjma* (1956), n'est plus la même; mais c'est grâce à un bouleversement radical de l'écriture. Plus que ce miroir de l'«acculturation» des intellectuels maghrébins, à laquelle une lecture dénotative réduit la semi-marginalité de ces héros, cette dernière est donc une nécessité romanesque, ou encore ce qu'on pourrait appeler une matrice narrative. Si la description sociologique avait été la seule motivation des écrivains, ils auraient utilisé des personnages moins marginalisés, et donc plus «représentatifs»; et surtout, ils auraient écrit des essais, et non des romans.

La confrontation de modèles culturels et le partage face à ces modèles du héros comme de l'auteur du roman apparaissent ainsi très vite comme une sorte de condition de surgissement du roman maghrébin de langue française dans les années cinquante, alors même que se développait la description sociologique, commune à Sartre, Albert Memmi ou Frantz Fanon, pour ne citer qu'eux, de ce qu'ils appelèrent l'aliénation de l'intellectuel entre deux cultures, ou encore, d'un terme plus ambigu, son «acculturation»[2]. La logique de cette description de la littérature maghrébine de langue française comme «acculturée» en conduisit alors tout naturellement plus d'un à prédire la «mort jeune» de cette littérature, une fois l'indépendance des pays concernés acquise et les programmes d'arabisation mis en œuvre.

Or, la littérature maghrébine de langue française est actuellement bien plus florissante qu'alors, ce qui tendrait à contredire cette approche effectivement datée. Mais en même temps bien des textes parmi les plus féconds dans le spectaculaire renouveau de cette littérature auquel on assista dans les années soixante-dix nous montrent au moins l'un de leurs personnages principaux dans une situation de décalage comparable. Le plus souvent, ce personnage est exilé: c'est le cas de Habel, le héros éponyme du roman de Mohammed Dib (1977), du héros-narrateur de *Phantasia* d'Abdelwahab Meddeb (1986) ou de celui d'*Un été à Stockholm* d'Abdelkebir Khatibi (1990), parmi beaucoup d'autres. C'est en effet le cas le plus fréquent, et le thème pourrait en apparaître banal puisque c'est un des plus connus de toutes les littératures mondiales. Pourtant, dans le contexte politico-linguistique particulier de cette littérature émergente, on ne peut se dispenser de l'utiliser pour une réévaluation de ce

---

[2]   Le mot «acculturation» peut signifier en effet, contradictoirement, tantôt l'acquisition d'une culture, tantôt la perte de ses repères culturels par celui qui a subi trop fortement l'emprise d'une culture dominante sur sa propre culture dominée.

qui vient d'être dit sur le décalage du héros mis en parallèle avec le décalage linguistique dans les années cinquante.

L'ALIÉNATION N'EXPLIQUE PAS TOUT

Force est d'abord de constater que les prédictions pessimistes antérieures à l'indépendance ne se sont pas réalisées, puisque cette littérature dite «acculturée» est plus vivace que jamais. Cette belle vitalité peut certes être expliquée par des développements politiques que ne pouvaient pas prévoir les analyses antérieures aux Indépendances, focalisées qu'elles étaient sur une description quelque peu mécanique de l'«aliénation» coloniale. L'«aliénation» est indubitable, mais n'est pas aussi datée que ces analyses le pensaient. À l'oppression coloniale a succédé la déception des Indépendances, dont l'année la plus significative fut 1965, qui vit à la fois le colonel Boumédiène prendre le pouvoir militairement en Algérie, et le Maroc écraser dans le sang les soulèvements de Casablanca et faire disparaître définitivement, avec l'aide des services secrets français, le leader de l'opposition Mehdi Ben Barka. Et comme cependant la dépendance éditoriale d'avec la France n'avait guère cessé, on peut affirmer que la conjonction entre la ruine des illusions anticolonialistes et celle des discours de gauche «institutionnalisés» en 1968 en Europe, a suscité et permis l'éclosion d'une violente parole de rupture chez une génération de jeunes écrivains dont le groupe de la revue *Souffles* autour d'Abdellatif Laâbi au Maroc, ou des individualités comme Rachid Boudjedra en Algérie apparurent alors comme les symboles les plus visibles. Le narrateur du roman bien connu de ce dernier, *La Répudiation* (1969)[3], n'est-il pas doublement décalé, par sa situation spatiale, même dans Alger, et surtout par le fait que tout son récit soit fait à l'amante étrangère Céline, de la relation «hors-normes» avec laquelle il est explicitement dépendant?

Pourtant, si la signification politique de ces décalages est facile à lire, elle n'en est peut-être pas la dimension essentielle. On constate en effet que dans la plupart de ces textes le personnage décalé a un

---

[3] On peut considérer que même s'il fut précédé par d'autres textes aussi violents et parfois de meilleure qualité littéraire, ce roman marque véritablement, par le gros succès qu'il connut alors, les débuts de cette seconde et spectaculaire renaissance du roman maghrébin de langue française, dont la production avait effectivement commencé à faiblir dans les années qui en précédèrent la publication, cependant que la production des années qui suivirent a connu un nombre de titres et des chiffres de tirages sans commune mesure avec ceux qui précédaient.

rapport évident avec l'écriture. Habel, chez Dib, est certes exilé en France par son frère, «pressé de s'approprier le sceptre», mais il est aussi celui à qui, dans cet exil qui en est la condition, l'ange de la mort a confié pour mission de «donner à chaque chose précisément un nom». La déambulation du narrateur de *Phantasia* de Meddeb dans les rues de Paris y est explicitement, aussi, présentée comme indissociable de l'activité d'écrire. De même, dans *La Répudiation*, on vient de voir que la relation avec l'amante étrangère, Céline, est la condition même de la narration. Et par ailleurs, dans tous ces textes l'exil culturel n'est plus du tout vécu sur le mode de la déploration, comme cette perte d'identité du colonisé qui fonde le pathétique des romans de Malek Haddad ou d'Albert Memmi, mais au contraire comme une richesse, dont l'*Amour bilingue* (1983) qui donne son titre à l'un des plus beaux romans d'Abdelkebir Khatibi est une des illustrations fécondes. Dès lors la description mécanique de «l'aliénation» de l'intellectuel «acculturé» montre à l'évidence qu'inséparable de l'époque qui la vit naître et dans laquelle elle put apparaître comme un indéniable outil politique, elle ne peut plus rendre compte de manière satisfaisante de la fonction de l'ailleurs ou du décalage du personnage dans cette littérature «maghrébine de langue française» dont l'intitulé même suppose la double localisation, pour ne pas dire la délocalisation. Le roman quant à lui ne peut plus être abordé à partir des concepts quelque peu réducteurs d'Identité et de Différence, fondés ou non sur la possession ou la privation d'une langue maternelle. Ces thèmes y tiennent certes une place importante, mais en quelque sorte revisitée. L'ailleurs, de différence culturelle, va se transformer en étrangeté où fleurit le désir: celui-là même qui fonde l'écriture, laquelle dès lors devient la déterritorialisation majeure.

DE LA DIFFÉRENCE À L'ÉTRANGETÉ

Le roman le plus connu pour illustrer ce schéma est bien sûr *La Répudiation* de Rachid Boudjedra (1969). Le récit plus ou moins autobiographique du narrateur y est en effet explicitement présenté comme narré à l'amante étrangère. De plus, la progression chaotique de ce récit comme son existence même sont inséparables de l'évolution de la relation sexuelle du narrateur, Rachid, avec Céline. L'érotique du texte, de la narration, est ainsi directement montrée, débarrassée de tout mystère... Or cette différence sexuelle du narrateur et de l'allocutaire de son récit est aussi différence culturelle, que souligne le roman en commençant la narration autobiographique par le récit de ce qui manifeste la plus grande différence culturelle entre ces protagonistes: le Ramadhan. Cette différence culturelle exhibée souligne donc encore plus la tension, déjà lourde dans le roman, de l'érotique textuelle qui le fonde. Elle souligne également la rupture de l'écriture romanesque en tant que telle avec la clôture de la culture traditionnelle: dans quelle mesure le surgissement du moi autobiographique en rupture avec cette clôture n'a-t-il pas besoin de l'étai de la double différence introduite par Céline? Mais ce dédoublement de la différence sexuelle de l'allocutaire peut apparaître aussi comme une surcharge inutile, une redondance qui souligne peut-être surtout, y compris par sa lourdeur «pédagogique», la dépendance de fait de *La Répudiation* par rapport à une lecture française de l'écriture maghrébine.

C'est pourquoi il est intéressant que dans le roman suivant du même auteur, *L'Insolation* (1972), le destinataire du récit soit une femme algérienne, Nadia, l'infirmière-chef aux seins dissymétriques. La différence qui fonde l'érotique de la narration est ainsi débarrassée de toute redondance culturelle. Elle est sexuelle sûrement, et politique peut-être, mais de toute manière elle provient exclusivement de l'intérieur du champ culturel national. Or ce passage de l'allocutaire intradiégétique du récit, de l'extérieur vers l'intérieur du champ culturel, s'accompagne, sur le plan des références littéraires, de tout un jeu intertextuel avec des textes essentiellement algériens, parmi lesquels ceux de Kateb Yacine tiennent la première place. Mais s'agit-il encore de différence, au sens où la décrit traditionnellement l'idéologie, c'est-à-dire de différence entre des entités culturelles cohérentes dans leur propre définition d'elles-mêmes comme dans celle de leur irréductibilité l'une à l'autre? Certes non! On est passé au contraire dans ce texte d'une convocation de la *différence* comme prétexte de la narration, qui était le propre de *La Répudiation*, à une distanciation du semblable, de l'identique supposés par le discours idéologique univoque, en *étrangeté* à l'intérieur même du champ. Seule subsiste la différence sexuelle, transformée en incongruité selon une redondance malgré tout présente, dans les seins dissymétriques de Nadia. Mais cette incongruité apparente fait partie de tout un jeu ménippéen avec le corps théâtralisé des différents discours par rapport auxquels le roman s'écrit en les mettant en scène. Discours idéologiques ou discours littéraires, mais explicitement nationaux. Ainsi, l'érotique textuelle de ce roman est-elle doublement fondatrice. En se passant de la redondance culturelle de Céline allocutaire étrangère, elle rompt avec le postulat unitaire de l'idéologie qui situe toute différence à l'extérieur du champ culturel national.

Ce concept *d'étrangeté*, qui n'est pas obscurci par l'histoire théorique de celui de *différence*, permet de suppléer à la défaillance du terme de «différence» pour désigner une altérité qui n'en est pas une, une rupture interne de l'identique par laquelle cet identique peut devenir productif. Car seule cette altérité interne, en quelque sorte, rendra possible cette érotique du texte en laquelle on a vu plus haut une condition de sa production, de sa fécondité. L'étrangeté, appliquée à l'écriture romanesque, désignera donc un intérieur-extérieur, d'abord, de cet allocutaire intra- ou extra-diégétique implicite à toute narration. Un récit s'adresse toujours à un lecteur, ou à un auditeur, que cet allocutaire soit ou non désigné explicitement par le texte. Or, pour le lecteur non-nommé comme pour Céline ou Nadia, l'une des questions qu'on pourra se poser, et qui hypothèque en partie la signification comme la portée du texte, est celle de son intériorité ou de son extériorité par rapport au champ culturel référentiel de ce texte. Le même texte sera lu différemment par un lecteur maghrébin ou par un lecteur français, et l'on pourra se demander auquel ce texte s'adresse. Mais on s'apercevra vite qu'il ne s'adresse jamais uniquement à l'un, ou uniquement à l'autre. Le lecteur-allocutaire est le plus souvent, selon une variation infinie de situations possibles, à la fois intérieur et extérieur par rapport au champ de significations du texte, que d'ailleurs son intériorité-extériorité, son étrangeté au sens où on vient de la définir, informe et modèle à son tour.

L'ÉCRITURE-DÉTERRITORIALISATION

Dans une certaine mesure, l'abandon de la différence culturelle redondante de Céline pour la seule étrangeté sexuelle de Nadia comme fondement de l'érotique narrative peut donc être lu comme l'affirmation d'une maîtrise littéraire grandissante de l'auteur de *La Répudiation* et de *L'Insolation*, à une époque où par ailleurs la littérature maghrébine de langue française en général n'a plus à quêter une reconnaissance qu'elle a depuis longtemps acquise dans l'opinion. On peut donc se demander si ce mécanisme s'annonçait déjà, vingt ans plus tôt, lors des débuts de cette même littérature, dans un contexte de dépendance culturelle non encore dépassée. On sait, ainsi, que l'écriture de Feraoun est souvent présentée par les lectures idéologiques comme aliénée, parce qu'elle recourrait ingénument aux modèles d'une écriture française apprise. Mais si l'on revient à cette écriture, en dépassant le système de valeurs civilisationnelles et scripturales explicites de l'auteur pour étudier plus profondément la fonction des personnages, particulièrement féminins, dans la narration, tant dans l'histoire racontée que dans la production de celle-ci, que trouve-t-on? L'exemple de *La Terre et le Sang* (1953) me semble particulièrement bien illustrer mon point de vue, dans la mesure où ce roman nous présente à la fois un ancien émigré, Amer, comme héros masculin, et deux héroïnes féminines dont l'une, française d'origine, peut être lue dans un statut de différence comparable à celui de Céline chez Boudjedra quinze ans plus tard, et dont l'autre, Chabha, rejoint par sa différence sexuelle et le scandale de sa liaison non-licite avec Amer une étrangeté féminine qui n'est certes pas celle de Nadia, car le récit ne s'adresse pas à elle, mais est cependant comparable.

Ces trois personnages sont, de trois façons différentes, à la fois intérieurs et extérieurs par rapport au champ identitaire du village: décalés sans être différents. Amer l'est en tant qu'ancien émigré, même si dès son retour ce passé est apparemment gommé. Pourquoi, en effet, avoir signalé ce passé dans le portrait du personnage? Est-ce uniquement pour expliquer qu'il revienne avec Marie, la Française? N'est-ce pas plutôt pour le mettre dans cette situation de différence qui n'en est pas une, «d'intérieur-extérieur», ou encore d'étrangeté, qui lui permettra de devenir personnage romanesque?

Le personnage de Marie, dans *La Terre et le Sang*, est en quelque sorte un «produit» narratif idéologiquement cohérent avec l'étrangeté d'ancien émigré d'Amer. Sa différence culturelle de Française peut ainsi apparaître, dans sa cohérence avec le passé d'Amer, comme une sorte de parcours narratif obligé comparable à la présence de Céline chez Boudjedra, dans une redondance idéologique du même ordre, même si Marie n'est pas allocutaire du récit. Mais ne peut-on établir un parallèle entre l'entrée de Marie dans l'univers du village, alors qu'elle vient d'un extérieur radical, et celle du «touriste» dont le regard sur ce village depuis le même extérieur radical est convoqué dans la description initiale, comme il l'était déjà dans celle qui ouvrait *Le Fils du pauvre?* Seulement, les nécessités d'une narration qui se justifie comme dire du lieu, et non de ses extérieurs, vont très vite résorber cette double différence parasitaire par rapport à l'objet local véritable du roman. Le touriste supposé et la différence de Marie disparaissent comme d'inutiles préalables oratoires, et s'il ne reste rien du touriste, Marie deviendra plus kabyle que les Kabyles. Sa différence, comme le passé d'Amer, va être subvertie par la logique d'un récit qui dit avant tout le lieu. La question sera donc de savoir pourquoi Feraoun a ressenti la nécessité de cette différence, avant de la subvertir. On tentera d'y répondre après avoir parlé de Chabha.

Chabha en effet n'est pas différente du groupe, du village, au départ. Mais sa liaison amoureuse avec Amer la marginalisera. Son parcours est donc rigoureusement inverse de celui de Marie. Là où Marie en s'assimilant perd sa différence, mais aussi son statut d'héroïne centrale, Chabha en se marginalisant par une liaison amoureuse non licite se place dans une situation d'intériorité et d'extériorité à la fois qui lui permet de devenir héroïne romanesque. Là où Marie perd sa différence, Chabha gagne son étrangeté, laquelle lui permet de devenir héroïne. Etrangeté double, donc: celle d'une femme se plaçant en rupture des normes de son groupe par son aventure amoureuse, mais celle aussi d'une femme se plaçant dans une rupture tout aussi importante par rapport à ce même groupe en devenant personnage de roman. Et l'on oublie trop souvent que c'est la seconde qui produit la première, et non l'inverse.

La différence initiale de Marie lui aurait permis de devenir personnage romanesque sans que la clôture identitaire du village n'en souffre: simplement, elle n'aurait pas été intégrée. Mais le roman n'aurait pas été le roman de ce village, dans la mesure où le village n'y aurait pas été perçu à travers la crise de valeurs qu'entraîne l'effraction de Chabha, et qui seule permet au village aussi de devenir protagoniste romanesque, signifié privilégié. L'entrée du village dans l'écriture romanesque ne peut se faire que par l'intermédiaire d'une rupture dans le système clos de ses valeurs, par l'intermédiaire d'une crise introduite par la césure que Chabha seule peut provoquer au plus intime du «noyau de l'être» collectif dont elle est issue à la différence de Marie, et qu'elle représente plus que les protagonistes masculins en tant que femme. Seule la fêlure introduite par Chabha-femme dans ce noyau de l'être que son silence, comme son devoir traditionnel de ne pas être objet de paroles, ont pour rôle de préserver, permettent l'entrée du village comme objet (et donc comme perte de son être profond) dans l'écriture romanesque. L'écriture romanesque est une parole indécemment adressée à l'extérieur, et dont le dire réaliste impudique dévoile, par la nature même de cette écriture romanesque, ce que le dire clos de l'identique commande de passer sous silence: l'être le plus intime et le plus vrai. Chabha est donc la condition même d'un récit romanesque véridique du lieu. Mais elle l'est grâce à la perte du silence constitutif, en quelque sorte, de l'identité close. Le roman est effraction que seule la rupture de Chabha rend possible, grâce à son étrangeté féminine *dans* l'identique le plus profond. La

différence redondante de Marie n'aurait pas permis ce récit, si Marie
en avait été héroïne. C'est peut-être une des raisons pour lesquelles
quinze ans plus tard Céline, encombrée d'une même différence redondante, sera allocutaire du récit de Boudjedra, et non protagoniste à
l'intérieur de ce récit.

Pourquoi, alors, Feraoun a-t-il conservé ce personnage de Marie?
La comparaison esquissée plus haut avec le «touriste» fictif du point
de vue duquel se fait la description peut ici nous aider. Selon une
approche idéologique, ce «touriste» serait un indice du point de vue
«aliéné» de Feraoun sur sa Société, et cette «aliénation» d'un «assimilé» se confirmerait lorsqu'on examine les références culturelles
auxquelles Feraoun fait appel, et les modèles littéraires utilisés par
son écriture. Mais cette lecture idéologique ne s'interroge pas sur le
statut du langage romanesque en tant que tel, et plus précisément celui de la description réaliste, par rapport à cette Société. L'*extranéité*
en effet qu'il convient d'examiner ici n'est peut-être pas tant celle des
valeurs culturelles auxquelles Feraoun fait référence, ni celle de la
langue française et de son humanisme sous-jacent qu'il est aisé de
localiser. Elle est plutôt celle du genre romanesque et de l'attitude
descriptive en tant que telle. Car cette attitude descriptive suppose
nécessairement un allocutaire extérieur au champ décrit, dont on
épousera donc naturellement le point de vue si l'on vise à la lisibilité.

Dans quelle mesure donc ne peut-on lire le personnage de Marie
comme une manifestation indirecte de cette extranéité inévitable
d'une écriture romanesque et de ses allocutaires «naturels», par rapport à l'espace du village dans lequel le roman, non seulement ne
répond à aucune tradition culturelle, mais apparaît de plus comme une
effraction mortelle pour la clôture sur l'Identique des valeurs constitutives d'une cohérence de cet espace? Marie vient de l'extérieur,
comme la parole romanesque, mais depuis sa différence, elle se fon-
dra finalement au plus profond de l'Identique, jusqu'à devenir, on l'a
vu, plus kabyle que les Kabyles, et disparaître du même coup comme
héroïne de roman. C'est cependant la différence de l'écriture romanesque, parallèle à la sienne, tout comme l'étrangeté d'Amer, qui
permettront à Chabha de devenir cette héroïne que Marie ne peut plus
être lorsqu'elle résorbe ainsi sa différence.

De la même façon c'est la différence de l'écriture romanesque qui
permettra à ce noyau de l'être que révèle son effraction, parallèle à
celle de Chabha, d'être dit, et perdu à la fois. Chabha devient héroïne
romanesque, le récit romanesque révèle le village au plus intime,
parce que Marie comme le genre romanesque sont venus depuis leur

différence radicale introduire dans la conscience des villageois ce recul, cette étrangeté par rapport à leur quotidien qui seuls permettent à ce quotidien d'être dit, même si c'est au prix de sa perte. L'étrangeté féminine, qu'elle soit doublée d'une différence culturelle comme celle de Céline ou de Marie avant son assimilation à la Kabylie, ou qu'elle soit comme celle de Nadia ou de Chabha inhérente au champ de l'Identique, rejoint donc l'étrangeté du roman maghrébin de langue française comme écriture. Comme elle, elle permet le dire d'une identité jusqu'ici close par son évidence interne, et le silence qui la scellait.

QUEL AILLEURS? QUEL ICI?

On en arrive ainsi, à partir de ce vacillement des limites spatiales ou conceptuelles qu'on peut considérer aussi comme une des caractéristiques majeures de l'écriture littéraire et de cette déterritorialisation qu'y soulignait Deleuze, à reconsidérer quelque peu les définitions trop mécaniquement identitaires données le plus souvent de l'ailleurs, en particulier lorsqu'il s'agit de littérature. Voir dans le roman francophone un passage d'un ailleurs problématique à un ailleurs emblématique n'est certes pas inexact, mais relève d'une lecture idéologique dans laquelle l'ambiguïté propre au texte littéraire s'efface. En ce qui me concerne, je chercherai au contraire, sans nier cette lecture thématique, à développer parallèlement un itinéraire inverse. Dépasser la perception idéologique de l'ailleurs comme emblème identitaire qui marqua les premières lectures du roman maghrébin, pour en arriver à la mise en évidence d'un décalage problématique: non tant celui de la partition spatiale décrite par le roman, que celui du fonctionnement littéraire lui-même dans le champ francophone, et plus particulièrement ici franco-maghrébin.

Qu'est-ce que l'ailleurs *dans* et *de* la littérature maghrébine de langue française?

La définition de l'ailleurs est ici liée à celle de l'exotique: tout *ailleurs* l'est d'abord par rapport à un *ici*, tout exotisme l'est par rapport à une norme. Or au départ la littérature maghrébine de langue française, s'adressant à des lecteurs majoritairement français, développera ou infirmera un exotisme par rapport à un *ici* français. Pour simplifier, disons que si le marocain Ahmed Sefrioui, par exemple, propose une description du milieu traditionnel qui correspond à une attente européenne de dépaysement sans nuages, un autre marocain, Driss Chraïbi, dressera dans *Le Passé simple* (1954) un violent réqui-

sitoire contre l'hypocrisie de cette dernière. Les algériens Mouloud
Feraoun, Mouloud Mammeri ou Mohammed Dib, quant à eux, décri-
ront d'emblée une Société traditionnelle différente, certes, de la Société européenne, mais dans laquelle l'accent est mis sur la situation
de crise dans laquelle elle se trouve, du fait entre autres de l'intrusion
de valeurs occidentales. C'est dans une certaine mesure à un exotisme
inversé qu'on assiste dans leurs romans, comme ce sera encore plus le
cas en 1956 dans *Nedjma* de Kateb Yacine, puisque l'ailleurs y est la
lointaine Société occidentale. Ailleurs relatif cependant puisqu'il
intervient directement dans la détérioration de l'espace d'ici, qui dès
lors ne peut plus véritablement en apparaître déconnecté: le décalage
des personnages dont on parlait en commençant intervient bien ici
comme une sorte de trait d'union entre deux espaces aux normes
pourtant si antagonistes. Il participe de ce fait à un gommage de
l'exotisme: la crise dans laquelle l'ailleurs occidental a participé à
plonger la société traditionnelle installe l'espace de cette dernière
dans une sorte de continuité par rapport à cet ailleurs inverse de celui
qu'attendait l'exotisme.

Cette définition de l'ailleurs est donc plus complexe que ce qu'une
approche rapide le laissait supposer. Elle sera plus complexe encore si
on passe de la littérature maghrébine de langue française proprement
dite, à la littérature «issue de l'immigration» d'origine maghrébine en
France, ou en Europe. Car ici l'exotisme ne se développe plus entre la
Société française et un espace, exotique ou non, géographiquement
décalé, mais au sein même de la Société européenne. Quelles que
soient les polarités de l'ailleurs et de l'ici qu'on y dégagera, on pourra
donc dire que l'ailleurs y est dans l'ici, et réciproquement. Dès lors
l'intérêt théorique d'une étude de cette jeune littérature au statut
beaucoup plus problématique que celui de la littérature maghrébine
proprement dite, me semble résider dans le fait qu'elle met en échec
toutes les définitions de l'ici et de l'ailleurs proposées jusqu'ici, que
ce soit à partir de critères géographiques ou d'aires linguistico-
culturelles. Et de même il s'avère quasiment impossible de lui désigner un espace de référence géographiquement et culturellement cir-
conscrit. On est bien là au niveau le plus élémentaire cette fois dans
cette déterritorialisation de l'écriture qu'on a signalée plus haut pour
pointer l'impossibilité de réduire la littérarité à une localisation de
nature idéologique. Ici, ce n'est même plus de littérarité qu'il s'agit
nécessairement, car la qualité littéraire, même si un nombre grandis-
sant d'écrivains s'affirment comme tels depuis quelques années, n'est
pas toujours au rendez-vous: c'est bien au niveau du fait objectif de

l'existence de certains textes que la description idéologique à base identitaire se trouve en défaut.

Déjà, le libellé «littérature *maghrébine* de langue *française*» ne manquait pas de poser problème, en désignant lui aussi un ailleurs double dans cette double localisation contradictoire. La tentative de localisation ici se nie par son effort de localisation même. Mais n'avons-nous pas insisté sur la littérarité comme déterritorialisation? Les plus grands textes de cette littérature, par exemple plusieurs des derniers romans de Mohammed Dib[4], s'écrivent d'emblée dans un espace qui n'est même plus un ailleurs, puisque l'ici par rapport auquel cet ailleurs le serait n'y est plus l'espace d'origine de l'écrivain. Et on ne voit pas en effet pourquoi un écrivain maghrébin serait condamné à ne parler que du et depuis le Maghreb. Ou un écrivain allemand de et depuis l'Allemagne. Dès lors on sera peut-être amené à poser le problème de la pertinence de la définition d'une littérature par rapport à un lieu ou à un espace «de référence». Problème qui est particulièrement celui de la plupart des littératures francophones, lues le plus souvent comme une annexe exotique de la littérature française, dont la lecture ne se justifierait qu'à partir de l'intérêt ethnographique ou politique des espaces de référence dans lesquels elles sont cantonnées. L'ailleurs ici désigne bien souvent le secondaire, le mineur. Il est parfois négation de la littérarité, au sens noble du terme.

On propose donc ici de considérer la Francophonie, moins en termes de communauté d'espaces culturels divers ayant en commun l'usage littéraire de la langue française sans pour autant accéder de plein droit dans l'espace indubitable de la littérarité, que comme une sorte de laboratoire dont l'«ailleurs» ne se réduirait plus à sa dimension géographique de périphérie par rapport à un centre, seul «ici» acceptable et norme en tant que tel, mais développerait une sorte de déterritorialisation de la signifiance littéraire. Dans cette dernière, le texte ne serait plus réduit à ce que Foucault appelait la «tyrannie du sens», c'est-à-dire dans le champ qui nous intéresse l'espace décrit et les idées développées par rapport à cet espace, mais redeviendrait ce

---

[4]   On pense ici surtout à l'ensemble de textes qu'on a appelé le «cycle nordique» de l'écrivain: *Les Terrasses d'Orsol* (1985), *Le Sommeil d'Eve* (1989), *Neiges de marbre* (1990), et *L'Infante maure* (1994).

creuset de significations nouvelles où la littérature nous donne des mots nouveaux pour désigner une réalité qui a échappé aux clivages signifiants consacrés.

Charles BONN
Université de Paris Nord

LA POÉTIQUE DE L'ESPACE
DANS LES ROMANS D'ANTONINE MAILLET

L'espace d'Acadie, terres et mer, est le thème, unique et multiple, de l'œuvre romanesque d'Antonine Maillet qui apparaît à partir des années 60. Par le roman, à travers et grâce à la fiction, l'Acadie a accédé à la dignité littéraire, à une certaine reconnaissance d'ordre à la fois esthétique et éthique, même si une tradition d'écriture francophone vieille de plusieurs siècles, la maintenait en vie. Avec Antonine Maillet, le local, le régional est devenu universel.

C'est pourquoi le critère esthétique est insuffisant, voire inadéquat, lorsqu'il s'agit d'analyser ce monde romanesque. L'écriture d'Antonine Maillet est fondatrice: elle dit et donne sens à une terre, à un peuple frappés par le malheur puis oubliés de l'Histoire. Par la «parlure» elle fait revivre une communauté qui s'identifie à un espace. Tandis que le roman d'Antonine Maillet se métamorphose en chanson de geste, une langue ressuscite, une terre se change en espace mythique où se mêlent passé et présent, réel et imaginaire, ciel et terre, terre et mer, joies et peines écrites, contées une fois pour toutes, comme éternisées par la force de la Parole.

I

Antonine Maillet est devenue romancière parce qu'elle a décidé un jour d'être le géographe, l'annaliste, le chantre de sa petite patrie. Comme son héroïne, son double de *Pointe-aux-Coques* (1958), son premier roman, elle décide de partir à la redécouverte de son pays:

> Dans ma décision de m'engager pour une année à l'école de Pointe-aux-coques, j'avais été poussée par ce désir qui me hantait de connaître le village de mes ancêtres.

Le voyage (en train) sur lequel s'ouvre le roman, est une sorte de *travelling* qui fait du je narrateur une voyageuse, étrangère, séparée du paysage qui se déroule par la vitre et par le temps, celui d'une jeunesse ignorante de l'histoire concrète d'une terre. Il se fait vite pélerinage, retour aux sources, acte de piété filiale, par fidélité envers le père:

> Mais il me tardait de voir la mer, cette vaste mer bleue, dont mon père m'avait tant parlé, et ce petit village, tout entouré d'eau et de prés verts qui était pour moi toute l'Acadie.

Nourri par les témoignages du père puis d'anciens qui sont la mémoire encore vivante d'une terre, le voyage mais aussi l'écriture se changent en une sorte de maïeutique sentimentale: il faut retrouver, reconnaître le passé que l'action du temps n'a pas encore aboli.

> Ce village avait vu naître mon père, le sol que je foulais l'avait porté [...] je reconnus avec émerveillement, en face de la rivière, les trois collines et les vastes prés verts qui se déroulaient jusqu'à la forêt.

Et tandis qu'au jour le jour l'année scolaire se déroule (éphémérides romanesques), que, par l'institutrice, le roman à la première personne permet au passé de prendre corps, substance, ce même passé incarné, symbolisé par le vieux pêcheur de quatre-vingts ans, le Grand Dan, s'ouvre à l'avenir par la délégation de pouvoir, le relai que celui-ci passe à Jean «l'homme de l'avenir», jeune pêcheur «traceur de routes». Le gardien du passé, de la tradition transmet à la jeune génération une culture et l'investit d'une mission.

L'Acadie, pour Antonine Maillet, c'est toujours un espace à retrouver, à recomposer, un espace qui, au début du moins de chaque histoire, n'est pas donné, posé par la description, réel évident, mais à reconstruire. C'est toujours remonter dans le temps pour mieux le conjurer, l'exorciser. Je veux parler de ce «Grand Dérangement», de ce drame qui a éloigné les Acadiens de leurs terres, mais qui les a incités aussi au retour. Je cite un passage de *Pélagie-la-Charrette* (1978):

> Le Maine! Le Maine enfin, dernière étape. Un Etat aux frontières mal définies, controversées. Où finit le Maine et où commence l'Acadie?
> «L'Acadie? Connais pas.»
> Et Pélagie comprit que son pays serait à refaire.
> À reprendre, acre par acre.

Ce que Pélagie décide de faire ici, Antonine Maillet l'a entrepris, symboliquement, par l'écriture: «refaire» un pays aux limites, aux contours imprécis, aux traits encore mal définis. L'Acadie est une terre en attente d'une véritable Genèse. Notons toutefois qu'avec *Les Confessions de Jeanne de Valois* (1992), c'est, par l'intermédiaire d'une quasi centenaire, tout un siècle d'histoire acadienne (religieuse, mais aussi politique et culturelle) qui est comme sauvé.

Ou bien les Anglais ont tout submergé, «Les Anglais ont tout pris», est-il écrit dans *Les-Cordes-de-Bois* (1977), ou bien la mer vient brouiller le tracé du pays:

> La mer.... ça vous change une topographie à décourager les géographes, les arpenteurs ou les officiers de pêche. (*Mariaagélas*, 1973).

Ou bien, autre dilemme d'ordre spatial, la Nature défie le travail de l'homme:

> Dans ce pays-là, vous comprenez, on ne délimite pas si facilement les terres. (*Mariaagélas*).

Ou bien la nature intime du pays est un défi à toute topographie stable, précise:

> Mais un pays jalonné de lucarnes, clôtures de lisses et barreaux de galeries, il est malaisé de la dénicher sous le fatras de variantes, la version officielle. (*Les Cordes-de-Bois*).

Le pays, dans sa topographie comme dans ses traditions, est un espace d'archives à réévaluer, réinterpréter, après plus d'un siècle de silence, d'endormissement, comme il est rappelé à la fin de *Pélagie-la-Charrette* et encore dans *La Gribouille* (1982) qui fait écho au précédent et le complète. Le pays, dans son ensemble, paraît hésiter entre l'imprécis et l'infime, défiant toute description, toute prise culturelle et objective par l'homme:

> C'est si petit, le pays. Et des côtes, c'est si instable. Une seule lame de trente pieds peut vous dévorer un champ de foin salé, vous baver sur la grève une tonne d'épaves avec, au hasard, un jeune marin dans les débris. Tout ça, c'est connu. Et ça vous change drôlement la topographie. (*Les Cordes-de-Bois*).

L'Acadie d'Antonine Maillet est une géographie infime et infinie de chemins et de champs, de bois et de villages, de fermes, d'anses et de baies. Peu de descriptions, en général, fort rapides, presque schématiques, des esquisses, vite crayonnées, à la fois croquis de voyageur artiste et relevé d'ethnographe. C'est une foule de sentiers et de prés, une toponymie entêtante, omniprésente qui égare plus qu'elle ne renseigne. Le repère est moins géographique que poétique: labyrinthe onomastique.

> Car en cent secondes, ce marin aux longues jambes et au front large avait réussi à sauter le ruisseau des Pottes, grimper la butte à Tim, nager la rivière à Hache, franchir le pont des Allain et s'arrêter, épuisé, au pied de la clôture de lisses qui pourrissaient au soleil depuis un demi-siècle. (*Les Cordes-de-Bois*).

Cette topographie nécessaire oblige, dans *La Gribouille*, à faire précéder le texte d'une double carte: celle de l'espace canadien ouest-atlantique et celle, isolée par le rond de la loupe, du détroit du Northumberland qui fait entrer le lecteur dans l'espace romanesque et lui permet de s'orienter.

Ce que je tiens pour une topographie de l'infime renvoie peut-être à la Touraine de Rabelais, par sa précision étonnante, voire accablante. Rabelais est un auteur bien connu d'Antonine Maillet: elle est l'auteur d'une thèse de doctorat sur *Rabelais et les traditions populaires en Acadie* (1980).

D'un point de vue de l'écriture romanesque, la topographie apparaît comme reconquise ligne après ligne, lieu-dit après lieu-dit, et consignée, serrée dans le texte romanesque, enfin inscrits, écrits et comme inscrits non pas seulement dans l'espace textuel mais dans l'histoire, dans le temps. On n'ose dire éternisés. Poétisés, à coup sûr. Il est possible d'écrire «la petite histoire du pays», comme il est souligné dans *Les Cordes-de-Bois*. Les repères existent et s'organisent au gré du déroulement de l'histoire. Ils composent un territoire qui n'est petit que par rapport aux voisins, «les Etats» ou la mer.

II

L'un des principes essentiels de la poétisation de l'espace chez Antonine Maillet ressortit non à l'écriture romanesque mais aux modèles caractéristiques de l'ethnolittérature: le conte, le mythe, l'épopée. Retenons spécialement le modèle épique. Il s'agit précisément soit de l'exagération, de l'hyperbolisation dans le cas d'un sujet comique (l'empreinte rabelaisienne est là encore évidente, je songe en particulier à *Don l'Original*, 1972), soit de l'agrandissement épique, le mot étant à prendre au sens proprement spatial. C'est ainsi qu'une querelle entre deux lopins de terre est traitée à la manière d'une Iliade acadienne: tel est le caractère essentiel de *Don l'Original*. Dans *Mariaagélas*, les gens d'un bord à l'autre du pont, se lancent des invectives, répétant l'on ne sait quel *agôn* homérique. *Les Cordes-de-Bois*, minuscule arpent de terre, devient le lieu de «chicanes épiques.»

Prenant également les modèles de *L'Odyssée* et de la *Bible* (la *diaspora* des Hébreux), Antonine Maillet reconstruit la remontée des Acadiens vers leur terre promise (*Pélagie-la-Charrette*). Nul doute que la romancière veuille ici allier, en une synthèse originale, la tradition de l'antique aède et celle, multiséculaire, du conteur pour retrouver, pour restituer, par ce qu'elle entend rapporter, les sources mêmes de la poésie traditionnelle, antique, populaire. La romancière dit ou chante son pays, au sens plein, archaïque des termes.

Un second principe de poétisation de l'espace est identifiable dans le traitement de la chronologie immédiate. Il est d'ordre mythique en ce qu'il transforme le fil chronologique en cycle. On pense évidemment aux réflexions de Mircea Eliade sur temps profane et temps sacré. Tandis que le passé ressurgit, réactivé, le présent est réorganisé en fonction du cycle immuable des saisons, de l'ordonnance des mois, de l'alternance des froids et des chaleurs. Il y a, dans chaque roman d'Antonine Maillet, une volonté d'inscrire la vie de l'espace acadien dans des éphémérides quasiment immuables, avec des repères où se mêlent la religion catholique (Avent, Noël, Pâques...) et la météorologie: l'ordre cosmique du monde se fond dans des rites en dehors du temps des hommes et qui pourtant continuent de le ponctuer. Sans doute retrouve-t-on un trait de culture important pour un peuple paysan et marin qui a conservé un mode de vie que la modernité n'a pas encore totalement altéré. Mais, plus sûrement, il convient de voir comment la romancière entend inscrire le paysage acadien dans une logique cosmique et mettre ainsi en rapport son petit coin de terre, élu pour le temps et l'espace d'un roman, avec le rythme de l'univers. Montrer donc comment microcosme romanesque et petite histoire fortuite se mêlent au macrocosme, à son ordre et à sa durée.

Dans cette optique et de façon à cerner plus précisément la nature de l'écriture romanesque d'Antonine Maillet, on retiendra ce que l'on peut appeler la poétique des éléments, en particulier l'eau (la mer), ambivalente, séduisante et dangereuse, la terre, à la fois minuscule et démesurée, sans mesure, et l'air, avec les noms des vents, composant un espace aérien et céleste, véritable double idéal, supérieur, de l'Acadie réelle, terrestre. Ainsi faut-il lire l'un des passages les plus denses en émotion de *Pélagie-la-Charrette*: Pélagie mourante, enfermant dans son mouchoir, enfouissant dans son devanteau, sa terre d'Acadie, «ma Grand'Prée»:

> Et dans sa poche de devanteau, elle enfouit aussi des mots, des mots anciens aveindus à cru de la goule de ses pères et qu'elle ne voulait point laisser en hairage à des gots étrangers; elle y enfouit des légendes et des contes merveilleux, horrifiques ou facétieux, comme se les passait son lignage depuis le début des temps; elle y enfouit des croyances et coutumes enfilées à son cou comme un bijou de famille qu'elle laisserait à son tour en héritage à ses descendants; elle enfouit l'histoire de son peuple commencée deux siècles plus tôt, puis ballotée aux quatre vents, et laissée moribonde dans le ruisseau... jusqu'au jour où un passant la ramasserait, et la ravigoterait, et la rentrerait de force au pays; elle y enfouit ses pères et ses fils engloutis dans le Dérangement [...]

Dans un geste rituel et inspiré, Pélagie, double poétique d'un géant rabelaisien, capte l'air, prend l'esprit d'une terre et archive les éléments anthologiques, essentiels, fondateurs de cette terre, éléments qu'une romancière, quasiment mise en scène dans le texte, en posture qu'un personnage, mais changée en voix, retrouve, reprend. Il a fallu que l'archivage soit d'abord un geste pieux (comme Enée est pieux), un geste d'amour pour que le même geste, plus tard, soit repris, dans un contexte romanesque. Mais c'est ce dernier qui rappelle, commémore le geste rituel et lui donne sa pleine valeur et son sens plein. Le roman inscrit le geste premier sans lequel il n'aurait pas pu s'écrire.

La thématique de l'air est à l'évidence l'une des originalités majeures de l'écriture de l'espace chez Antonine Maillet. Ce thème lui permet d'allier spiritualité et humour, esprit souffle (*pneuma*) et faconde:

> Dans un pays où la girouette fait tourner les vents à l'improviste et à contre-courant, entortillant le nordet autour des mâts puis le soufflant sans prévenir dans les fentes des granges et des greniers, il est bien malaisé de garder un secret. (*Crache-à-Pic*).

L'air est aussi ce qui permet de passer de la mer à la terre, d'unir terre et mer et de donner une unité au pays jusque dans les moments les plus infimes de la vie quotidienne:

> Je constatai [...] que les grands ménages de printemps, à Pointe-aux-Coques n'avaient rien de prosaïque. Tous ces tapis, et ces couvertures, et ces garde-robes, éparés sur le gazon ou les vérandas, suscitaient dans les cœurs un avant-goût d'été. Il y avait les pardessus d'hiver, et les gilets de pêche, et les mackinaws, et les calottes de fourrure: tout cela que la légère brise de mai faisait onduler sur l'herbe ou le long des cordes à linge. L'air de tout le village était parfumé de grands ménages: cette odeur de lessive et d'essence, mêlée d'un goût âcre de sel et de vent humide [...] (*Pointe-aux-Coques*).

Enfin, l'air, comme la mer, comme la terre en ses différentes phases saisonnières participent activement à l'action narrée: associer ainsi les éléments du monde à l'action des hommes, c'est encore retrouver l'un des principes de l'écriture épique. On le nomme «agrandissement», mais on pourrait mieux encore parler d'exemplarité.

III

Accordons une place particulière au troisième et dernier procédé d'écriture de l'espace que je veux distinguer: la personnification d'un espace communautaire.

Il me semble significatif que certains informateurs d'Antonine Maillet, chroniqueurs, «conteux», soient appelés des «défricheurs de parenté»: l'expression est dans *Crache-à-Pic* et dans *Les Cordes-de-Bois*, par exemple. Il existe dans l'Acadie de la romancière, comme peut-être pour d'autres communautés fortement individualisées, voire fermées sur elles-mêmes, une étroite relation entre l'espace physique et ce que l'on pourrait appeler la géographie humaine, le peuplement d'un espace. Celui-ci n'existe qu'en fonction de la présence ou de la survivance de familles. Les lieux-dits sont aussi des noms de famille, ou de clan. C'est ainsi qu'est présentée la fondation de l'Acadie après la remontée des charrettes (*Pélagie-la-Charrette*):

> Et les cherretons s'en furent aux quatre horizons de la terre de l'ancienne Acadie, poussés par des vents du sud, du suète, du suroît, du noroît, du nordet, grimpant le long des rivières,

sautant d'une île à l'autre, s'enfonçant au creux des anses et des baies.

C'est ainsi que les Cordier aboutirent en haut de la rivière de Cocagne et se marièrent aux Goguen et aux Després...

... que les Bourgeois firent souche aux abords du Coude...

... les Allain, les Maillet et les Girouard sur la baie de Bouctouche...

... les Léger à Gédaïque dit Shédiac... [...]

Suit une longue liste en forme d'inventaire à la fois démographique, onomastique et toponymique, représentant donc les trois paramètres d'identification de la réalité acadienne.

La liste, la litanie, la théorie (comme il peut y en avoir dans les généalogies bibliques) se poursuit, composée des noms qui firent souche et qui donnèrent une âme, un visage à des lieux de plus en plus précis, individualisés. L'espace acadien devient ainsi la somme des familles, des lignages, des «parentages». Des paroisses composent, sous la plume de la romancière, un personnage collectif. Aussi importe-t-il de connaître la «mentalité» tout autant que le sol:

> [...] c'est pourquoi il était difficile pour ces officiers à cheval de bien connaître le pays.
> – ... La mentalité! que rectifia de son index le vieux Clovis. (*Crache-à-Pic*).

De ce qui est une simple conséquence culturelle, ethnographique d'une vie communautaire, de pratiques culturelles dites traditionnelles, Antonine Maillet en fait un procédé d'écriture constant, à mi-chemin de la convention épique et de la tradition folklorique: la géographie s'anime, la topographie prend des visages divers, la terre réagit et sent:

> Ce dimanche-là, les points et les rivières et tout le haut du pays se traînaient les pieds comme d'accoutume, d'un portique à l'autre ou de l'abside au parvis. On se racontait sa semaine distraitement, sans accent tonique ni intonation, sans gestes, sans émotion, sans même s'écouter parler. Parce que chaque pointe et chaque dune, et chaque rivière ou barachois de la paroisse ce dimanche-là faisait semblant. (*Les Cordes-de-Bois*).

Tel élément du paysage, comme le Lac à Mélasse dans *Mariaa-gélas* ou le Fond de la Baie dans *La Gribouille* devient, par une série de vigoureuses métonymies, la figuration d'une collectivité qui se remet à vivre après le fameux silence de cent ans et par la volonté d'une romancière qui se veut fille de sa terre:

> Et l'on rit, et le Fond de la Baie tape dans le dos de l'île et l'île rend ses coups du Fond de la Baie. (*La Gribouille*).

Et aussi:

> Pendant ce temps-là le lac à Mélasse et tout le Nord du pont faisaient la figure aux gens du sû en leur criant des noms que le sû n'était pas près d'avaler. (*Mariaagélas*).

Et encore:

> Ding dong et tout Saint André de Pointe-aux-Coques mouchetait de paroissiens ses bancs de neige qui gorgeaient les routes. (*Pointe-aux-Coques*).

Et il faudrait citer *in extenso* la fin de l'épilogue de *Pélagie-la-Charrette* («Et voilà qu'un jour elle s'entendit interpeller à la fois du suète, du nordet et du suroît ...») où les «saluts» fusent de tous les côtés («aux quatre coins du pays les rayons de sa rose des vents») pour associer terre et air dans un immense chant amoebé dans lequel la diversité sonore des prénoms à répétition transcrit à la fois la pérennité des lignages et la richesse multiple d'une terre qui s'éveille à la vie et à l'histoire.

On aurait tort de ne lire ici qu'une suite d'allégories poétiques. Cette Acadie revit sous les yeux du lecteur parce qu'une romancière a décidé de transcrire le grand réveil d'un peuple, parce qu'elle a su, auparavant, capter l'esprit d'une terre, d'une culture, opérer une osmose poétique entre une terre et les mots d'une langue.

> Tu es fille d'Acadie, dit-il simplement, ton âme est faite de ses fleurs et de ses vents; partout où tu iras l'odeur de la mer et la musique des champs de trèfle te hanteront. (*Pointe-aux-Coques*).

Notons encore, dans cette naissance qui est aussi naissance à la littérature par ce premier roman, le rôle matriciel joué par les trois éléments conjugués terre, mer et air. Mais retenons aussi que pour cette «fille» d'Acadie la réflexion morale a précédé l'acte d'écriture, donnant raison à l'écrivain cubain Alejo Carpentier lorsqu'il affirme dans *Los Pasos perdidos/Le Partage des eaux*:

> Les mondes nouveaux doivent être vécus avant d'être expliqués.

IV

Ce rapprochement n'est ni fortuit ni gratuit. Sans minimiser l'originalité de l'espace acadien ni la puissance du projet d'Antonine Maillet, je souhaiterais replacer celui-ci dans d'autres contextes plus vastes et dans une problématique poétique plus ample. La romancière elle-même semble nous inviter à de semblables élargissements (qui sont aussi des comparaisons...) en confrontant la petite Acadie à d'autres exemples ou espaces culturels: la geste acadienne dans *Les Cordes-de-Bois* comparée à la matière de Bretagne ou les petites communautés vues à travers le prisme comique de Rabelais. Poursuivons dans cette voie. Et passons aussi de l'étude poétique de l'espace à des questionnements plus généraux concernant les littératures nouvelles ou «émergentes» et la francophonie de ces dernières décennies.

Notons d'abord comment s'affirment comme principe d'élaboration, de création romanesque la transmission d'une tradition et l'affirmation d'une identité. Dans *Pointe-aux-Coques*, le couple formé par le Grand Dan et Jean peut à bon droit renvoyer à bien d'autres couples fondateurs, même problématiques, de la littérature africaine (la Grande Royale et Samba Diallo de *L'Aventure ambiguë*, la confrontation entre le village ancestral et Fama dans la seconde partie des *Soleils des indépendances*...) et de la littérature latino-américaine (le rôle d'annaliste de Melquiades par rapport à l'histoire dans *Cent ans de solitude* ou la passation de pouvoirs entre Jubiaba et Balduino dans *Jubiaba/Bahia de tous les saints* de Jorge Amado). Il existe ici dans tous ces textes un lien nécessaire, même s'il peut être mis en examen, de la tradition passée et transmise qui traverse le texte et jusqu'à un certain point l'organise et lui donne forme.

La question de l'identité, acadienne en l'occurrence, est posée à partir de deux séries de réalités culturelles qui sont des principes poétiques (c'est-à-dire d'écriture): d'une part, le mélange de traditions folkloriques et d'intrigue romanesque, d'Histoire, et d'autre part la nécessaire et problématique superposition d'une langue à un espace géographique. Or ce phénomène de superposition a des portées différentes selon qu'il s'agit d'une collectivité ou nation «jeune» ou «vieille».

Dans l'Europe du XIXe siècle, le principe des nationalités a abouti à faire coïncider un espace avec une langue: songeons aux cas de la Hongrie, de l'Italie. Ils illustrent en plein XIXe siècle un processus politique d'unification linguistique et spatiale (passage du féodalisme à un état moderne qui deviendra l'état-nation) qu'avaient déjà connu d'autres pays (Espagne avec le castillan et France avec le français d'oil). Mais le cas de l'Allemagne montre à quel point dramatique peut conduire l'identification d'une langue à un espace. Sans aller jusqu'à identifier territorialisation et terrorisme linguistique, il faut reconnaître les dangers politiques d'une telle assimilation, mais aussi constater le passage obligé par cette superposition dans tout combat pour la reconnaissance et l'autonomie linguistique. Enfin, noter que dans des espaces culturels à la fois historiquement définis et entrés en crise, en examen de certaines réalités ou pratiques, la France notamment, il est symptomatique de voir formuler la notion de «déterritorialisation» de la langue (cf. Gilles Deleuze et F. Guattari, *Kafka pour une littérature mineure*, éd. Minuit, 1975) et préconiser des pratiques de «décentrement». Il est sûr que nous sommes là à l'opposé de pratiques de réappropriation, comme celles qu'illustrent Antonine Maillet ou des romanciers latino-américains: Carlos Fuentes par exemple rappelant que sa patrie est sa langue.

Par la langue et aussi par la fiction Antonine Maillet s'assigne pour but de faire coïncider une langue avec un espace qui, comme on l'a vu, est brouillé, imprécis et toujours à redéfinir. Curieusement, à une langue en grande partie archaïque (français du XVIIe siècle), fixée voire figée (ce fut aussi sa force!), correspond un espace qui reste à définir. Aussi la langue a-t-elle un rôle politique, culturel important de même que la fiction qui est à la fois le résultat d'un archivage linguistique et culturel et l'actualisation d'une culture, son entrée dans l'histoire.

Le rapport de l'écrivain à la langue française peut varier. On peut envisager le «marronnage» d'un Césaire, le pillage lexical comme représailles symboliques infligées à la puissance colonisatrice, imposant sa langue et sa culture et en cela tenter de la battre avec ses propres armes. On peut envisager aussi diverses formes de «métissages» depuis celui d'Ahmadou Kourouma avec une «malinkisation» du français jusqu'aux processus de créolisation actuelle (Antilles, Réunion). Ce qui fait l'originalité (ou ce qui est une limite aux yeux de certains) de l'entreprise d'Antonine Maillet, c'est ce travail de restitution, de mise au jour d'une langue. On pense à cette résurrection de la terre d'Acadie à la fin de *Pélagie-la-Charrette*. Encore faut-il voir à quel point cette langue est au service de la reconstitution d'un espace. Mais sur ce point le travail d'Antonine Maillet ne diffère pas d'autres entreprises pourtant différentes dans leurs prétentions.

Le rôle primordial assigné à l'espace dans le combat politique et culturel mené au nom d'une langue est en effet constant, essentiel. Je note que dans l'*Eloge de la Créolité*, les trois co-auteurs parlent de l'écrivain créole comme d'un «concepteur d'espace.» Carpentier a parlé de l'importance capitale des «contextes» (espaces culturels) comme preuve de l'existence d'une nouvelle littérature capable de créer et d'imposer ses propres visions du monde. On peut même avancer que l'espace est d'autant plus nécessaire dans un processus de littérature émergente qu'il est tout à la fois l'espace historique (dimension politique parfois), l'espace poétique (textuel, formes, modèles) et l'espace imaginaire (thèmes, matière issus du dialogue des cultures).

On pourrait alors envisager une typologie possible à partir de la conjugaison de ces trois critères, de leur adéquation ou au contraire de leur inégal développement: littérature plus militante que poétique, littérature déchirée entre modèles textuels du colonisateur et un imaginaire en voie d'identité ou d'autonomie de la part de l'ex-colonisé: on aura reconnu la situation dialectique propre à la «transculturation» telle qu'elle a été définie par Fernando Ortiz.

Dans cette entreprise de faire émerger une nouvelle littérature, il est curieux de voir comment le modèle rabelaisien a joué pour Antonine Maillet. À une toute autre échelle et avec d'autres portées, on a pu constater comment une littérature volontiers qualifiée de «postmoderne» a eu recours à Rabelais pour élaborer une esthétique de l'hétérogène, du polyphonique ou du néo-baroque. On sait comment Rabelais, par l'intermédiaire des travaux de Bakhtine, sert de nouvelle référence aussi bien à la littérature créole antillaise qu'à un Milan Kundera pour définir un possible roman nouveau. Dans le cas de la créolité par exemple, on peut à bon droit parler d'une francophonie qui est entrée dans une ère post-babélienne (Dominique Combe, *Poétiques francophones*, Hachette Sup, 1995: 137). L'écrivain francophone veut «mimer» une polyphonie. Celle-ci d'ailleurs se réduit le plus souvent à un dialogue entre français du centre métropolitain et français de la périphérie non encore pleinement admis dans le système institutionnnel. Le dialogue institué par Antonine Maillet est curieusement ici moins spatial que chronologique: il a pour principe de montrer l'actualité et donc la modernité d'un français resté à une phase sinon archaïque, du moins pré-moderne.

C'est dans le cadre de cette restitution qui prend les allures d'un devoir de mémoire à l'égard des siècles passés, des ancêtres qu'il faut situer l'entreprise romanesque d'Antonine Maillet et, singulièrement, son écriture de l'espace. Dire le monde, son monde a toujours représenté la tâche essentielle de l'homme américain, l'homme du «Nouveau» monde face à l'Ancien: on a même pu y voir la tâche caractéristique du «Créole», au sens hispano-portugais: l'élite cultivée américaine et européanisée de la périphérie européenne qu'est l'Amérique par rapport au centre dispensateur de modèles et de normes qui demeure l'Europe. Transcrire l'espace pour un écrivain «américain» relève d'un défi qu'Alejo Carpentier a présenté en ces termes:

> Le génie de ceux qui savent élever à la catégorie de l'universel ce qui est local et circonscrit consiste précisément à mettre en valeur ce qui est dépourvu de style propre, à trouver de la poésie là où il ne semblerait pas qu'elle existe, à tirer parti d'éléments ordinaires. Les romanciers nord-américains ont été de véritables maîtres quand il s'agissait de voir au-delà des apparences, de trouver l'âme profonde des choses. Situés devant des paysages dépourvus d'une tradition intellectuelle, ils ont créé une tradition nouvelle, dégagé des types originaux, su mesurer la portée de ce qui se crée tous les jours – avec tant de naturel, parfois, que nous ne réussissons pas à voir que «quelque chose» est né en notre présence. (*Chroniques*, Gallimard, 443).

Il prend alors l'exemple de William Faulkner dont les romans tiennent dans une «zone géographique» qui équivaut à celle du territoire de l'une de nos «communes». Et l'exemple de cet infime canton de l'univers promu à la dignité littéraire nous a tout à la fois autorisé en d'autres lieux (*Les Ailes des mots*, Paris, l'Harmattan, 1994: 135-158) à rappeler l'étonnante définition de l'universel donnée par l'écrivain portugais Miguel Torga en tournée au Brésil: «l'universel, le local sans les murs» et proposer de définir l'entreprise d'un Carpentier, d'un Faulkner et d'autres exemples de littératures émergentes non directement liées à des combats ou à des croisades militantes, comme procédant du complexe d'Ithaque: faire de son coin de terre une référence à la portée universelle, à l'égale de celle chantée par Homère. Autant dire (et ceci d'ailleurs est bien créole américain, au sens où le philosophe Leopoldo Zea l'a défini) avoir la capacité de rattraper l'Ancien Monde en lui proposant, en instaurant des textes qui ont la prétention poétique d'être à la fois moderne et classique, actuel et transcendant le temps.

Ces remarques permettent de mieux situer l'entreprise d'Antonine Maillet. La place importante de l'histoire et l'acte pieux d'écriture ritualisée procédant d'une volonté d'éterniser par l'écrit un espace quasi utopique du globe individualisent son œuvre, la singularisent. Elles la distinguent assez nettement de ce qui a pu se produire dans la francophonie des trois dernières décennies. Mais, pour originale qu'elle puisse être, elle dit aussi, à sa manière, le rôle essentiel joué par toute littérature émergente, rôle quelque peu oublié dans des littératures plus anciennes ou reconnues, institutionalisées: humaniser, poétiser l'espace nouveau ou renouvelé dans lequel il est donné à des hommes de vivre et de mourir.

Daniel-Henri PAGEAUX
Université Paris III-Sorbonne Nouvelle

RÉFÉRENCES:

Pointe-aux-Coques suivi de *On a mangé la dune*, éd. Marabout; *Crache-à-Pic*, Léméac éd., 1972; *Mariaagélas*, Léméac éd., 1973; *Les Cordes-de-Bois*, Grasset, 1977; *Pélagie-la-Charrette*, 1979 (Livre de poche); *La Gribouille*, 1982 (Livre de poche); *Les Confessions de Jeanne de Valois*, Grasset, 1992.

ÉCRITURE DU DROIT, FICTION, REPRÉSENTATION
JEAN RHYS, MOHAMED DIB, ÉDOUARD GLISSANT, ANDRÉ BRINK

Dans les débats contemporains sur les littératures venues après les indépendances, sur ces littératures qui sont celles du Tiers-Monde et celles que l'on dit postcoloniales, dans la reconnaissance de ces littératures, qu'elle soit dite à partir du premier monde, à partir du troisième monde, à partir de ces mondes qui n'appartiennent ni à ce premier, ni à ce troisième monde, prévaut, dans la disparité de ces débats, une double question: en quoi l'écriture romanesque peut-elle équivaloir à un langage du droit? En quoi le droit reconnu à la fiction peut-il être adéquat à ce langage du droit? Reconnaître le droit à la fiction, ce n'est d'abord que reconnaître que la fiction porte une information, un ordre de l'information, qu'elle invente, qu'elle choisit. Rapporter ce droit à la fiction au langage du droit, qui se résume dans le langage de la justice, ce n'est d'abord que constater la visée idéologique de ces romans – rendre justice à l'identité, à la culture, à la langue, aux hommes. Mais, dans cette écriture du droit, il y a plus qu'une visée idéologique. Grâce à cette reconnaissance du droit, le roman prend nécessairement une allure historique: l'écriture du droit va contre l'histoire faite et entend dire le droit de l'histoire qui se fait. Par cette alliance de deux perspectives sur l'histoire, le roman marque que précisément tout nous arrive maintenant. L'écriture du droit est une écriture de l'actualité. Elle est donc, parce qu'il y a le mouvement de l'histoire (du roman) et de l'Histoire, que choisit le roman, l'écriture d'un droit qui est comme multiple et qui devient comme une vaste casuistique, comme un vaste tamis où sont passés les faits, inévitablement suivant une ironie, inévitablement suivant le mélodrame de la différence. L'écriture du droit montre la disparité de ce monde alors même qu'elle entend dire la possibilité une de ce monde suivant la justice. Cela enseigne que toute histoire et l'histoire sont sujettes au changement parce que l'histoire se transforme en diverses possibilités, et qu'un homme peut être un héros dans la version d'un fait et un coupable ou un traître dans une autre version.

Faire de ce rapport du droit de la fiction et de l'écriture du droit une question revient à s'interroger, au-delà de la notation de la seule ou de la simple opposition entre cette littérature actuelle et ses héritages, ou de la récusation de l'héritage occidental, sur la possibilité que se donne le roman, et sur la possibilité qu'il expose ou n'expose pas pleinement, de dire maintenant un futur du passé en même temps qu'un futur du présent. Un futur du passé parce que ce roman ne peut marquer ce droit que contre ce qui a nié ce droit; un futur du présent parce que ce roman ne peut marquer ce droit que selon la possibilité de son inscription actuelle et selon les possibilités qu'ouvre cette inscription. Dans ce double jeu du futur se lit encore la nouveauté du passé: ce passé nouveau parce qu'il est la possibilité même de cette écriture du droit et de ses possibilités.

À souligner ce rapport qui est une question, ces jeux temporels, on souligne les équivoques de ce qui est la tradition du roman de la différence, de ce roman qui prend pour objet le Tiers-Monde, monde colonisé, monde postcolonial, monde comme en deçà et au-delà d'une notation du postcolonialisme. Il suffira ici de quelques remarques qui introduisent au corpus de cette écriture équivoque et paradoxale du droit. Dans *Wide Sargasso Sea* de Jean Rhys (1997, éd. originale 1966), l'équivoque du droit est celle d'un contrat de mariage, qui n'est elle-même que celle d'une histoire familiale, d'une histoire familiale qui n'est elle-même que l'équivoque d'une généalogie qui a entendu se confondre avec le droit et avec son droit. Dans *Un été africain* de Mohamed Dib (1998, édition originale 1958), il s'écrit trois droits à la fois, celui de la nation, celui de la puissance coloniale, celui de la tradition, et tout droit renvoie, comme le conclut le roman, au constat de la faiblesse – «Que c'est atroce d'être faible» (p. 190). Dans *La Lézarde* d'Edouard Glissant (1984, éd. originale 1958), l'écriture du droit est explicitement l'écriture de la révolte et du meurtre; cette écriture n'exclut pas cependant l'impossibilité de son propre droit – il y a même un mensonge de la révolte. Dans *Looking on Darkness* d'André Brink (1974), la scène du roman est expressément juridique et le héros coupable; l'ambivalence de l'écriture du droit résulte ici de la référence même au crime: le crime est individuel, le crime est aussi humain; il n'est donc jamais éternel; et le nom de ce crime est double: celui de l'injustice, celui de l'innocence, actuelle et à venir.

L'écriture du droit va ainsi avec la casuistique et l'inachèvement du droit. C'est pourquoi elle peut être lue pour elle-même, sans qu'elle se défasse dans les notations des partages historiques, culturels, ethnologiques, dans des jeux d'opposition stricts, dans une manière d'épopée de la justice, qui fermerait le discours du droit sur lui-même et en ferait une simple allégorie. Donner l'écriture du droit suivant l'inachèvement du droit fait de cette écriture un paradoxe: le droit est dit et cependant reporté comme hors de sa propre écriture. Précisément au-delà de la lettre du roman, au-delà de l'histoire qu'il rapporte, de l'Histoire qu'il évoque. Par ce paradoxe, l'écriture du droit est indissociable de la lecture du lecteur, ainsi que l'a marqué Mohamed Dib dans la préface à son roman; ainsi que cela est encore manifeste dans *Wide Sargasso Sea* où bien des choses restent à décider à propos du personnage d'Antoinette; ainsi que cela est encore patent dans *La Lézarde*, et ainsi que le soulignera Glissant en faisant de tel roman postérieur, *Tout-Monde* (1993), un rappel et une lecture du meurtre et de l'écriture du droit dans *La Lézarde;* ainsi que, dans *Looking on Darkness*, le meurtre dont Malan est déclaré coupable n'est pas dit dans la fiction, comme ne sont pas dits juridiquement les meurtres dont sont victimes les noirs, et subsiste, en conséquence, le pouvoir du lecteur. Ce pouvoir se définit, de fait, par la responsabilité du lecteur face à la lettre du roman: il appartient au lecteur de poursuivre avec le droit. Le droit que la fiction a d'être écrite est celui-même de poursuivre avec la fiction du droit, qui passe les partages culturels, ethniques, raciaux, politiques.

Ce droit de la fiction et l'appel à cette lecture du lecteur sont nécessaires: ils procèdent du constat que l'écriture du droit ne peut aller sans le masque du droit et que le cœur des ténèbres n'a pas été apprivoisé. Ce droit et cette lecture ne peuvent l'emporter – et c'est ici une des suggestions de la préface de Mohamed Dib à *Un été africain* – sur un autre constat: cette écriture du droit est lue, est reprise par le lecteur dans la mesure même où ce lecteur partage sa liberté créatrice avec celle de l'auteur. L'écriture du droit est une écriture qui s'invente dans la fiction, précisément dans la liberté, comme la lecture se fait dans cette liberté. Ce premier constat appelle un second constat: cette liberté créatrice joue doublement, en une manière de reprise de la réalité, selon une manière de prophétie de ce que nous sommes, précisément au moyen de l'écriture du droit. Prophétie de ce que nous sommes, cela même est ambigu: notre avenir est la transgression humaine; notre avenir est la réalisation du droit humain. Que, dans chacun de ces romans, sous l'aspect de références à l'islam et à une reconnaissance diffuse de Dieu dans *Un été africain*, sous l'aspect de référence au protestantisme dans *Wide Sargasso Sea* et *Looking on Darkness*, à travers des croyances populaires, dans *Wide Sargasso Sea*, *Looking on Darkness* et *La Lézarde*, il soit noté un partage entre un ordre moral, spirituel, qui passe l'homme, et l'ordre de l'homme, précisément celui qui appelle l'écriture du droit, entraîne que la prophétie proprement humaine soit d'autant plus nettement dite: précisément celle du droit et de la transgression, celle du droit et de l'injustice. La notation ethnologique, culturelle, raciale, est ainsi donnée pour elle-même, avec ce qu'elle porte de droit à la différence, de droit à la reconnaissance, de dénonciation du fait et du masque coloniaux; elle est aussi donnée pour cette part d'un autre ordre, religieux, ethnologique, qu'elle porte et qui fait d'autant plus expressément lire l'actualité humaine et le droit d'un ordre humain.

Cela revient à noter que, lorsque l'écriture du droit se donne un contexte colonial et postcolonial, elle soumet l'objet même de ce droit, la réalité de la Caraïbe telle qu'elle est donnée dans *Wide Sargasso Sea*, dans *La Lézarde*, mais aussi dans *Tout-Monde*, la réalité algérienne dans *Un été africain*, la réalité de l'Afrique du Sud dans *Looking on Darkness*, à un double traitement, qui peut être caractérisé suivant la dualité de l'ici et du là-bas, qu'est cette réalité même selon son actualité et son identité, selon cet ailleurs que font lire sa propre ethnologie, ses propres croyances, et qui peut être l'ailleurs indicible, l'ailleurs de cet autre lieu, de cet autre moment, passé ou à venir, de sa culture – tout cela figuré par cet ordre moral, spirituel, qui passe l'homme. La représentation de la culture propre est donc bifocale. Cette bifocalisation peut, sans doute s'interpréter suivant le partage du présent et du passé, de l'authentique et de l'inauthentique, de l'affrontement culturel – et c'est alors simplement dire la réécriture de cette culture suivant son actualité, qui peut être celle du XIXe siècle, celle de la guerre d'indépendance, celle de l'apartheid, celle des territoires d'outre-mer, et suivant son pouvoir de réécrire le pouvoir même de l'asservissement, en un rappel des thèses communes de *The Empire Writes Back* (B. Ashcroft, G. Griffiths, H. Tiffin, 1989). Cette bifocalisation peut aussi s'interpréter comme caractéristique de cette réalité et comme ce qui inscrit, dans cette réalité et dans sa représentation, un savoir du droit qui participe d'un ailleurs – cette ligne des croyances et de la religion – et qui cependant ne cesse d'être repris, de façon interrogative, de façon affirmative, mais toujours selon une manière de cécité, dans cette société. C'est une notation constante des romans que de marquer que le personnage local, aussi riche qu'il soit de cette croyance, de cette parole de l'ailleurs, de son identité, ne sait pas précisément où il va. Ce que *Looking on Darkness* traduit explicitement: l'amour de Malan et de Jessica est un amour selon le droit, et encore un amour selon une manière de non-savoir de chacun des personnages sur eux-mêmes, non-savoir qui est celui du sujet et de sa société. La bifocalisation, qui est donnée pour caractéristique de ces réalités et pour le premier moyen de leurs représentations, joue, au total, d'un double effet: celui d'une manière de schizophrénie de cette réalité, dite par la folie dans *Wide Sargasso Sea*, par le mal être dans *Un été africain*, par l'absurdité de l'entreprise politique dans *La Lézarde*, par la division du personnage de Malan dans *Looking on Darkness;* celui d'une autre image, l'image de l'invention d'une société, d'une société qui récupère sa propre parole parce que cette parole est de l'ici et du là-bas, autrement dit parce qu'elle échappe juridiquement à tout pouvoir qui soit ici.

Au regard de l'écriture du droit, cette bifocalisation porte elle-même un paradoxe. L'écriture ne peut être dite ici et maintenant, relativement à cette culture, à cette société, parce que cette culture, cette société sont, d'une part, sous la loi de l'autre, et, d'autre part, riches d'une parole du droit qui n'est pas immédiate, qui confond châtiment et jugement. L'écriture du droit peut être relativement à cette culture et à cette société parce qu'elles ont, en elles-mêmes, la prophétie de leur propre droit. Ce paradoxe impose une écriture romanesque du droit, qui est spécifique. Il convient de dire ce droit comme s'il était d'*ici* et comme s'il était d'*ailleurs*, comme s'il commandait une représentation *propre* et une représentation *extérieure* de cette culture et de cette société. Il n'est d'approche holiste et de représentation qui entende être complète ou figurer un ensemble, que par une vision du dedans et par une vision du dehors. Cela à quoi s'attache *Wide Sargasso Sea* à travers le personnage d'Antoinette, sa dualité et ses déplacements; ce à quoi s'attache *Un été africain* grâce au jeu des points de vue attachés à chacun des personnages principaux; ce à quoi s'attache *La Lézarde* grâce au jeu du complot et au jeu des destinées individuelles; ce à quoi s'attache *Looking on Darkness* grâce à l'ambivalence du personnage de Malan – son histoire privée est une histoire publique, son apprentissage de lui-même est tout autant un apprentissage du monde blanc que du monde noir, son partage est celui de la justice et celui du châtiment. C'est pourquoi, dans la perspective de cette écriture du droit, ces romans donnent des biographies brisées – brisées par la loi injuste, brisées par la dualité, qui est une dualité démonstratrice, argumentative, et une dualité représentationnelle de cette culture, de cette société. Dualité argumentative: la culture – soumise – est dite suivant sa propre impasse et suivant le devoir-être qu'elle porte, cela que désigne la notation religieuse. Dualité représentationnelle: l'ici et le maintenant de cette culture ne sont dicibles, s'il doivent être dits pour eux-mêmes, que selon cette dualité.

Il faudrait, en conséquence, caractériser ici une manière d'autobiographie de ces romans. Grâce à ces dualités, Jean Rhys, Mohamed Dib, Edouard Glissant, André Brink offrent le spectacle de l'œuvre en train de se faire, en train de récupérer la réalité qu'elle s'est donnée pour objet. Si cette réalité doit être récupérée sous le signe de l'écriture du droit, cette œuvre ne peut s'écrire que contre l'injustice et la lettre de son écriture. Cela que *Wide Sargasso Sea* fait en disant explicitement l'injustice, en disant explicitement le thème du faux, du mensonge, que le roman ne cesse d'abord d'écrire sous le signe de la vérité, pour le dissoudre *in fine* dans le monde fantasmatique d'Antoinette, qui est encore un monde de savoir – de vérité ou de mensonge et de savoir cependant. Regard sur notre lettre, sur la lettre de ce roman, sur le mensonge et le passage du mensonge qu'elles marquent. Cela que fait *Un été en Afrique* en disant explicitement l'injustice, celle du pouvoir colonial, et en donnant le récit pour une pratique à venir du savoir, un savoir qui résulte précisément du jeu des divers points de vue du roman et des divers savoirs, vrais, mensongers – ainsi du thème du mariage –, qu'il expose. Cela que fait *La Lézarde* en jouant également de l'injustice manifeste et d'une manière de tragédie qui fait entendre que nous, ceux-là mêmes qui ont subi l'injustice, devons regarder ce que nous avons été sans détour. La lettre du roman est, en conséquence, ce qui doit être l'occasion d'un tel regard. Cela que fait *Looking on Darkness* en redisant sans cesse l'injustice, en laissant non explicités l'aveu, la culpabilité, le jugement de Malan. La lettre du roman se construit ici de manière incomplète, façon de marquer qu'elle est son propre spectacle en train de se faire. Chacun de ces romans de l'écriture de la justice place donc la récupération (littéraire) de la réalité sous le signe d'un déguisement et sous celui d'un dévoilement. Il suffit de dire les déguisements de l'histoire familiale dans *Wide Sargasso Sea*, celui de la famille et celui des autochtones dans *Un été africain*, celui de la conspiration politique et du sentiment dans *La Lézarde*, celui du théâtre à Londres et en Afrique du Sud dans *Looking on Darkness*. Il suffit de rappeler les figures du dénuement tragique – ou existentiel – dans chacun de ces romans, qui sont autant de dévoilements. L'écriture du droit suppose ainsi la notation, par un jeu de dualité, du matériau brut, culturel, humain, racial, possible uniquement selon le détour du déguisement et de l'injustice, et qui exclut que cette notation soit seulement celle du droit.

L'écriture de la justice et la représentation de cette réalité sont donc ce qui est en train de se faire sous le signe explicite du mensonge, sous le signe explicite de la fiction qui, en sa conclusion, ne peut remonter jusqu'à son commencement, jusqu'à ce qui serait la défaite, sans ambiguïté, du déguisement. La réalité n'est récupérée, représentée qu'à être suggérée comme dans une lecture après la lettre du roman. Cette reconnaissance du devoir, qui précisément n'est pas écrite. «Now at last I know why I was brought here and what I have to do», dit Antoinette à la fin de *Wide Sargasso Sea* (p. 124). Cette reconnaissance de l'attente de l'entente de l'autre, une entente qui n'est pas dite: «Je ne vois que des ombres, et il n'y a personne pour m'entendre», conclut *Un été africain* (p. 191). Cette reconnaissance d'un autre temps, qui n'est pas dite et qui est la seule signification de la tragédie et du constat du mensonge: «Tu vois, dit-il, d'une voix calme, tu vois, Valérie, ce qu'ils chantent. Combien de mensonges. [...] Combien c'est mentir que de croire que nous avons tout fini. Nous commençons à peine» (*La Lézarde*, p. 250). Remarquablement, *Looking on Darkness* s'achève sur la double notation de l'éparpillement des lois et sur le rappel de la loi de Dieu. Le roman indique, par là, que l'écriture de la justice est à venir, qu'il se construit suivant le masque de la justice, que telle doit être l'autobiographie de l'œuvre, qui se confond avec celle de Malan, pour que l'œuvre désigne un possible et sa lecture.

Ces romans ont ainsi pour trait spécifique d'avouer leur propre invention – ce que l'on a appelé l'autobiographie de ces romans –, de faire de cette invention le moyen de dire une écriture du droit qui échappe à la fois à la loi du pouvoir et à la loi de l'ailleurs, de faire de cette écriture l'implicite des représentations proposées de telle réalité, de telle culture. La question de la représentation se formule ainsi explicitement. Il peut être dit une situation d'aliénation. Il peut être dit l'impossibilité d'une parole propre du sujet soumis à l'aliénation. Il peut être dit l'inaudibilité de cette parole – ce sur quoi jouent les citations du créole. Il peut être dit le défaut de représentation du sujet plénier – cela appelle tantôt le déguisement, tantôt la notation tragique. Il peut être dit, de manière converse, une levée de l'aliénation, une entente, un sujet qui s'exprime, une représentation du sujet et une représentation de la réalité qui lui est attachée. Cela est, d'une certaine façon, la suggestion figurée des quatre romans. L'ombre mentale (*Wide Sargasso Sea*), l'ombre d'autrui (*Un été africain*), l'expérience tragique (*La Lézarde*), le discours de soi qui est recomposition affirmative de soi (*Looking on Darkness*), sont autant de manières de dire positivement une réalité. Mais cela reste soumis à une certaine équivoque, sans que l'objectivité prêtée à cette représentation soit contestée: la conscience de soi et la conscience du réel qui sont alors décrites sont sans contrepartie immédiate. C'est pourquoi il est dit le déguisement, la folie et le tragique, qui n'excluent pas, faut-il noter, un expression.

Ce tourniquet, suivant lequel se développe le jeu de la représentation, n'est, de fait, que l'exposé explicite du soupçon qui pèse sur toute représentation d'une réalité à laquelle n'est pas attachée une expresse écriture du droit. La représentation de la victime de l'aliénation peut être elle-même représentation qui apparaît comme une représentation fausse, inopérante, ou maladive. Maladive: on le sait de l'Antoinette de *Wide Sargasso Sea;* fausse: cette représentation du réel qu'ont les révoltés de *La Lézarde;* inopérante puisqu'elle n'empêche pas le trouble existentiel ou la défaite, ainsi que le montre *Un été africain;* fausse, peut-être, cette représentation que Malan, dans *Looking on Darkness*, a de lui-même et de Jessica, puisqu'elle conduit à la mort de Jessica. Que cette représentation soit fausse, inopérante, maladive, est encore une donnée objective de cette représentation, une donnée qui fait sens. Le défaut de la représentation, s'il y a défaut de la représentation, s'interprète, sans doute et d'abord, par rapport à l'aliénation: toute représentation propre est volée. Ce thème explicite de chacun des romans peut encore se formuler: le personnage entreprend de se regarder comme autre – c'est pourquoi il se déplace et entreprend d'agir –, mais cet effort pour se voir comme autre est indissociable de la capacité à se voir comme l'on est. Par quoi le déplàcement devient une manière d'immobilité, cela que les romans notent par la claustration ou par la figure de la claustration – le finale de *La Lézarde* livre admirablement cette figure dans l'évocation de Thaël, entouré de ses chiens et qui veut la mort de ces chiens, où il y a le paradoxe d'une claustration ouverte, ainsi que le fait *Looking on Darkness* avec l'évocation, par Malan, de son enterrement et de sa tombe, qui redouble l'évocation de la claustration carcérale et suggère une claustration ouverte, celle de la mémoire, celle de l'amour. Le défaut de la représentation est ainsi à la fois celui de l'aliénation et celui de la contre-aliénation.

Le défaut de la représentation s'interprète plus essentiellement par rapport à ce qui reste inexprimable, le droit. La représentation dit expressément le «mensonge des paroles», suivant la notation d'Edouard Glissant (*La Lézarde*, p. 250). Le mensonge est, dans ces romans, deux choses. Le mensonge du pouvoir, tel qu'il est figuré par le personnage du mari dans *Wide Sargasso Sea*, par l'implicite d'*Un été africain* où le pouvoir colonial n'est jamais directement représenté, si ce n'est par ses effets – les morts et les arrestations des rebelles algériens, l'avenir scolaire de la jeune bachelière –, par la police et par l'autorité administrative dans *La Lézarde*, par la loi et par l'exercice de la justice dans *Looking on Darkness*. Le mensonge de la culture locale, aliénée, tel qu'il est dit par les équivoques des discours des noirs et des créoles dans *Wide Sargasso Sea*, par les ambiguïtés du père dans *Un été africain*, par l'inconsistance de la parole locale dans *La Lézarde*, par l'impuissance des Noirs, dans *Looking on Darkness*, à exposer autre chose qu'une manière de conduite stratégique face au pouvoir blanc. L'écriture du droit est comme l'envers de ces mensonges, comme le pas au-delà de ces mensonges dès lors qu'ils sont dits. Bien évidemment, les mensonges ne sont pas défaits. Les romans présentent un tel argument qu'il est impossible d'opposer la parole du sujet alinéné à la parole mensongère, puisque la parole aliénée, même lorsqu'elle reste explicitement hors du mensonge, est une parole incertaine. Le pas au-delà du mensonge se dessine à partir d'un jeu sur le statut de la fiction. Ce statut impose un statut de la représentation, qui reconduit à la question de l'écriture du droit, alors lisible hors de l'équivoque de l'allégorie et de la contre-allégorie du droit.

Par le caractère bifocal de la représentation, par le jeu de l'autobiographie du roman, par la dualité du mensonge, ces romans démontrent leur caractère réflexif. Que ce caractère devienne l'occasion d'un exercice explicitement formel, – jeu des voix, des points de vue –, que cet exercice ne soit pas constant – ainsi, *in fine*, prévaut une voix unique, celle d'Antoinette dans *Wide Sargasso Sea*, celle de la jeune fille dans *Un été africain*, celle de Thaël dans *La Lézarde*, celle de Malan dans *Looking on Darkness* –, que cela même soit symptomatique, n'est pas l'objet de notre interrogation. Car le caractère bifocal de la représentation, l'autobiographie du roman, la dualité du mensonge ont d'abord partie liée à l'allégorie et à la contre-allégorie que commande l'écriture du droit. *L'allégorie se formule aisément.* La folie est l'allégorie de l'aliénation – Jean Rhys. La séparation des vies individuelles est l'allégorie de l'aliénation coloniale, une aliénation qui permet cependant, sous le règne de la violence, celle de l'armée française, celle de la culture algérienne, de suggérer une communauté invisible – Mohamed Dib. L'argument politique de *La Lézarde* et la figure de l'espace, de cette terre, à la fois localisée et totale, que fait la rivière la Lézarde, jouent, entre eux, d'une manière de contradiction qui désigne un impossible historique et, en conséquence, un impossible juridique des Antilles. Cet argument et cette figure sont cependant allégorie unique, celle d'une terre qui serait un monde, et d'un monde qui serait tout monde puisqu'il serait le monde du droit. L'autobiographie d'un Noir, qui se confond avec l'autobiographie du roman, que présente *Looking on Darkness*, est, en elle-même, une manière d'allégorie qui se conclut sur le droit de l'homme et de l'amour dans la mort même – en une figure réciproque, faut-il ajouter, de la mort de l'homme noir et de la femme blanche. La contre-allégorie se formule de manière également aisée. L'allégorie du droit est dite; elle ne porte pas les images de sa réalisation. Ou ces images de la réalisation se confondent avec la notation d'un monde ouvert, mais qui reste cependant indéfini et, en tout cas, explicitement déplacé par rapport à la réalité locale: la folie d'Antoinette est une folie londonienne; l'interrogation existentielle de la jeune fille, dans *Un été africain*, désigne l'Algérie comme une terre d'ombres; le finale de *La Lézarde* dessine une terre privée qui s'ouvre sans doute à tout monde, mais qui reste la terre de la mort; la conclusion de *Looking on Darkness* est, de fait, une réécriture fantasmatique de la biographie des Noirs et de l'amour d'un Noir et d'une Blanche.

Marquer ici l'écriture du droit revient à souligner que, contre la prévalence d'un jeu argumentatif, cette prévalence que défait l'alliance de l'allégorie et de la contre-allégorie, les romans disposent également leur exemplarité – leurs fictions se veulent parentes d'un ordre du droit – et leur invention – ils organisent librement l'histoire, précisément suivant ces biographies qu'ils donnent pour exemplaires et qui, comme on l'a dit, sont des biographies brisée. Le jeu de l'exemplarité et de l'invention, où il y a une autre formulation de l'autobiographie du roman, que présentent ces œuvres, définit, de fait, un droit de la fiction. La fiction est donc ces romans mêmes; elle est aussi comme sa propre fiction en ce qu'elle dit explicitement sa fiction à travers la folie d'Antoinette dans *Wide Sargasso Sea*, le jeu des points de vue dans *Un été africain*, jeu construit qui dessine un univers de fiction irréductible à aucune de ses composantes, l'entrée dans un monde fantasmatique, celui de la mort, aussi bien dans *La Lézarde* que dans *Looking on Darkness*. Il faudrait marquer, en conséquence, une étrangeté de la fiction: à cause du bris des biographies qu'elle porte, à cause du caractère suspect de l'imagination et du compte rendu de ce monde, ainsi qu'en témoigne *Wide Sargasso Sea*; à cause de l'assimilation de la fiction à une sorte de miroir incertain dans *Un été africain* qui s'achève sur la thématique de l'ombre; à cause du mensonge général que, dans *La Lézarde*, ne récuse pas la certitude de la terre et du cours d'eau et qui a partie liée avec la diversité, la discontinuité, la disparité, les incertitudes de ce qui peut se dire de cette île, de sa représentation même; à cause de l'incongruité de toute représentation qu'expose *Looking on Darkness* et qui se résume à la fois dans la vanité des représentations théâtrales et dans la recherche, finalement fantasmée, d'une représentation de soi, à laquelle se voue Malan.

L'étrangeté de la fiction ne traduit pas cependant le défaut de pertinence de la fiction et de ses représentations. Comme le marque admirablement l'exergue de *La Lézarde*: «"Quel est ce pays?" demanda-t-il. Et il lui fut répondu: "Pèse d'abord chaque mot, connais chaque douleur"», la fiction est l'actualité du verbe et de la passion existentielle de ce que représente la fiction. Cette fiction, qui peut être celle de la folie, des ombres, du fantasme attaché à la douleur, a autant de valeur que celle qui serait la fiction d'un miroir intact. La représentation de la douleur, de l'actualité du verbe, de la passion existentielle, vaut, bien sûr, pour elle-même. Elle est la première preuve de pertinence que se donne la fiction. Telle citation de Glissant, empruntée à un poème: «Il n'est pas d'arrière-pays. Tu ne saurais te retirer derrière ta face» (*Le Sel noir*, p. 186), permet de préciser l'hypothèse de la pertinence de la fiction, de son invention, de sa liberté. Cette pertinence repose entièrement, dans *Wide Sargasso Sea*, *Un été africain*, *La Lézarde*, *Looking on Darkness*, sur le constat que ce pays, le pays de chacun de ces romans, n'a pas son propre autre, ne se dédouble pas, et que le témoin de ce pays est précisément la biographie brisée, qui n'est que la figure de l'évidence de l'homme qui entreprend de se savoir et de se regarder sans retour. C'est pourquoi l'histoire de l'individu, celle qui fait cette biographie brisée, est l'histoire d'un passé dont cet individu a émigré; c'est pourquoi la perte de ce passé fait partie de l'humanité commune. Dessiner l'appartenance du passé à l'humanité commune, c'est-à-dire les hommes de ces réalités, de ces terres, les hommes de n'importe quelle réalité, de n'importe quelle terre, commande de passer ces réalités et ces terres sans en défaire les représentations et les histoires spécifiques. Aussi la notation de la perte du passé est-elle donnée pour elle-même, pour dénoncer l'aliénation; aussi cette notation est-elle pour la fiction le moyen de justifier sa liberté et son invention. Une liberté et une invention pertinentes puisqu'elles désignent la communauté indicible ici et maintenant, et cependant dicible maintenant et selon un élargissement de l'ici. Autant roman historique que se donne *Wide Sargasso Sea*, le passé est présent dans le visage d'Antoinette et des créoles dans la seule mesure où il a été perdu; le titre du roman indique comme un élargissement de l'espace qui dit tout à la fois la perte de l'espace premier et l'ouverture plus large et cependant comme indéterminée de cet espace. *Un été africain* n'évoque rien de l'histoire de l'Algérie, ni même d'une actualité un peu longue de ce pays – il faudrait commenter le titre du roman comme une manière de désigner cette perte à travers l'indétermination temporelle et l'amplification géographique que le titre suggère. Le titre de *La Lézarde* joue de la même manière: un cours d'eau qui est une simple localisation, un témoin du passé, qui n'est cependant que ce témoin, seule voie d'une remontée vers le passé, et qui est encore l'ouverture à toutes les eaux. Il y a encore un jeu similaire dans le titre de *Looking on Darkness*: noir du monde des Noirs, qui est une évidence de l'actualité, noir du temps et de l'histoire, qui est comme l'obscurité du passé perdu, noir du fantasme et de la loi, noir de la communauté de la douleur et de territoires plus larges que ceux-là que parcourt Malan. L'étrangeté de la fiction ouvre ainsi au droit de la fiction.

L'étrangeté est, pour la fiction, une manière d'aller plus loin: de faire travailler ses évocations dans le présent et de les rapporter implicitement à une vision totale, qui reste cependant informulable. Les blessures des êtres que donnent à lire cette fiction, définissent ces êtres suivant des visions partielles et partiales – un point de vue peut ainsi toujours être opposé à un autre point de vue, ainsi dans le monde créole et noir de *Wide Sargasso Sea*, dans la communauté noire de *Looking on Darkness*, dans l'organisation d'*Un été africain*. Ces visions partielles désignent la fiction comme une construction, et l'écriture du droit comme ce qui suppose que nous sommes libres de décrire nos univers de la façon dont nous les percevons et les entendons. L'étrangeté de la fiction n'est que la figure de la liberté de la fiction dans la représentation de l'objet qu'elle se donne, et la figure de la liberté qui est la condition d'une écriture du droit. Il faudrait souligner que chacun des romans conclut sur la perte de toute perspective en profondeur – cela que traduisent la claustration et la folie (*Wide Sargasso Sea*), la notation des ombres (*Un été africain*), le domaine limité où s'établit Thaël (*La Lézarde*), les fantasmes finals de Malan qui sont fantasmes personnels et fantasmes du retour à la notation du droit de Dieu, qui n'est que cette autre légalité, que l'on dit lorsque ne peut être dite la loi présente. Où il faudrait remarquer à nouveau le jeu de la contre-allégorie. Où il faut, plus essentiellement, souligner que le défaut de perspective en profondeur n'est qu'une manière de désigner la limite de la fiction et des représentations qu'elle porte, de définir cette limite comme opposable à tout autre limite – celle du monde créole, du monde noir, du monde anglais dans *Wide Sargasso Sea*, celle de la puissance coloniale, de la patrie colonisée dans *Un été africain*, celle du monde créole, du monde de la révolte, du monde des autorités dans *La Lézarde*, celle, tout à la fois, du monde noir et du monde blanc dans *Looking on Darkness*. Ce jeu et cette opposition, implicite, explicite, des limites, caractérisent la fonction de la fiction et des représentations qu'elle porte: jouer de représentations limitées et incompatibles est façon, avant même d'envisager de privilégier la représentation du droit, de marquer que la fiction d'un monde est la condition nécessaire à sa transformation. Cette redescription est à la fois polémique – c'est pourquoi elle joue de ses limites et des limites des autres descriptions – et redescription qui se veut plénière par elle-même, dans la mesure où elle porte en elle la lutte contre l'oubli, même si le passé est perdu, ses vestiges disparates, ses témoins humains blessés, brisés, dans la mesure où cette fiction est lutte pour la redescription de ce même territoire qui est décrit aussi selon le pouvoir, selon les limites de ce pouvoir.

L'écriture du droit suppose donc ce précis statut de la fiction. Ce statut porte une question implicite: quel droit a simplement l'écrivain de parler? Quel droit a-t-il d'augmenter la quantité de ce qu'il est possible de penser? L'écriture du droit a pour condition que la représentation de l'aliénation, qui appelle précisément cette écriture du droit, ait d'abord partie liée au droit de la parole. Pour chacun des auteurs considérés, ce droit de la parole a été variable. Entier pour Jean Rhys, pour Mohamed Dib, pour Edouard Glissant; récusé, dans son pays, pour André Brink. Mais la situation juridique de l'écrivain ne définit pas à elle seule ce droit à la parole. Ce droit est ce qui s'expose expressément dans l'invention de la fiction. Non par le seul jeu de l'invention. Mais aussi par le maniement même de la fiction et des représentations qu'elle porte: ce maniement qui se confond avec l'exposé des limites de la fiction et des divers mondes. La légitimité de l'invention de la fiction est sans doute celle-même de certaines de ses représentations – par exemple, celle du soulèvement algérien, celle de la révolte noire, qui reste une révolte personnelle –, en même temps que la fiction note l'illégitimité de l'action politique lorsqu'elle s'identifie à l'acte terroriste (*La Lézarde*). Cette légitimité est, plus essentiellement, liée à l'expression d'un *désir de société*, commun aux quatre romans, au constat que l'unité humaine doit être réalisée dans l'état social actuel et que cette unité de l'entreprise humaine reste à faire, précisément dans telle société, dans telle culture. Cette légitimité et ce désir de société ont partie liée avec la morale et avec le droit: si, pour rappeler Kant, l'idée d'une communauté éthique et juridique peut se confondre avec l'idée d'une totalité des hommes, alors, cette fiction, en jouant des limites des mondes, de ces mondes qu'elle évoque et des mondes qu'elle n'évoque pas et qui sont encore des limites, dispose une parole, fait entendre les oubliés, rappelle à l'ordre éthique et juridique.

Il convient de dire un tel rappel, ou une telle fin morale et juridique. Chacun des romans résume l'aliénation culturelle, raciale, coloniale, par l'effacement de toute existence des hommes les uns pour les autres – ce que disent exemplairement les diverses histoires d'amour, de mariage, de mariage promis. Chacun de ces romans suggère le surgissement de l'autre, l'apparition de l'existence éthique des hommes les uns pour les autres. Cela est la figure même d'Antoinette, telle qu'elle est donnée à la fin de *Wide Sargasso Sea*, où la folie est le symbole de la nécessaire reconnaissance. Cela est l'argument de Mohamed Dib qui reporte ce constat de l'apparition éthique de l'autre sur le lecteur, quel qu'il soit, algérien, français, bulgare. Cela est la conclusion d'Edouard Glissant qui, par le dessin de personnages tragiques, suggère qu'il peut y avoir un dépassement vers l'innocence. Cela est la signification de la situation judiciaire que présente *Looking on Darkness*: Malan est l'homme emprisonné, condamné pour meurtre, qui, à la veille de son exécution, dit à la fois la loi de Dieu et celle de l'innocence – non pas innocence d'un meurtre, mais innocence plus générale, celle du droit et de la morale qui seraient simplement la manière de vivre des hommes les uns par rapport aux autres. L'écriture du droit n'est pas, en conséquence, une écriture des règles, des prescriptions, mais une écriture qui appelle à cette manière de former les pensées, de former les sentiments, et qui est une idée éthique.

Le droit de la fiction est un droit éthique. Il faudrait ainsi suivre dans le jeu des représentations de ces romans une manière de délivrance du mal – certes paradoxale puisque le personnage emblématique reste soumis à une épreuve négative, la folie, le désespoir existentiel. *Looking on Darkness* est exemplaire sur ce point. Le roman conclut sur la bénédiction du nom de Dieu et sur la délivrance du mal dans le monde de Dieu. Précisément, là, il n'y a pas de jugement.

Cette référence religieuse est cependant seconde par rapport à ce qu'André Brink fait dire à Malan. Le meurtre de Jessica est, de fait, un meurtre innocent, ainsi que l'attente de la mort se confond pour le personnage avec la dispersion des lois. Si la terre me quitte, m'a déjà quitté – et telle est la situation de Malan condamné à mort –, je peux espérer encore, non pas suivant l'attente d'un jugement, mais suivant la certitude d'une éthique. À lire exactement *Looking on Darkness*, à lire les blancs de la fiction – le meurtre de Jessica n'est pas explicitement évoqué –, il se conclut contre l'évidence de la fiction judiciaire: quelque chose nous échappe, nos actes; il faut cesser de croire que l'acte est l'œuvre de nos mains, pour pouvoir se défaire du poids de l'acte, sans pour autant que l'acte s'efface. À ce prix, la liberté peut commencer, recommencer. Telle est donc l'écriture du droit: un dépassement de la loi par le haut. Les indications de Mohamed Dib dans sa préface à *Un été africain* vont dans le même sens: quels que soient les chemins et les actes des hommes, ils ne relèvent pas du jugement, mais de leur poursuite par les autres hommes, et, s'agissant du lecteur de la représentation romanesque de tels chemins et de tels actes, de leur poursuite, de leur achèvement dans la communauté, éthique, faut-il préciser, des lecteurs. Il faudrait ainsi lire aussi la folie d'Antoinette, et ce meurtre qui reste officiellement ignoré dans *La Lézarde*. La folie d'Antoinette est littéralement une irresponsabilité. Elle n'est pas cependant – et c'est pourquoi les paroles qui lui sont prêtées à la fin du roman, doivent être lues littéralement – un oubli de ce qu'elle est, de son identité, de ses actes, des actes d'autrui. Elle est exactement un oubli du poids des actes et le dessin précis d'un devoir-être qui échappe à toute prescription. Le meurtre dont, dans *La Lézarde*, la police, à travers un policier, s'attache à ignorer le coupable, dit sans doute la solidarité des Antillais. Il dit plus: il y a un au-delà de la prescription de la loi, qui est ici la justice même de la loi... Qui est d'abord et simplement la manière, pour les hommes, de vivre les uns auprès des autres.

C'est ici revenir au droit de la fiction et à l'écriture du droit. La fiction est légitime lorsqu'elle traite de cultures et de sociétés aliénées, précisément parce qu'elle en traite. Mais sa légitimité n'est pas ici différente de tout propos de fiction réaliste. Cette fiction est d'autant plus légitime qu'elle élucide l'excès mythique, fabulatoire, de la notion d'identité, des références à la culture antérieure à l'aliénation, des références aux représentations et aux engagements que commande cette culture. Ces représentations et ces engagements ne disent pas ce qu'il faut faire. Ces représentations et ces engagements peuvent être folie, ombre, mensonge, mort, négation de cela-même qu'ils visaient – ainsi des actes de Malan et de Jessica. Folie, ombre, mensonge, mort, négation, parce que, dans la représentation de cette identité, de cette culture, la représentation de l'autre – qu'il soit de cette culture, d'une autre culture – n'est pas assurée. Folie, ombre, mensonge, mort, négation, qui figurent aussi – et en conséquence – la possibilité qu'il y a dans l'impossibilité, la possibilité de l'impossibilité. Ou, plus exactement, l'avenir, indicible, dévoile l'impossibilité présente. C'est pourquoi, dans chacun des romans, l'impossibilité finale reste indissociable de la désignation – fantasmée – d'un avenir. C'est pourquoi, dans le constat des ombres que fait *Un été africain* dans sa conclusion, ce monde qui reçoit la mort paraît délivré du mal. Comme Malan qui reçoit sa mort, paraît délivré du mal d'autrui qui lui donne cette mort. Comme Antoinette qui reçoit sa mort, la folie, paraît délivrée du mal que la généalogie et son mari lui ont donné. Telle est encore la signification de l'attitude finale de Thaël dans *La Lézarde*.

La fiction est ici exactement une écriture du droit, parce qu'elle livre la figure du sujet impossible et du sujet à venir à travers l'image du sujet survivant – un survivant paradoxal, mais qui survit comme à sa folie, comme à l'ignorance d'autrui, comme à la tragédie, comme à sa propre mort. La fiction de l'autobiographie est, dans *Looking on Darkness*, la précise fiction de la survivance. Chaque fois, cette survivance suppose la reconnaissance de tout autre, qui n'exclut pas le traitement et la reconnaissance de la nationalité et de la race; qui ne récuse pas que la représentation de la conscience de soi, de la conscience nationale, de la conscience raciale, soit une représentation modulaire; qui récuse toute représentation arrêtée et appelle la représentation éthique et celle de la survivance. La fiction est à la fois la question de l'expression raciale et nationale, et la reprise de cette question en un pas au-delà – à travers la figure de la survie.

Cette figure de la survie n'exclut ni la notation du lieu propre, celui qui est le domaine de l'épreuve présente, celui qui serait l'expression de la race libre, de la nation libre, de la croyance libre, ni la notation du lieu multiple, celui qui serait l'au-delà de ce lieu, lieu impossible, qui contredirait le lieu des prescriptions contradictoires, le lieu du pouvoir de l'autre, le lieu de l'empire. La figure de la survie reprend la représentation du lieu, quel qu'il soit, – et ce peut être l'Angleterre dans *Wide Sargasso Sea*, dans *Looking on Darkness*, comme ce peut être, dans *Tout-Monde* de Glissant, le monde entier, comme ce peut être une Afrique d'*Un été africain* –, comme elle a repris toute l'histoire d'un lieu, d'un sujet. Les lieux marqués de la prescription et du pouvoir sont passés lors même qu'ils sont identifiés à la prescription, au pouvoir, et au mensonge de la culture locale. L'histoire est l'histoire même de ce lieu, mais comme étendue au-delà du non-publié, comme étendue en ses possibilités, lors même que l'impossible est marqué. Non-publié doit se comprendre littéralement: l'histoire à venir est, par la fiction, au-delà de la fiction, puisque la fiction à venir est celle qui peut continuer de créer les mots de l'écriture du droit, fût-ce à travers le seul lecteur.

Aussi chacun de ces romans donne-t-il, dans sa représentation du lieu propre, qui est aussi le lieu du pouvoir, comme un point aveugle à cette représentation. La figure de ce point aveugle est aisée à caractériser. Doublement. L'être faible, ainsi que Mohamed Dib caractérise ses personnages, – et cette qualification peut être étendue à l'Antoinette de Jean Rhys, au Thaël d'Edouard Glissant, au Malan et autres personnages de *Looking on Darkness*, est à la fois la représentation de son lieu propre et l'indication que ce lieu ne peut figurer, explicitement donner lieu au sujet libre. L'être de pouvoir, de droit et de prescription, est, sans doute, un être explicitement négatif, mais il ne peut être exclu d'un discours du droit, qui condamne le meurtre (*Looking on Darkness*), dit la possible alliance de l'amour et du droit (*Wide Sargasso Sea*), la possible reconnaissance du droit de l'autre par la tradition (*Un été africain*). Certes, c'est souligner, à travers ces deux types de personnage, une impasse de l'histoire et du droit. Ce point aveugle permet encore de dire qu'il n'est devant le droit, devant le jugement, qu'une singularité – celle d'Antoinette, celle de Malan, celle de la jeune algérienne, celle du meurtrier de *La Lézarde*. Aussi la représentation du point aveugle est-elle indissociable d'une histoire singulière, d'une histoire privée. Et, par là-même, se trouve relativisée la notation de l'impasse historique et de l'impasse juridique. Cet être singulier fait ramener le droit du pouvoir à une casuistique, à une hésitation – ainsi de la famille face à la jeune algérienne dans *Un été africain*, ainsi de Malan dont on sait que le meurtre qu'il a commis n'est pas exactement présenté, ainsi d'Antoinette dont la folie est la figure extrême de la singularité et du défaut de pertinence de tout jugement. Grâce à cette casuistique, grâce à cette hésitation, peut continuer de jouer la figure de la survivance, peut être poursuivie l'élucidation d'une parole de l'identité, contre tout mythe de l'identité, fût-elle mixte. Peut être explicitement marqué que rien ne se résout dans le jugement ni dans la mort. Les notations finales qui portent sur les personnages faibles disposent, de fait, une responsabilité spécifique: Antoinette, comme la jeune algérienne, répondront toujours de leur propre vie et de leur pays, ainsi que le font Thaël et Malan.

La fiction est le lieu de l'inscription de cette responsabilité et de la représentation qui va avec cette responsabilité. Par là, ces romans sont lisibles contre toute réduction de la représentation au constat d'une géopolitique – lisible cependant dans chacun des romans, il suffit de dire l'Angleterre et la Caraïbe, l'Angleterre et l'Afrique du Sud, la France et l'Algérie, la France et les Antilles; à un jeu d'opposition des discours, ceux du pouvoir, ceux de l'être faible et de sa culture – ces discours sont cependant lisibles, il faudrait ainsi reconnaître, dans les descriptions des activités théâtrales de *Looking on Darkness*, la figure de telles oppositions –, à une situation historique déterminée – cette situation historique est cependant explicite dans chacun des romans. Que la fiction soit ainsi enracinée et irréductible, fait de la fiction même, dans le jeu de l'allégorie et de la contre-allégorie du droit, la figure même de la survivance et de l'ajout possible, à l'Histoire et au réel, du désir de société. En ce sens, la fiction de l'écriture du droit est à la fois contre-épique et contre-prescriptive. Il suffit de lire deux fois Glissant. À partir de son *Faulkner, Mississippi* (1996): il n'y a, dans l'Histoire, aucun contenu dérobé, il y a seulement un contenu à venir, et aucune Histoire ne peut se dire hors de la notation de la survivance. À partir de son *Traité du Tout-Monde* (1997): écrire le droit de la communauté humaine revient à l'écrire contre la prescription d'une communauté.

Certes, le reproche d'idéalisme peut être ici reçu, qu'il s'agisse de Jean Rhys, de Mohamed Dib, d'Edouard Glissant ou d'André Brink. Mais il faut encore noter ce qui est la fable dernière de ces représentations de l'ailleurs capté par un pouvoir: la survivance à tout jugement est une manière de poursuivre avec le droit, ainsi que continuer avec la fiction de cette survivance est encore poursuivre avec le droit, et avec la littérature qui étend les limites de la cité et, par là, renforce la société civile, son langage et ses possibilités. Où se répète le droit de la fiction.

Jean BESSIÈRE
Université Paris III-Sorbonne Nouvelle

Bibliographie des ouvrages cités:

ASHCROFT Bill, GRIFFITHS Gareth, TIFFIN Helen, *The Empire Writes Back. Theory and Practice in Post-Colonial Literatures*, Londres, Routledge, 1986.

BRINK André, *Looking on Darkness*, Londres, Fontana Paperback, 1984 (éd. originale 1974).

DIB Mohamed, *Un été africain*, Paris, Le Seuil, coll. Points, 1988 (éd. originale 1958).

GLISSANT Edouard, *Faulkner, Mississippi*, Paris, Stock, 1996.

–, *La Lézarde*, Paris, Le Seuil, coll. Points, 1984 (éd. originale 1958).

–, *Le Sel noir; Le Sang rivé; Boises*, Paris, Gallimard, coll. Poésie, 1983.

–, *Tout-Monde*, Paris, Gallimard, 1993.

–, *Traité du Tout-Monde*, Paris, Gallimard, 1997.

RHYS Jean, *Wide Sargasso Sea*, edited by Angela Smith, Harmondsworth, Penguin Books, 1997 (éd. originale 1966).

LITTÉRATURES COLONIALES, LITTÉRATURES POSTCOLONIALES ET TRAITEMENT NARRATIF DE L'ESPACE: QUELQUES PROBLÈMES ET PERSPECTIVES

L'articulation littérature coloniale-littérature postcoloniale n'est pas, on le sait, purement chronologique. Elle signale bien sûr le passage d'une ère caractérisée par le colonialisme européen d'Outre-mer à une époque de décolonisation presque complète, mais le postcolonialisme commence durant la colonisation. À certains égards, des œuvres comme celles de Césaire et de Senghor sont postcoloniales: elles échappent aux cadres généraux de la vision impérialiste du monde tout en paraissant durant la période coloniale. C'est que «postcolonialisme» désigne moins un ensemble littéraire «venant après» l'événement majeur du colonialisme que des littératures placées dans un certain rapport de situation à l'égard de l'histoire coloniale, de ses pratiques comme de sa symbolique, et dont elles sont attentives à dépister les traces jusqu'à notre époque.

La critique postcoloniale s'attache ainsi à la textualité de l'empire (période coloniale) mais aussi à ses rémanences voire à ses nouvelles stratégies assertives si l'on estime que nous sommes désormais dans une ère néo-coloniale. Son étude de la littérature européenne et des littératures europhones découpe dès lors de grandes phases assez prévisibles (elles empruntent leurs critères à l'histoire): développement de la littérature colonialiste des XVIIIe et XIXe siècle; apogée de l'empire au tournant du siècle avec l'apparition de héros coloniaux plus troubles[1]; inquiétudes de l'entre-deux-guerres où surgissent des

---

[1] Le Jim de J. Conrad: alors que l'impérialisme est un Grand Jeu («Great Game») pour le Kim de Kipling, il devient pour Jim une troublante question liée à l'honneur de l'homme blanc (*Lord Jim*, 1900). Le René Leys de V. Segalen, choisissant une Chine du passé, définitivement révolue, contre la Chine moderne et s'ouvrant aux influences occidentales (*René Leys*, écrit en 1913-1914).

figures du malaise impérial[2]. Ce n'est qu'après la Première Guerre mondiale que débute la résistance massive au colonialisme avec une critique anti-coloniale dont les coups portent de plus en plus. Les développements des nationalismes locaux suivent des trajectoires fort différentes, de la résistance non-violente indienne aux combats indochinois, mais les racines d'une fiction postcoloniale sont alors observables. Par la suite, la période de l'indépendance va voir éclore des œuvres plutôt orientées vers la problématique de l'identité, nationale ou culturelle, avant que de nouvelles perspectives, directement contemporaines, ne se dessinent.

C'est dire que littératures coloniale et postcoloniale se répondent, s'opposent ou se rejoignent selon des modalités plus complexes que la chronologie. En l'occurrence, la question du traitement narratif de l'espace prend toute son importance. Car l'articulation littérature coloniale-littérature postcoloniale est largement déterminée par une conception de la représentation entendue comme connaissance. Les deux grands ensembles littéraires que je viens de distinguer correspondent en effet à deux approches fort différentes de la représentation spatiale.

Pour la problématique de la représentation, l'interprétation commune du partage littérature coloniale/littérature postcoloniale s'engage dans une théorie (implicite ou non) du dévoilement. Le médium de la représentation littéraire est alors censé renvoyer à la «réalité» de l'espace autochtone concerné. J'entends ici «espace» en son sens général (cadre naturel et espace social: ainsi les écrivains coloniaux parlaient-ils de dévoiler l'Afrique, ses paysages et ses peuples). L'interprétation courante postule donc que le dévoilement est à envisager en termes de progression: la littérature coloniale prétendait déjà donner une représentation de l'espace étranger plus rigoureuse que celle des «exotistes». Mais la littérature postcoloniale, grâce au changement de la situation d'énonciation, autoriserait une approche encore plus «exacte», «réaliste», de l'espace autochtone.

Il est clair que cette nouvelle situation d'énonciation («l'autochtone parle de son monde») détermine des représentations spatiales plus rigoureuses, mais seulement au sens où elles se détachent des mythes coloniaux issus d'Europe (notamment de celui, majeur, de l'espace sauvage à restructurer). Les deux traitements nar-

---

[2]   Que l'on songe à des romans tels *A Passage to India* (1924) de E.M. Forster, *Burmese Days* de G. Orwell (1934) ou à l'épisode africain du *Voyage au bout de la nuit* de Céline.

ratifs généraux de l'espace (littérature coloniale/littérature postcoloniale) relèvent bien d'une assimilation de la représentation à la connaissance, cependant le passage de l'une à l'autre est à interpréter non pas comme l'acquisition d'un degré supérieur dans le savoir que l'on prend de l'espace autochtone, mais en tant que saut d'un mode de représentation à un autre. Ma thèse est que le changement de la situation d'énonciation détermine une nouvelle articulation de la représentation et de la connaissance de l'espace. On passe d'une représentation donnant la priorité à la connaissance objective de l'espace (littérature coloniale), qu'on peut qualifier de *réaliste,* à une représentation où l'espace, référé à une somme d'expériences vécues, devient l'image d'une identité oubliée, aliénée ou se cherchant dans le refus des grands partages mutilants (littératures postcoloniales), représentation qu'on peut appeler *idéaliste* au sens où le sujet (ou bien les traditions supposées constitutives du sujet) se voit placé au premier plan. L'examen de cette différence de traitement de l'espace narratif suppose qu'on revienne, en un premier temps, sur certaines spécificités des littératures coloniales et postcoloniales.

I. LITTÉRATURES COLONIALES ET ESPACE

Je partirai de la période la plus propice à la théorisation européenne de la littérature coloniale, l'entre-deux-guerres. En France, Marius et Ary Leblond ou Roland Lebel s'efforcent de distinguer cette inspiration du simple exotisme à la Loti, tout comme Joseph-Marie Jadot en Belgique; en Allemagne, un Hans Grimm aspire à développer une littérature coloniale nationale; en Italie, le débat sur le roman colonial, inspiré par le fascisme mussolinien, s'engage autour de la revue *L'Azione coloniale.* L'auteur de référence pour la plupart de ces critiques est Rudyard Kipling et cette prédominance explique sans doute que les débats et les théories sur les lettres coloniales soient bien moins développées en Grande-Bretagne qu'ailleurs. Pour l'essentiel, les théoriciens entendent par «littérature coloniale» une narration écrite par qui a séjourné assez longuement dans la colonie et choisissant la conquête ou la domination européenne comme sujet. Outre cette origine et cette thématique générale, trois traits la caractérisent le plus fréquemment:
1/ un critère stylistique: le «réalisme» (elle se veut la peinture de la réalité de simples personnages vivant la situation coloniale; elle ouvre ainsi plus souvent à la vie quotidienne qu'aux actions d'éclat);

2/ un critère idéologique: l'approbation assez forte de la colonisation, allant du nationalisme à la nostalgie de qui est revenu en métropole;

3/ un critère structurel: une souplesse formelle qui lui assure une grande diversité narrative (les nouvelles de Kipling coexistent dans cette catégorie avec les ouvrages à thèse de Hans Grimm ou les romans de Louis Bertrand).

La représentation «exacte» du monde autochtone, des «indigènes», est l'axe principal de cette littérature, tant selon les critiques qu'aux yeux des écrivains, car elle distingue celle-ci des «fantaisies exotiques» dont l'auteur de référence en Europe est alors Pierre Loti. Roland Lebel résume ce souci de justesse et de validité:

«Exotisme s'oppose à colonialisme, comme romantisme et naturalisme.»[3]

Dans sa volonté de réalisme, cette représentation se voit contrainte d'insister sur la différence des peuples colonisés par rapport aux Européens, selon un mode bien décrit par Elleke Boehmer[4]:

> The colonized made up the subordinate term in relation to which European individuality was defined. Always with reference to the superiority of an expanding Europe, colonized peoples were represented as lesser: less human, less civilized, as child or savage, wild man, animal, or headless mass. (p.79)

La représentation venait ainsi d'un même mouvement légitimer la domination impériale en réduisant et en interprétant cette différence, soit par la présentation d'une sauvagerie contrariée par l'énergie européenne(*King Solomon's Mines* de Rider Haggard), soit par le portrait d'une naïveté admirable et sans danger (le lama de *Kim* de Kipling), soit par l'évocation d'une arriération à laquelle il convenait de remédier (thème du *White Man's Burden* de Kipling). Il fallait, comme le reconnaissait Kipling lui-même: «deal with the unutterable horrors of lower class Eurasians and native life as they exist outside reports and reports and reports.»[5] Ainsi pouvait être assurée la fonc-

---

[3]   *L'Influence de l'Afrique occidentale dans la littérature française*, cité par J. Déjeux, «Robert Randau et son peuple franco-berbère», in S.F.L.G.C., *Littérature coloniale*, 1981, p. 92. Cf. également Eugène Pujarniscle, *Philoxène ou la littérature coloniale* (Firmin Didot, 1931).

[4]   *Colonial and Postcolonial Literature*, Oxford U.P., 1995.

[5]   R. Kipling, «letter to Miss Edith Macdonald, July 30th, 1885», cité in C. Carrington, *Rudyard Kipling. His Life and Work*, Harmondsworth, Penguin, 1986, p. 103.

tion de la littérature coloniale, faire connaître et à la limite aimer cette étrangeté baptisée «colonies».

Cette idée de représentation est fondée par un souci de connaissance. Elle repose classiquement sur la double métaphore du théâtre et de la diplomatie[6]. La représentation constitue une sorte de double de l'espace réel: elle met le lecteur en présence de cet espace (image théâtrale), elle a une fonction de vicariance: elle vise à créer chez le lecteur l'impression que cet espace lui produirait s'il s'y trouvait (image diplomatique au sens où se réalise un transfert d'attribution: une personne peut agir en nom et place d'une autre). La représentation vaut comme redoublement de l'espace colonial, que le métropolitain peut ainsi connaître et s'assimiler.

Bien entendu, à partir de ce postulat, les options créatrices et idéologiques sont très diverses (de Kipling à Randau, de Vigné d'Octon à Cipolla ou Grimm), mais l'assimilation de la représentation à la connaissance est première. L'écrivain se conçoit comme le «récepteur» d'une réalité coloniale qu'il a longuement expérimentée et dont il témoigne. Il dévoile l'espace autochtone, parfois le révèle dans son aberration-même (cliché de la sauvagerie indigène qui justifie l'apartheid: le Hollandais Louis Couperus, avec *Die Stille Kracht* («La force silencieuse», 1900, livre aux limites de la littérature «exotique» et de la littérature coloniale), décrit deux mondes, l'univers colonial blanc et les indigènes javanais, qui se rencontrent, et le «mysticisme» du second contamine le premier jusqu'à causer sa perte). Cette assimilation a une fonction de contrôle: elle est un instrument de structuration fictionnel qui vient redoubler la structuration politique coloniale. En son fond, elle est idéologique, mais elle se donne pour réaliste en accordant une évidente priorité aux aspects objectifs, matériels, de l'espace représenté.

C'est que le problème du réalisme appliqué au colonialisme est d'emblée piégé. On peut poser la question: un authentique réalisme en ce domaine pouvait-il dévoiler autre chose que ce qu'il voulait taire, à savoir le mal-être colonial?

Un grand roman anti-colonialiste comme *A Passage to India* d'E. M. Forster (1924) exhibe cette contradiction. Le récit part des mêmes prémisses et se construit selon des formes et une thématique similaires à celles du roman colonial. La représentation semble vouloir servir la connaissance britannique du monde indien. Son origina-

---

[6]   Mise en évidence par Jean Ladrière dans l'article «Représentation» de l'*Encyclopedia Universalis*.

lité est d'en inverser les valeurs de sorte que la fonction centrale de la littérature coloniale, présenter la colonie à la métropole, vient finalement justifier la nécessité du retrait britannique hors de l'Inde. Forster reprend la vocation réaliste de la littérature coloniale pour la retourner contre le colonialisme en faisant la démonstration d'une irréductible étrangeté (les célèbres grottes de Marabar). Au nom de l'exactitude, le roman rend le cadre indien à une altérité si vertigineuse que les Britanniques ne sauraient prétendre la dominer. Tout le récit montre en effet qu'ils ne peuvent connaître de l'Inde que leur incapacité à la comprendre et donc à la gouverner.

Si la littérature postcoloniale était simple approfondissement de cette connaissance du monde lointain, si donc elle traitait la représentation de la même façon que la littérature coloniale, elle aboutirait à des effets littéraires comparables à ceux de Forster. Ses représentations de l'espace autochtone désigneraient l'altérité de celui-ci et renverraient finalement le lecteur occidental à son impuissance à appréhender pleinement l'étrangeté évoquée. La littérature postcoloniale assumerait là une fonction de représentation de ce qui déjoue pour toujours la compréhension occidentale, selon les principes d'une vocation à l'ineffable, au dévoilement de ce qui est véritablement *autre* (selon le principe ségalénien d'une Esthétique du Divers), qui constitue probablement l'une de ses tendances, mais qui est loin d'être la principale. Le passage d'une littérature coloniale à une littérature postcoloniale ne correspond en effet pas (seulement) à l'atteinte d'un type plus rigoureux, plus subtil, plus averti de représentation de l'espace, mais à la substitution générale d'un mode de représentation à un autre, fondé sur un rapport différent de la représentation à la connaissance.

II. LITTÉRATURES POSTCOLONIALES ET ESPACE

Postcolonial ne renvoie donc pas à la littérature «venant après» l'empire, mais à un ensemble littéraire dont il est possible de reconnaître des qualités thématico-formelles spécifiques, lorsqu'on l'envisage par rapport à la colonisation et à ses conséquences. Rappelons que quatre grands groupes de littératures europhones, issus de l'expansion coloniale, composent pour l'essentiel ce qu'il est convenu d'appeler le postcolonialisme littéraire: les littératures du Commonwealth, les littératures lusophones, les littératures francophones et les littératures hispanophones[7]. Des écrits nés dans des situations de domination culturelle comparables à la colonisation, telles les lettres afro-américaines, la littérature «beur» en France voire les récits de l'*intifada* palestinienne[8] peuvent leur être associés. La critique postcoloniale se voue à la description des cohérences de ces ensembles *a priori* vastes et hétérogènes. Elle constate ainsi qu'un nombre significatif des œuvres entretiennent des similitudes (représentation et/ou problématisation des processus historiques nés de la colonisation; problème central des représentations culturelles; insistance sur la notion d'*identité*, à la fois aliénée et recherchée). Aussi diverses que soient leurs origines, elles apparaissent comme le répondant littéraire de l'avènement de *la culture globale* propre au XXe siècle finissant, elles signalent et décrivent l'entrée des «Autres», naguère colonisés, dans une culture désormais mondiale.

On comprend que la première tentation critique soit d'interpréter l'apparition de ces littératures comme l'assurance d'une connaissance plus *objective* des espaces qui leur sont autochtones. Tel est par exemple le cas de Sartre, qui dans le célèbre *Orphée noir*, évoque la fin du «regard pur» de l'Européen (regard anhistorique et inconscient de la réalité des colonies) et l'avènement d'un monde éclairé par la nouvelle lumière née du regard des écrivains noirs. Dans cette interprétation, la littérature postcoloniale reprendrait la vocation de la littérature coloniale et chercherait à rendre l'espace autochtone plus présent, au sens le plus fort, aux yeux de l'Occidental. La volonté de dévoilement des écrivain coloniaux serait ainsi assumée désormais par des auteurs autochtones, la correspondance entre le sujet écrivant et la réalité représentée assurant une validité plus forte de la représentation. Mais ce jugement est incomplet en raison des formes et des priorités des littératures postcoloniales. Une esthétique de la résistance à la symbolique impériale, une problématique de l'identité et depuis quelques années, l'apparition d'une «World Fiction» détermi-

---

[7]   Les chronologies coloniales distinctes font que les cultures les plus récemment décolonisées sont envisagées de préférence aux autres par la critique postcoloniale. Ainsi, l'hispanophonie provenant de dynamiques coloniales aussi anciennes que la lusophonie, mais dont la plupart ont été achevées antérieurement, est moins étudiée de ce point de vue. Tout comme la littérature lusophone brésilienne, qui place moins l'accent sur la déstructuration coloniale que les littératures lusophones africaines, nées dans des pays récemment décolonisés, est moins propice à une approche postcoloniale.

[8]   Cf. Barbara Harlow, *Resistance Literature*; Alec G. Hargreaves, *La Littérature Beur. Un guide bio-bibliographique*, New Orleans, CELFAN Edition Monographs, Tulane University, 1992.

nent en effet des traitements narratifs de l'espace irréductibles à la seule amélioration de l'objectivité représentative.

1. Espace et mémoire

Pour les écrivains postcoloniaux, la résistance à l'impérialisme, préoccupation cardinale et pour ainsi dire nécessaire du «premier postcolonialisme», passe par la réévaluation de cultures et d'histoires différentes de l'Occident et à ce titre niées ou caricaturées. Après la Seconde Guerre mondiale, la publication d'anthologies a traduit cette volonté de «rassemblement culturel» (*Poètes d'expression française* de Léon Damas (1947), *Anthologie de la nouvelle poésie nègre et malgache de langue française* de Léopold Sédar Senghor (1948)[9]). Les écrivains de ces anthologies procèdent à une inversion symbolique par laquelle est systématiquement réévalué ce qui était tenu pour négatif et inférieur. Une vitalité spirituelle est ainsi rendue à ce qui tenait naguère du stéréotype dégradant. Avec la négritude, la poésie rend sa dignité au Nègre jusqu'alors le plus souvent objet de pitié ou de mépris.

L'espace devient alors la métaphore privilégiée de ce ressourcement. Le paysage tropical et insulaire apparaît comme une terre maternelle à re-connaître dans le cycle romanesque *Pierre Flandre* (1928-1934) du Mauricien Robert-Edward Hart. Par extension, l'espace-même de la langue des communautés «minoritaires» se voit réhabilité. Le Martiniquais Gilbert Gratiant (à qui Senghor avait fait une place dans son anthologie) donne par exemple un statut littéraire au créole (*Fab Compé Zicaque*, 1958)[10]. La volonté de représentation d'une expérience individuelle de l'espace ne se sépare pas d'une volonté de (re)construction collective, culturelle ou nationale.

C'est en ce sens que Fredric Jameson a pu présenter les fictions du Tiers-Monde comme des «allégories nationales»[11]. À la différence du

---

[9] Ce même souci du rassemblement de soi à travers les expressions contemporaines de sa culture se manifestera pour le Maghreb un peu plus tard: A. Memmi et alii, *Anthologie des écrivains maghrébins d'expression française* (1964).

[10] L'Antillais anglophone Claude McKay faisait une tentative similaire dans ses romans, *Home to Harlem* (1928), *Banjo* (1929), *Banana Bottom* (1933) en faisant entendre le langage des communautés noires, ce qu'il appelait «the necromancy of [black] language». À ses débuts, il écrivait de la poésie en créole jamaïcain. Au Canada, un peu plus tard, le joual acquerra ses lettres de noblesse grâce notamment aux éditions *Parti-pris* (Jacques Renaud, *Le Cassé*, 1964).

[11] «Third World Literature in the Era of Multinational Capitalism», *Social Text* 15, 1986, pp. 65-88.

roman occidental moderne, elles n'établissent pas de limite radicale entre le privé et le public, entre le poétique et le politique. Au contraire, ces allégories conscientes supposent un rapport du politique et de l'imaginaire littéraire assez inédit dans la tradition romanesque européenne. L'espace y est représenté comme lieu d'inscription de traditions presque perdues. Il devient auxiliaire de la mémoire d'une nation ou d'une culture.

Des pratiques sociales conçues comme premières peuvent aussi être évoquées par des auteurs qui entendent insister sur la différence de leur culture par rapport à l'Occident. Tel est le cas du vaudou, en Haïti, présenté par Jacques-Stephen Alexis comme moyen de résistance à une influence catholique aliénante (*Les Arbres musiciens*, 1957). Ces pratiques relèvent parfois directement de l'esthétique, telle la forme poétique du *hain teny* malgache, objet d'étude et de recherche pour un écrivain européen comme Jean Paulhan, mais devenant pivot d'un art poétique pour Jean-Joseph Rabearivelo (*Presque Songes*, 1934; *Traduit de la Nuit*, 1935). Ces stratégies de ressourcement déterminent une écriture de plus en plus informée par des traits autochtones sans qu'il s'agisse là d'objectivité de la représentation. Est visée la reconstruction d'un passé nié et parfois détruit par la colonisation. L'auteur affirme par la représentation spatiale son sentiment d'appartenance à une collectivité. L'espace devient métaphore de l'identité bafouée.

2. Espace et identité

Deux grandes catégories littéraires, identifiées par leurs origines, sont ici à distinguer: la littérature des peuples assujettis (et dont la décolonisation est récente), Afrique, Asie, Caraïbes, et celle des peuples colonisateurs, *créoles* au sens étymologique du terme[12]: Canadiens, Australiens notamment (issus de la colonisation européenne).

---

[12] Rappelons que le mot vient de l'espagnol *criollo*, et qu'il est attesté en français dès la fin du XVIe siècle. Furetière: «nom que les Espagnols donnent à leurs enfants qui sont nés aux Indes». Il va ensuite désigner tous les Européens nés dans les colonies. Deux problèmes sont liés à l'usage de ce mot: 1. selon les colonies françaises, il désigne tantôt les natifs des colonies, tantôt les Blancs, tantôt les Noirs (sur un bilan des différentes occurrences, cf. R. Chaudenson, *Les Créoles*, Paris, P.U.F., "Que Sais-je?", 1995, p. 17); 2. il a pris le sens, plus fréquent, d'idiome spécifique des colonies. Nous entendons ici le mot dans sa signification générale: Blanc (descendant des colonisateurs) né dans une (ex-) colonie européenne.

Le contraste entre les deux littératures peut être présenté à partir de la question de la *différence* et de la *continuité* avec l'Europe et singuliè-rement avec une certaine tradition du traitement narratif européen de l'espace:

– les auteurs asiatiques, africains et antillais se sont principalement concentrés sur la *différence* historique, raciale ou métaphysique d'une identité culturelle mutilée par le colonialisme. Avant tout, il leur fal-lait retrouver le fil d'une histoire accordée à ce que l'auteur concevait comme les mythes fondateurs et les valeurs ancestrales niés par l'Occident. Cette restauration d'une symbolique qui fût simultané-ment profondément indigène et intelligible au plus grand nombre[13] correspond à ce qu'Amilcar Cabral, l'un des leaders de l'Afrique occidentale lusophone, appelle, pour son continent, de «ré-africanisation» des esprits (*Unité et lutte*, I, 1975).

La représentation de l'espace comme lieu identitaire peut être étu-diée en référence à trois grands types narratifs récurrents: la réinter-prétation d'anciennes luttes anti-impérialistes[14]; le récit de la «com-munauté perdue» insistant sur la plénitude et la complétude de la vie traditionnelle[15]; et enfin ce qu'on pourrait qualifier d'*autobiographie symbolique* au sens où l'auteur qui raconte sa vie résume par là-même l'accès de tout un peuple à l'indépendance[16]. Chaque fois, il s'agit pour l'écrivain de ressaisir, dans des épisodes de son passé, les sym-

---

[13] On pourrait ici citer d'innombrables exemples, de «l'antillanité» exprimée par Edouard Glissant à la mythologie lémurienne des Mauriciens, qui a fasciné Mal-colm de Chazal ou Jean-Georges Prosper (*Apocalypse mauricienne*, 1964), ou à la spécificité haïtienne, dont le vaudou est une composante majeure, chantée par Re-né Depestre (*Le Mât de Cocagne*, 1979) ou Pierre Clitandre (*Cathédrale du mois d'août*, 1982).

[14] Nkrumah expliquant dans son autobiographie qu'il a cherché dans la lutte in-dienne pour l'indépendance un modèle pour l'Afrique; Gandhi devenant un exemple dans *A Grain of Wheat* de Ngugi wa Thiong'o (1967); Kateb trouvant dans la figure d'Ho Chi Minh et dans la lutte vietnamienne le symbole de la ré-sistance à l'oppression (*L'Homme aux sandales de caoutchouc*, 1970).

[15] *Quatrième Siècle* de Glissant (1964) explorant les quatre siècles (ou presque) de la présence aux Antilles de la communauté des Africains transplantés et son des-tin; Kateb restaurant dans *Nedjma* le mythe de la communauté ancestrale des Beni Hilal, réputés pour leur résistance aux envahisseurs; Jomo Kenyatta insistant dans *Facing Mount Kenya* sur l'exemplarité de la vie traditionnelle gikuyu (1938).

[16] Nehru, *An Autobiography* (1936); Nkrumah, *Autobiography* (1957); *Nedjma* qualifiée justement par J. Arnaud d'«Autobiographie au pluriel». Un personnage de roman peut aussi devenir emblème de la nation (C. Achebe, *Things Fall Apart*); cf. J.-P. Durix, *The Writer Written: The Artist and Creation in the New Literatures in English*, New York, Greenwood, 1987.

boles permettant d'éclairer la situation présente. L'histoire, collective et individuelle, dont l'espace porte les précieuses traces, devient une métaphore des difficultés actuelles et de leur éventuelle résolution par la restauration d'une identité authentiquement vécue. L'espace est représenté dans son caractère d'origine et distancié par là de l'Europe et des restructurations qu'elle a prétendu lui imposer;

– pour les littératures des descendants des colons, ayant encore l'expérience de profondes continuités avec le pays originel, il importe plutôt de rendre compte des étrangetés inhérentes au fait de vivre dans un espace neuf et déroutant. Alors que les écrivains des cultures colonisées cherchent à établir leur différence par l'affirmation d'une continuité culturelle rompue et niée par le colonialisme (histoire de leur peuple, de leur culture), les auteurs «créoles» veulent exprimer un autre type de différence. Au-delà de la continuité existant avec leurs ancêtres européens, ils tentent de montrer qu'elle se colore d'une expérience autre, celle d'un espace différent de l'Europe et seulement appréhendé de l'extérieur (comme un monde exotique) par les lettres européennes[17].

En un sens, la difficulté à décrire et à nommer l'espace, à laquelle avaient été confrontés les pionniers persiste: les écrivains partent de la tension existant entre des codes esthético-linguistiques importés et un environnement quotidien mais tenu pour étrange, difficile à connaître. Ainsi, les écrivains canadiens vont tenter d'affirmer une identité culturelle contre les rémanences coloniales qui font d'eux à la fois des non-métropolitains et des non-autochtones (par rapport aux «first peoples», Indiens ou Esquimaux). Les auteurs québécois s'efforcent, dans un second temps, de résister à une influence anglo-saxonne prédominante. Ici aussi, la création d'une symbolique autochtone s'impose comme tâche première aux auteurs. La différence avec les littératures colonisées réside dans la stratégie de ce ressourcement culturel. Elle tient moins à la diachronie qu'à l'expression d'une expérience de l'espace qui est à la fois présente et inassimilable à celle de l'Europe. Il s'agit de trouver un langage *en contiguïté* avec le cadre canadien intimement éprouvé, avec la vie actuelle dans un contexte très particulier, avec ce que le poète Gaston Miron appelle le «tellurisme» québécois. Les auteurs cherchent à écrire des paysages presque sans correspondance avec ceux de l'Europe, l'expérience d'autres mœurs, et la connaissance d'une vie urbaine et nationale confrontée à

---

[17] Cf. Margaret Atwood, *Strange Things/The Malevolent North in Canadian Literature*, Oxford, Clarendon, 1995.

ses problèmes spécifiques. Ils renouent moins le fil d'une tradition rompue qu'ils n'expriment une vision du monde *actuelle*. La représentation de l'espace est de fait au cœur de cette écriture postcoloniale, d'où l'insistance des auteurs sur les spécificités des paysages canadiens: le cadre naturel extraordinaire et les fameux territoires du Nord (Yves Thériault) par exemple, qui se font signes d'une originalité existentielle en rupture avec les anciens schèmes narratifs européens.

Ces deux types de traitements narratifs de l'espace appellent à la fois une étude du travail linguistique et une étude de la rhétorique qui soutiennent ces représentations inédites. Il est impossible d'en donner ici autre chose que les éléments les plus généraux.

Le travail d'adaptation d'une langue européenne, forcément en décalage par rapport à la culture et à l'espace évoqués, est un élément crucial des littératures europhones. Tout au plus peut-on mentionner ici quatre degrés de cette adaptation[18] (le degré zéro de cette pratique étant l'acceptation entière d'une tradition littéraire européenne, menant à des analyses plus ou moins colonialistes):

1. l'acceptation du postulat que le langage européen peut exprimer, au prix de modifications lexicales et syntaxiques mineures, la culture autochtone (la poésie ou les essais de Senghor, par exemple);

2. la méthode de l'explication et de la mise en contexte du référent autochtone, soit par des notes de bas de page, soit par d'autres techniques jouant d'un véritable «double langage»[19];

3. l'écrivain peut aussi chercher d'autres véhicules que le récit: par exemple, le théâtre (Kateb Yacine, se voulant dramaturge et choisissant l'arabe populaire: *Mohammed prends ta valise*, 1971) ou le film

---

[18] Par exemple, C. Zabus, «Othering the Foreign Language in the West African Europhone Novel», *Canadian Review of Comparative Literature*, september-december 1990, pp. 349-366.

[19] Jean-Marie Adiaffi s'est expliqué sur cette méthode: «Ce que je n'aime pas c'est lire un livre où il y a trop de notes en bas. Ça brise le plaisir de la lecture. Je préfère jouer à une espèce de bilinguisme, en prenant les mots africains. Si je ne peux pas les traduire, je les garde et les traduis à côté. Utiliser les deux mots, m'arranger pour expliquer les deux mots, le mot français étant mis en apposition au mot agni pour expliquer. C'est pour le confort du lecteur.» (in J. Riesz et alii, «*La Carte d'identité*, Interview avec J.-M. Adiaffi», *Bayreuth African Studies Series* 8 (1986), p. 45). Il va de soi que les modalités de l'explication et de la mise en contexte sont extrêmement diverses, allant par exemple de la gallicisation du créole propre à Simone Schwarz-Bart jusqu'à la créolisation du français de Maryse Condé (cf. J. Bernabé: «Le Travail de l'écriture chez Simone Schwarz-Bart», *Présence Africaine*, 121-122, 1982).

(le Sénégalais Sembène Ousmane a fait une œuvre double d'écrivain et de cinéaste: *Guelwaar*, 1992);

4. la pratique la plus soupçonneuse à l'égard de l'idiome européen est l'auto-traduction (le Kenyan Ngugi wa Thiong'o a traduit son roman *Caitaani-Mutharaba-Ini* du Gikuyu en anglais: *Devil on the Cross*, 1983; le poète martiniquais Monchoachi a fait de même du créole en français pour son poème *Nostrom*, 1983).

Chaque fois, il s'agit d'un travail d'un grand intérêt littéraire et linguistique dans la mesure où il entraîne véritablement la langue européenne vers l'expression de ce qu'elle tait ou ne peut dire sans détour.

L'analyse de la rhétorique de ces textes constitue une stratégie complémentaire d'approche des œuvres postcoloniales. La figure de la description est ici centrale. À l'écart de toute idéologie de la représentation (P. Hamon), privilégiant l'adéquation de l'énoncé au référent et l'effacement du narrateur devant ce référent, il s'agit d'analyser la manière dont la description dispose les savoirs de l'auteur dans le récit et de vérifier la fonction de ces savoirs (ressourcement identitaire, subversion de la tradition européenne...). Cette étude de la fictionnalisation du savoir est l'une des grandes tâches de la critique postcoloniale. Elle appelle un travail immense. Pour donner un simple exemple, la réflexion sur la description initiée par J.-M. Adam et A. Petitjean[20] propose d'étudier trois fonctions de cette figure: mimésique (mise en place du cadre de l'histoire, de l'espace-temps du récit), sémiosique (inscription de la description dans le système de sens du récit, avec trois modes principaux: le voir, le dire, l'agir), mathésique (disposition des savoirs à l'intérieur du récit). L'analyse des textes postcoloniaux dans ce cadre permet d'insister sur leurs spécificités par rapport aux œuvres occidentales dans la mesure où la fonction mathésique n'est pas assumée de la même manière par un Européen parlant du monde colonial et par un autochtone, l'investissement du référent étant radicalement différent.

Mais cette étude qui commence à se systématiser dans les travaux portant sur les premières périodes de la littérature postcoloniale se complique si l'on s'attache aux développements du postcolonialisme littéraire depuis une vingtaine d'années.

---

[20] *Le Texte descriptif*, Nathan, 1989.

III. DÉVELOPPEMENTS RÉCENTS

L'étude du traitement narratif de l'espace ne peut faire l'économie d'une réflexion sur les deux inflexions majeures des littératures post-coloniales depuis une quinzaine d'années: l'apparition d'auteurs appartenant à des groupes négligés au moment des indépendances et le développement de ce que l'on a commencé d'appeler «World Fiction».

Deux groupes ont investi la scène de l'écriture postcoloniale (comme, d'ailleurs, la scène sociale): les écrivains véritablement autochtones, premiers occupants d'une terre ensuite colonisée, et les femmes. Les «premières nations» («first peoples») sont entrées en littérature d'une manière significative depuis deux ou trois lustres, non plus seulement comme personnages mais comme auteurs. Les Aborigènes australiens et les Maoris néo-zélandais, les Indiens canadiens ouvrent ainsi un nouveau chapitre des lettres anglophones[21]. Pour la francophonie, la littérature amérindienne se développe depuis les années quatre-vingt au Canada, avec des auteurs tels George E. Sioui ou An Antane Kapesh[22]. Du point de vue qui nous occupe, l'espace est représenté en référence à une vision du monde radicalement distincte de celle des Occidentaux. Diane Boudreau, dans son *Histoire de la littérature amérindienne au Québec*, relève notamment la contradiction entre l'espace anthropocentrique de l'Occidental et l'espace cosmocentrique de l'Indien.

La vie, dans le sens spirituel et cabalistique, imprègne toutes les composantes de l'univers. Les rêves, les rencontres avec des êtres surnaturels ou les séjours dans l'au-delà sont l'actualisation des aspirations concevables. Ainsi le symbolisme de la tradition orale amérindienne se distingue nettement du symbolisme de la tradition écrite occidentale. (p. 61)

La représentation de l'espace est à la fois dépendante de traditions formelles orales et d'une cosmologie qui sont ici des données fondatrices. D'où la complexité d'une analyse de formes plus empathiques de relations à l'espace.

Pour l'écriture féminine postcoloniale, le français étant utilisé comme langue de «sortie du harem» selon l'expression d'Assia Dje-

---

[21] Sur les Aborigènes, voir Mudrooroo, *Writing from the Fringe: A Study of Modern Aboriginal Literature*, Melbourne, Hyland House, 1990; également *Tangi* de Witi Ihimaera (1973), le premier roman maori en anglais.

[22] Voir D. Boudreau, *Histoire de la littérature amérindienne au Québec*, Montréal, L'Hexagone, 1994.

bar, elle connaît une expansion remarquable tant en Afrique, qu'aux Antilles, au Maghreb ou au Québec[23]. La situation de femmes vivant dans un contexte multi-culturel engendre des interprètes fort subtiles de la condition postcoloniale, attentives (pour des raisons de soumission subie durant des siècles similaires à celles des «premières nations») à tous les schémas de domination hérités du modèle impérial. L'étude emprunte ici soit la voie de l'analyse du récit de voyage au féminin[24], soit celle du rapport de la femme au monde impérial puis postcolonial[25].

La «World Fiction» quant à elle est une dynamique principalement anglophone apparue depuis une quinzaine d'années. Le grand succès des *Enfants de minuit* de Salman Rushdie en fut l'un des signes déclencheurs. Le passage d'une langue à l'autre par un écrivain n'est pas particulièrement original (que l'on songe à Conrad, Nabokov ou Beckett), mais aujourd'hui, après l'époque coloniale, un changement s'est produit dans l'échelle de ce mouvement. Dans les treize dernières années, le Booker Prize britannique (mais on pourrait faire des remarques similaires pour le prix Goncourt) a été décerné à un Indien (Rushdie), une descendante de Maori (Keri Hulme), un Nigérian (Ben Okri), un exilé japonais (Kazuo Ishiguro) et un auteur d'origine sri-lankaise (Michael Ondaatje)[26], bref à des auteurs pour qui l'anglais n'est que l'une des langues d'expression, parfois la seconde. Ces nouveaux romanciers anglophones, pour la plupart issus d'un contexte marqué par la colonisation, écrivent dans un monde où l'anglais est la nouvelle *lingua franca*. Ils bénéficient à ce titre d'un très vaste public, encore accru par les multiples possibilités de traduction.

---

[23] Exemples d'auteurs féminins: africains: Aminata Sow Fall, *La Grève des Bàttu ou les déchets humains*, Paris, Nouvelles Editions Africaines, 1979; Mariama Bâ, *Un chant écarlate*, Nouvelles Editions Africaines, 1981; antillais: de Mayotte Capécia (*Je suis Martiniquaise*, Paris, Corrêa, 1948) jusqu'à Jeanne Hyvrard (*La Meurtritude*, Paris, Minuit, 1977); maghrébins: Assia Djebar (*Femmes d'Alger dans leur appartement*, Paris, Edition des Femmes, 1980); les femmes écrivaient depuis longtemps au Québec, mais, dynamique propre à l'Amérique du Nord, un mouvement inspiré par le courant féministe s'est affirmé vers 1975.

[24] Sara Mills, *Discourses of Difference*, Londres, Routledge, 1991.

[25] Françoise Lionnet, *Postcolonial Representations. Women, Literature, Identity*, Cornell U.P., 1995.

[26] Keri Hulme, *The Bone People*, Spiral, New Zealand, 1984; Ben Okri, *The Famished Road*, Londres, J. Cape, 1991 (*La Route de la faim*, Paris, Julliard, 1994); Kazuo Ishiguro, *The Remains of the Day*, Londres, Faber and Faber, 1989 (*Les Vestiges du jour*, Paris, Presses de la Renaissance, 1990); Michael Ondaatje, *The English Patient*, Londres, Bloomsbury Publ., 1992.

Peut-être l'étiquette de *World Fiction* est-elle réductrice tant les formes concernées sont variées, allant du réalisme magique de Rushdie ou de Ben Okri à un réalisme inscrit dans la lignée de celui du XIXe siècle (Vikram Seth). En tout cas, à la différence des écrivains des premières générations postcoloniales ou des auteurs autochtones ou féminins, concernés de prime abord par le problème de la résistance aux formes de domination dues au néo-colonialisme, la *World Fiction* ne fait pas explicitement du combat contre le (néo-) colonialisme un thème majeur. La différence par rapport aux traditions européennes se vérifie plutôt dans l'expression d'un multi-culturalisme allègre, refusant (ou incapable) de s'en tenir à un unique fonds culturel. La quête d'une identité contemporaine s'accomplit donc au sein d'un cosmopolitisme planétaire, où le doute, le scepticisme envahissent les personnages de récits sans attaches très nettes. Le début des *Enfants de minuit* nous raconte comment le grand-père du narrateur, jeune musulman de retour d'Allemagne, a perdu la foi en se prosternant pour prier et en se heurtant le nez contre le sol. Ecartelés entre plusieurs cultures, ces personnages n'en sont pas pour autant des athées occidentalisés. Ils vivent plutôt aux frontières des mondes religieux du Sud et de l'athéisme du Nord, comme l'indique bien le titre de Rushdie, *The Satanic Verses*, «Verses» désignant en anglais à la fois le verset et le vers, renvoyant donc au sacré et au profane.

La plupart des œuvres cultivent une polyphonie parfois déroutante, jouent de différents registres et s'appuient sur des réalités contrastées ou des milieux divers (*Les Versets sataniques* se déroulent dans le Londres des années quatre-vingt, en Arabie au moment de la fondation de la religion musulmane par Mahomet et dans l'Inde de différentes époques) en des styles mêlés, impurs, où se contaminent le folklore et la modernité, l'oral et l'écrit. Le récit postcolonial s'établit sur une amplification du principe dans lequel le théoricien Mikhaïl Bakhtine décelait la spécificité du roman, le dialogique, poussé à l'extrême par la *World Fiction*. La situation d'énonciation en est rendue indécise, et l'espace devient moins l'enjeu d'un ressourcement culturel que celui d'un brouillage permanent des références identitaires.

Par là, ces «not-quites» (Bharati Mukherjee) sapent les fondements de la grande division néo-impérialiste entre Centre occidental et Périphérie du Sud. Ces «voyageurs entre les cultures», pour qui la condition d'écrivain rejoint celle du nomade perpétuel, créent de fait une géographie inédite où les frontières Occident/Tiers Monde ne cessent d'être brouillées, invalidées grâce à un espace narratif kaléidoscopique où sont effacées les distinctions trop claires et autoritaires. Rushdie explique bien à propos de la littérature du Commonwealth que les auteurs qui avaient été colonisés par l'anglais sont en train de modifier la langue, de s'y installer en privilégiant l'idée d'une imbrication complexe et signifiante. Lui-même crée ainsi un espace indien avec *Les Enfants de minuit*, mais un espace absent de l'histoire, ultimement délié de tout référent précis.

De la littérature coloniale à la littérature postcoloniale, le changement de situation d'énonciation modifie donc sensiblement le traitement narratif de l'espace. Celui-ci devient un lieu de mémoire retrouvée, selon le principe de l'allégorie nationale (ou culturelle). S'y opère l'inscription d'une différence identitaire par référence à une tradition perdue (pour les auteurs des cultures colonisées) ou à des contrées échappant aux schèmes narratifs européens (pour ceux des cultures créoles). La «World Fiction», quant à elle, est plus radicale encore en dissolvant d'une manière parfois ludique, les schémas autoritaires de structuration de l'espace. C'est bien une connaissance du monde autochtone (du Sud) que nous livrent les représentations postcoloniales, mais une connaissance radicalement différente du réalisme propre à la littérature coloniale. On est passé d'une conception *réaliste* de la représentation, dont le postulat était l'objectivité, à une conception *idéaliste,* où la priorité est donnée au sujet-écrivain. Celui-ci peut alors être conçu soit comme la voix d'une collectivité, de telle sorte que l'espace du récit est référé à un espace vécu ou mémoriel (cas des premières littératures postcoloniales), soit comme une identité en quête de soi, interrogeant dans sa recherche l'ensemble des catégories usuelles («World Fiction»). Deux modalités doivent donc être distinguées dans les littératures postcoloniales, selon que l'espace narratif est celui d'une identité donnée *a priori*, antérieure au texte mais constitutive du sujet, ou qu'il appartient à un récit recréant et réfutant par son mouvement partages et identités rigides, s'instituant donc par un questionnement de toutes les géographies traditionnelles. Deux âges du postcolonialisme littéraire sont ici perceptibles, qui correspondent à deux traitements narratifs différents de l'espace, distincts dans leur fonctionnement, mais relevant d'un mode de représentation comparable et opposé (ou insoucieux de) à celui de la littérature coloniale.

Jean-Marc MOURA
Université de Lille III

INDEX

Abd-Allah: 43, 45
Adam (Jean-Michel): 185
Alexis (Jacques-Stephen): 181
Amado (Jorge): 148
Amselle (Jean-Louis): 15, 26
André (Jacques): 87, 94
Ashcroft (Bill): 156, 171

Bachelard (Gaston): 77-79
Bernabé (Jean): 97, 184
Bradley: 107-108
Bakhtine (Mikhaïl): 150, 188
Beckett (Samuel): 187
Ben Okri: 187-188
Bennet (Gwendolyn): 101
Bertrand (Louis): 176
Bessière (Jean): 9, 84
Beti (Mongo): 14-15, 17-18, 26
Beyala (Calixthe): 73, 76, 81
Bhabba (Homi K.): 7
Boehmer (Elleke): 176
Boilat (David): 14, 26, 29, 55-56
Bonn (Charles): 9
Bou-S'ba: 44
Boudjedra (Rachid): 128-129, 132, 134
Boudreau (Diane): 186
Bougainville: 50
Brazza (Pierre sarvognan de): 12, 26
Brink (André): 9, 154-155, 158, 161, 165, 169, 171

Brunet (Roger): 12, 26
Brunschwig (Henri): 56

Cabral (Amilcar): 182
Caillé (René): 34, 42
Carpentier (Alejo): 148, 150-151
Céline (Louis-Ferdinand): 174
Césaire (Aimé): 84, 149, 173
Chamoiseau (Patrick): 85, 89, 90, 92-97
Chazal (Malcolm de): 182
Chraïbi (Driss): 126, 135
Clitandre (Pierre): 182
Cohen (Gustave): 68
Combe (Dominique): 150
Condé (Maryse): 90, 96, 184
Confiant (Raphaël): 86, 96-97
Conrad (Joseph): 173, 187
Coquery-Vidrovitch: 56
Cornevin (Robert): 29-31, 34, 55
Couperus (Louis): 177
Cullen (Countee): 100-101, 109-112, 123

Dadié (Bernard): 102-103, 113-115, 117, 121-123
Damas (Léon): 180
Déjeux (Jean): 176
Delafosse (Maurice): 12
Deleuze (Gilles): 85, 135, 149
Delsham (T.): 89
Depestre (René): 182
Détienne (Marcel): 60

Dib (Mohammed): 9, 127, 129, 136-137, 154-155, 158, 162, 165-167, 169-171
Diderot (Denis): 50
Dieng (Bassirou): 63
Diop (Birago): 13, 26, 60
Djebar (Assia): 126, 186
Dongala (Emmanuel): 18, 26, 72, 76, 78
Durand (Gilbert): 77-78
Durkheim (Émile): 14, 27

Eliade (Mircea): 143
Equilbec (François-Victor): 13, 26

Fabre (Michel): 101-102, 108-110, 123
Faidherbe (Louis): 55
Fanon (Frantz): 127
Fantouré (Alioum): 72, 82
Faulkner (William): 151, 170
Feraoun (Mouloud): 126, 133-134, 136
Ferdi (Driss): 126
Ferras (Robert): 12, 26
Fonkoua (Romuald): 9
Forster (E. M.): 174, 177-178
Foucault (Michel): 51, 137
Freud (Sigmund): 24, 26
Fuentes (Carlos): 149

Gardner Smith (W.): 101
Gide (André): 11, 111
Glinga (Werner): 54
Glissant (Edouard): 7-9, 84-94, 96-97, 104-106, 118-119, 158, 161, 163, 165-166, 168-171, 182
Gobineau: 54
Gratiant (Gilbert): 180

Greimas (A.-J.): 71
Griaule (Marcel): 12, 60
Griffiths (Gareth): 156, 171
Grimm (Hans): 175-177
Guattari (Félix): 85, 149

Haddad (Malek): 126, 129
Haggard (Henry Rider)
Hamon (Philippe): 185
Hampâté Bâ (Amadou): 13, 26, 65
Hart (Robert-Edward): 180
Herriot (Édouard): 111
Himes (Chester): 101, 107, 109, 112, 119, 123
Holle (Paul): 29
Homère: 151
Hughes (Langston): 109, 117, 123
Hulme (Keri): 187

Ishiguro (Kazuo): 187

Jadot (Joseph-Marie):
Jameson (Fredric): 180
Johnson (John W.): 60
Johnson (James Weldon): 101, 110, 123

Kafka (Franz): 85, 149
Kane (Cheikh Hamidou): 116, 123
Kane (Mohamadou): 68
Kapesh (An Antane): 186
Kateb (Yacine): 127, 130, 136, 182, 184
Kesteloot (Lilyan): 8, 26
Khatibi (Abdelkebir): 127, 129
Kipling (Rudyard): 173, 175-177
Kleist (Heinrich): 51
Konaté (Moussa): 82

Kourouma (Ahmadou): 16-17, 20-21, 27, 72, 74, 76, 82, 149
Kundera (Milan): 150
Kunene (Mazisi): 69

Laâbi (Abdelatif): 128
Labou Tansi (Sony): 74, 76, 78-79
Laye (Camara): 14, 21-24, 26
Lebel (Roland): 11, 175-176
Leblond (Marius-Hary): 175
Leiris (Michel): 122-123
Lévi-Strauss (Claude): 122-123
Londres (Albert): 11, 20, 27
Lopes (Henri): 76
Loti (Pierre): 11, 16, 27, 175-176
Ly (Ibrahima): 76, 79-80

M'Bokolo (E.): 15, 26
Madelénat (Daniel): 61
Maestri (Edmond): 20, 27
Maillet (Antonine): 9, 139-146, 148-152
Makhele (Caya): 73
Makouta-Mboukou (Jean-Pierre): 73
Mammeri (Mouloud): 126, 136
Maurois (André): 111
Mauss (Marcel): 12, 14, 27
Maximin (D.): 93, 95
McKay (Claude): 101, 107-108, 119, 124, 180
Meddeb (Abdelwahad): 127, 129
Memmi (Albert): 126-127, 129, 180
Meyer (Jean): 56
Miron (Gaston): 183
Mitterand (Henri): 88
Monenembo (Tierno): 72, 81-82
Mongo (Pabé): 72, 75
Montaigne (Michel de): 118, 123
Montesquieu: 117

Moura (Jean-Marc): 9, 121, 124-125
Mouralis (Bernard): 8, 13, 27
Munsters (Will): 100, 124

Nabokov (Vladimir): 187

Ondaatje (Michael): 187
Orwell (George): 174
Ousmane (Sembène): 19-21, 27, 185

Pageaux (Daniel-Henri): 9, 84
Panet (Léopold): 8, 29-48, 50-56
Paravy (Florence): 8
Paulhan (Jean): 181
Petitjean (André): 185
Pétrarque: 101
Pineau (Gisèle): 88, 95
Pliya (Jean): 73
Psichari (Ernest): 11, 27
Pujarniscle (Eugène): 176

Rabearivelo (Jean-Joseph): 181
Rabelais (François): 142, 148, 150
Raffenel (Anne): 30-32
Randau (Robert): 176-177
Rey-Godzeiguer (Annie): 56
Rhys (Jean): 9, 154, 158, 161, 165, 169-171
Riesz (János): 8
Roger de Loiret: 32
Rouanet-Capelle (Betty): 11, 27
Rousseau (Jean-Jacques): 50, 123
Rushdie (Salman): 187-189

Saint-Martin (Yves-Jean): 30, 56
Sartre (Jean-Paul): 127, 179

Sassine (Williams): 73, 79
Schwarz-Bart (Simone): 86-87, 93, 96, 184
Sefrioui (Ahmed): 135
Ségalen (Victor): 173
Sengor (Lamine): 54
Senghor (Léopold Sédar): 29, 55, 173, 180, 184
Seth (Vikram): 188
Simasotchi-Brones (Françoise): 9
Sinou (Alain): 56
Sioui (George E.): 186
Socé (Ousmane): 15-16, 27, 113, 124
Spittler: 37
Stephenson (Elie): 84-85, 95

Thériault (Yves): 184
Théry (Hervé): 12, 26
Thiong' o (Ngugi wa): 185
Tiffin (Helen): 156, 171
Torga (Miguel): 151
Troyes (Chrétien de): 68

U Tam' si (Tchicaya): 74, 78, 81

Valentin (Durand): 29
Van Vechten: 101-102
Verne (Jules): 11
Vigné d'Octon (Paul): 177

Weber (Eugen): 109, 111-112, 114
Weinrich (Harald): 43
White (Walter): 101
Wolfzettel (Friedrich): 100, 124
Wright (Richard): 101

Zabus (Chantal): 184
Zea (Léopold): 152
Zobel (Joseph): 88, 89, 91

TABLE DES MATIÈRES

Jean BESSIÈRE, Jean-Marc MOURA
Ouverture 7

Bernard MOURALIS
Le même et l'autre: réflexions sur la représentation du voyage
dans quelques œuvres africaines..11

János RIESZ
«Des carnets imprégnés de sang» – Le récit de Léopold Panet
sur son voyage de Saint-Louis du Sénégal à Mogador (Maroc)
du 5 janvier au 25 mai 1850..29

Lilyan KESTELOOT
Le traitement de l'espace dans les récits oraux d'Afrique Noire 57

Florence PARAVY
L'écriture de l'espace dans le roman africain contemporain.............71

Françoise SIMASOTCHI-BRONES
Espace et roman antillais: d'un espace problématique à un
espace emblématique 83

Romuald-Blaise FONKOUA
L'espace du «voyageur à l'envers» 99

Charles BONN
Le personnage décalé, l'ici et l'ailleurs dans le roman
maghrébin francophone 125

Daniel-Henri PAGEAUX
La poétique de l'espace dans les romans d'Antonine Maillet.........139

Jean BESSIÈRE
Écriture du droit, fiction, représentation - Jean Rhys, Mohamed
Dib, Edouard Glissant, André Brink...153

Jean-Marc MOURA
Littératures coloniales, littératures postcoloniales et traitement
narratif de l'espace: quelques problèmes et perspectives.................173

Index 191

Table des matières 195

Dans la même collection (suite):

15. *Amicitia Scriptor. Littérature, Histoire des Idées, Philosophie.* Mélanges offerts à Robert Mauzi. Textes réunis par Annie Becq, Charles Porset et Alain Mothu.

16. *Traduction = interprétation, interprétation = traduction. L'exemple Rimbaud.* Actes du Colloque international organisé par l'Institut de Romanistique de l'Université de Ratisbonne (21-23 septembre 1995) réunis par Thomas Klinkert et Hermann H. Wetzel.

17. J. CHEYRONNAUD, E. CLAVERIE, D. LABORDE, PH. ROUSSIN. *Critique et affaires de blasphème à l'époque des Lumières.*

18. *Studia Latomorum & Historica.* Mélanges offerts à Daniel Ligou, colligés par Charles Porset.

19. *Formes et imaginaire du roman.* Perspectives sur le roman antique, médiéval, classique, moderne et contemporain. Textes réunis par Jean Bessière et Daniel-Henri Pageaux, avec la collaboration d'Eric Dayre.

20. VINCENT, Monique. *Mercure galant* (L'Extraordinaire, Les Attentes du Temps) – *Table analytique* contenant l'inventaire de tous les articles publiés, 1672-1710.

21. *Systèmes de pensée preécartésiens.* Etudes d'après le Colloque de Haïfa, 1994, réunies par Ilana Zinguer et Heinz Schott.

22. KRUMENACKER, Yves. *Les Protestants du Poitou au XVIIIe siècle (1681-1789).*

23. *Livre des délibérations de l'Eglise Réformée de l'Albenc (1606-1682).* Edition établie par François Francillon.

24. *Entre Désert et Europe, le pasteur Antoine Court (1695-1760). Actes du Colloque de Nîmes (3-4 novembre 1995),* réunis par Hubert Bost et Claude Lauriol, 1997.

25. *La Superstition à l'âge des Lumières.* Etudes recueillies par Bernard Dompnier.

26. KELLER, Edwige. *Poétique de la mort dans la nouvelle classique (1660-1680).*

27. *La Poétique du burlesque,* Actes du Colloque international du Centre de Recherches sur les Littératures Modernes et Contemporaines de l'Université Blaise Pascal, 1996. Edité par Dominique Bertrand.

28. *Littérature comparée. Théorie et pratique.* Actes du Colloque international tenu à l'Université de Paris XII-Val de Marne et à la fondation Gulbenkian les 1er et 2 avril 1993. Réunis par André Lorant.

29. *Perspectives comparatistes.* Etudes réunies par Jean Bessière et Daniel-Henri Pageaux.

30. *L'Épistolaire, un genre féminin?* Etudes réunies et présentées par Christine Planté.

31. *Mélanges de langue et de littérature françaises du Moyen Âge offerts à Pierre Demarolle.* Textes réunis et présentés par Charles Brucker.

32. *Homère en France après la Querelle (1715-1900).* Actes du colloque de Grenoble (23-25 octobre 1995), Université Stendhal-Grenoble 3. Edités par Françoise Létoublon et Catherine Volpilhac-Auger avec la collaboration de Daniel Sangsue.

33. *La Fable du lieu.* Etudes sur Blaise Cendrars. Textes réunis par Monique Chefdor.

34. *Mélanges van der Heuvel.*

35. *Problématiques des genres, problèmes du roman.* Etudes réunies par Gilles Philippe

36. *Littératures postcoloniales et représentations de l'ailleurs. Afrique, Caraïbe, Canada.* Conférences du séminaire de Littérature comparée de l'Université de la Sorbonne Nouvelle. Textes réunis par Jean Bessière et Jean-Marc Moura.

Achevé d'imprimer en 1999
à Genève-Suisse